AF568287

Felix Wunnike, geboren 1996, hat Wirtschaftspsychologie studiert und arbeitet als Head of Marketing für die renommierte Social Media & Marketing Agentur »TPA Media«. Mit »Felix. Psychotipps« bietet er auf TikTok und YouTube Lebenshilfe für eine stetig wachsende Followerschaft. Seit August 2023 ist er zudem Moderator der Social-Media-Kanäle des Magazins CHIP. Felix Wunnike lebt in München.

Friends have Benefits: Dieses Buch zeigt dir, wie du Freunde findest und deine Freundschaften lange stärkst

Auf TikTok bietet Felix Wunnike seinen Followern regelmäßige psychologische Fakten und Alltagstipps. Die Frage, die er dort am häufigsten gestellt bekommt: »Wie finde ich Freunde?« Denn Freunde zu finden ist für viele eine Herausforderung. Immer mehr Studien belegen, wie einsam sich junge Menschen seit der Pandemie oft fühlen und dass sie sich bis heute mit dem Aufbau eines Freundeskreises häufig schwertun.

»Alles, was du übers Freunde finden wissen musst« zeigt wie's geht: Mit seinem Buch verbindet der studierte Wirtschaftspsychologe Felix Wunnike fundiertes Hintergrundwissen mit praktischen Tipps zu Themen wie Körpersprache, Selbstbewusstsein, Social Media und Kommunikation und holt Leser*innen in ihrem Leben online wie offline ab.

Der schnelle und einfache Weg für alle, die endlich lernen wollen, tiefgründige Freundschaften aufzubauen.

www.penguin-verlag.de

FELIX WUNNIKE

ALLES, WAS DU ÜBERS FREUNDE FINDEN WISSEN MUSST

PENGUIN VERLAG

Zur besseren Lesbarkeit wird in diesem Buch das generische Maskulinum verwendet. Die entsprechenden Personenbezeichnungen beziehen sich – sofern nicht anders kenntlich gemacht – auf alle Geschlechter.

Penguin Random House Verlagsgruppe FSC® N001967

1. Auflage 2024

in der Penguin Random House Verlagsgruppe GmbH,
Neumarkter Straße 28, 81673 München
Lektorat: Kristina Langenbuch
Umschlaggestaltung: Favoritbuero, München
Umschlagfoto: © Dieter Mayr
Satz: KCFG – Medienagentur
Druck und Bindung: GGP Media GmbH
Printed in Germany 2024
ISBN 978-3-328-11238-9

www.penguin-verlag.de

Inhaltsverzeichnis

Ich widme dieses Buch (passend zum Thema) meinen engsten Freunden. Danke Julia, Selina, Angie, Ali und Spissi. Ohne euch wäre ich nicht da, wo ich bin. Ohne euch wäre ich nicht der, der ich bin.

Außerdem widme ich das Buch meinen Eltern. Ich habe gelernt, dass es alles andere als selbstverständlich ist, eine so wundervolle Beziehung zu seinen Eltern zu haben, wie ich sie habe. Und dafür bin ich endlos dankbar.

1. Einleitung

1.1. Allein in München: Umzug in eine neue Stadt

Im Sommer 2020 saß ich allein in meiner neuen Wohnung in München. Ich hatte die Fenster gekippt und hörte unten eine Gruppe junger Menschen lachend auf der Straße vorbeigehen. Es war ein warmer Sommertag, die Sonne ging gerade unter. »Die haben Spaß«, dachte ich mir. Wieso ich nicht? Wieso sitze ich stattdessen alleine in meiner Wohnung?

Die traurige Wahrheit war, ich hatte niemanden, dem ich schreiben konnte. Niemanden, den ich fragen konnte, ob wir uns entspannt an die Isar oder in den Englischen Garten setzen, grillen und den Abend genießen. Geschweige denn jemanden, mit dem ich Party machen konnte. Letzteres war sowieso schwer. Das böse neue Wort »Corona« bestimmte unser aller Leben. Es war Sommer und die Regelungen waren wieder ein wenig gelockert worden, doch trotzdem waren nach wie vor viele Dinge nicht erlaubt, die früher, vor der Pandemie, ganz normal gewesen waren. Ich war ganz neu in München, gerade für meinen Master von Regensburg hierhergezogen. Klar, ich hatte in Regensburg noch Freunde und dafür war und bin ich auch sehr dankbar. Aber wenn du schon mal umgezogen bist, weißt du wahrscheinlich, wie schwer es am Anfang sein kann, Anschluss zu finden. Und der Zustand, in dem sich die ganze Welt gerade befand, hat es nicht gerade leichter gemacht.

Im Herbst ging dann mein Masterstudium los, und ich

hatte große Hoffnung, dort dann endlich Anschluss zu finden. Am Anfang war ich auch sehr optimistisch. Meine Kommilitonen waren richtig nett und wir haben uns gut verstanden. Gleich am ersten Tag waren wir nach den Vorlesungen abends auch direkt gemeinsam im Olympiapark, um uns besser kennenzulernen. Ich weiß noch, wie ich – mit einem Bier in der Hand – auf diese Gruppe geblickt habe, die im Schneidersitz auf Decken im Park saß, und mir dachte: »Das wird gut.« Leider sollte es das einzige Treffen dieser Art bleiben. Kurz darauf kam der Herbst und die Corona-Regelungen zogen wieder an. Treffen in größeren Gruppen waren verboten und Vorlesungen wurden nach und nach wieder alle online abgehalten. Ich erinnere mich noch an eine »Weihnachtsfeier« meines Studiengangs, bei der wir alle zuhause vorm Rechner saßen, uns selbst Glühwein gemacht hatten und gemeinsam versuchten, eine halbwegs taugliche Feier zu veranstalten. Die Organisatoren haben sich wirklich bemüht, aber es war einfach nicht dasselbe.

»Die sind alle ganz nett«, konnte ich sagen, wenn ich danach gefragt wurde, wie meine Kommilitonen so sind. Mehr aber leider nicht. Wahre Freundschaften sind nicht daraus entstanden. Rückblickend bin ich aber zu großen Teilen auch selbst schuld daran, da ich in dieser Zeit viel nach Regensburg »geflüchtet« bin. Der Unterricht war sowieso komplett online, und da ich bei meinen Eltern Gott sei Dank noch ein Zimmer hatte, war ich viel in meinem gewohnten Umfeld in Regensburg.

Auch als sich die Regelungen später wieder lockerten, fiel es mir nicht unbedingt leichter, in dieser neuen Stadt Anschluss zu finden. Ich war ab und zu auf Events, lernte hier und da mal vereinzelt neue Menschen kennen, aber man sah sich einfach zu selten, als dass eine ernsthafte Freundschaft daraus entstanden wäre. Viele Münchner kennen und berichten einem genau das: Es ist zwar leicht, neue Menschen kennenzulernen, aber schwierig, echte Freunde zu finden.

Ich glaube, dass das auch jenseits der Stadtgrenzen Münchens ein großes Problem für viele Menschen ist. Es ist alles nicht mehr so leicht wie damals im Kindergarten, als man mit der Spielzeugschaufel in der Hand durch den Sandkasten zu einem anderen Kind getapst ist, »Wollen wir Freunde sein?« gefragt hat und daraus eine jahrelange innige Freundschaft entstand. Selbst in der Schule war es deutlich leichter. Wie du später in diesem Buch lernen wirst, ist ein sehr wichtiger Faktor vor allem zu Beginn einer Freundschaft, dass man sich häufig sieht. In der Schule waren so viele Gleichaltrige, die ich täglich gesehen habe – da war es fast unausweichlich, neue Freunde zu finden.

In dieser ersten Zeit in München habe ich mir geschworen, dass ich das Thema »Freunde finden« ganz bewusst angehen will. Ich wollte mich nicht mehr einsam fühlen. Und ich habe das gemacht, was ich immer mache, wenn ich etwas lernen will: Ich habe auf YouTube nach Videos zu dem Thema gesucht. Egal ob es ums Krawattebinden, Integralrechnungen oder den Sinn des Lebens geht – ich bin ein klassisches YouTube-Kind, das erstmal dort nach der Antwort sucht. Doch ich war sehr überrascht, wie wenig Content es zum Thema »Freunde finden« gab. Ich bin überzeugt, dass es im Internet mittlerweile mehr Datingcoaches als Singles auf dieser Welt gibt. Aber ein »Freundschaftscoach«? So jemanden habe ich nicht gefunden. Also dachte ich mir: »Das muss ich selbst in die Hand nehmen.«

Wenn mich ein Thema richtig packt, reicht mir YouTube

meistens nicht mehr aus, und ich kaufe mir Bücher dazu. Auch hier sah die Auswahl eher mau aus. *How to Win Friends and Influence People* (*Wie man Freunde gewinnt*) von Dale Carnegie ist ein absoluter Klassiker und ein wirklich tolles Buch zu dem Thema. Aber das Erscheinungsdatum? Oktober 1936. Viele der dort beschriebenen Prinzipien sind zeitlos, aber während des Lesens dachte ich mir auch oft, dass dieses Buch mal ein Update bräuchte. Selbst die 2011 erschienene erweiterte Version des Buches, *How to Win Friends and Influence People in the Digital Age (Wie man Vertrauen gewinnt)*, war mir weder aktuell noch tiefgreifend genug. Es gab so viele Aspekte, die aus meiner Sicht zusätzlich noch relevant waren. Was ist, wenn man nicht genügend Selbstbewusstsein hat, um fremde Menschen anzusprechen? Wie nutzt man Social Media zum Freundefinden, was heutzutage ja allgegenwärtig ist?

Also habe ich viele Bücher zu verwandten Themen gelesen, die alle halfen, das Thema ganzheitlich zu beleuchten. Ich habe Bücher gelesen, Videos angeschaut und Vorträge gehört über das Netzwerken, über Persönlichkeitsentwicklung, über Körpersprache, Personal Branding, Eventorganisation und Social Media. Letzteres ist ja ohnehin in vielerlei Hinsicht meine Leidenschaft (aber dazu gleich mehr). Alles, was ich dort gelernt habe, habe ich direkt in meinem Leben angewandt und getestet. Es gibt ja den Spruch »Wissen ist Macht«. Ich würde diesen Satz aber noch ergänzen, damit er richtig ist: »*Angewandtes* Wissen ist Macht.« Denn nur wer das Gelernte auch wirklich umsetzt, kann die Früchte davon ernten. All das, was ich auf diesem Weg gelernt habe, habe ich versucht, in diesem Buch zusammenzufassen – leicht verdaulich mit vielen direkt umsetzbaren Schritten.

An dieser Stelle sollte ich mich vielleicht einmal in aller Kürze vorstellen, falls du mich noch nicht wirklich kennst.

Hi, ich bin Felix, und obwohl mir die Offline-Welt sehr wichtig ist, nehmen die sozialen Medien momentan tatsächlich einen großen Teil meines Lebens ein. Du kennst mich vielleicht von meinen Social-Media-Accounts von »Felix Psychotipps«. Dort teile ich interessante Fakten und kleine psychologische Tipps für den Alltag. Und durch diesen Account ist auch die Idee zu diesem Buch hier entstanden. Denn immer, wenn ich dort ein Video gemacht habe, in dem ich etwas über Freundschaften, beste Freunde oder Ähnliches berichtet habe, kamen extrem viele Kommentare mit dem Inhalt »Ich habe keine Freunde«. So hab ich zum ersten Mal gemerkt: »Hey, das Problem scheint weit verbreitet zu sein.«

Abgesehen von meinen Psychotipps-Accounts kennst du mich vielleicht von meinen Videos, auf denen ich ganz allgemein Social-Media-Tipps gebe. Beruflich bin ich nämlich Head of Marketing in einer Agentur und Social Media Consultant. Ich berate also Unternehmen, Personenmarken und Influencer dabei, wie man sich auf Social Media eine große Reichweite aufbauen und möglichst viel Umsatz machen kann. Ich liebe die Kombination, selbst Content Creator zu sein und andere dabei zu beraten, denn es gibt hier so viele Synergien. Einerseits weiß ich aus erster Hand, was die größten Ziele, Hürden und Probleme der Content Creator sind, weshalb ich auch sehr gut darin bin, diese Probleme bei anderen Accounts zu lösen. Andererseits lerne ich bei der Arbeit mit Kunden auch vieles, was ich auf meinen eigenen Accounts anwenden kann. Sehr hilfreich ist dabei auch, dass ich mittlerweile einige andere Creator und Influencer in meinem Freundeskreis habe.

Wir tauschen uns aus, lernen voneinander und haben natürlich auch viel Spaß zusammen. Als Content Creator ist das nämlich gar nicht so leicht, »Gleichgesinnte« zu finden. Wenn du Fußballfan bist, gibt es in jeder Stadt und jedem Dorf einen Verein oder Fanclub, wo du dich engagieren und mit Gleichgesinnten austauschen kannst. Wenn du ein etwas außergewöhnlicheres Hobby hast, wird es schon deutlich schwieriger. Umso dankbarer bin ich, mittlerweile ein Umfeld zu haben, das mich bei meinen Zielen unterstützt und von dem ich lernen und mich inspirieren lassen kann.

Mein Ziel mit diesem Buch ist es, dass du am Ende genau weißt, was zu tun ist, um dir einen Freundeskreis aufzubauen, der dich wirklich erfüllt. Wir werden erstmal beleuchten, warum Freunde so wichtig sind (und warum alles nicht mehr so leicht ist, wie es mal war), bevor du eine Menge Strategien und praktische Tipps an die Hand bekommst, die dir helfen und dich motivieren sollen, neue Menschen kennenzulernen und vorhandene Beziehungen zu vertiefen. Wie für alles Wichtige im Leben wirst du ein wenig dafür arbeiten müssen. Aber ich verspreche dir zwei Dinge:

Auch wenn dieser Weg dich ab und zu ein wenig Überwindung kosten wird, es kann (und soll) auch eine ganze Menge Spaß machen. Und noch viel wichtiger: Es lohnt sich. Immer.

1.2. Wie du mit diesem Buch arbeiten solltest

Wenn ich an die besten Bücher denke, die ich jemals gelesen habe, dann waren das meistens Bücher, deren theoretische Einblicke mit konkreten Aufgaben oder To-dos verbunden waren. Ein gutes Beispiel dafür ist das Buch *Die 4-Stunden-Woche* von Tim Ferriss. Wenn du planst, ein Unternehmen zu gründen, dann kann ich dir dieses Buch wärmstens empfehlen. Auch wenn nicht mehr alles in diesem Buch aktuell ist, lernst du einige zeitlose Prinzipien zu Unternehmensaufbau, Zeitersparnis und Lifestyle-Design – also sich einen Lebensstil nach den eigenen Wünschen und Vorstellungen aufzubauen. In Ferriss' Buch sind viele verschiedene kleine Aufgaben enthalten, die du umsetzen sollst und die darauf ausgerichtet sind, dich bei deiner Zielerreichung zu unterstützen. Ein Beispiel dafür ist eine Aufgabe, die dir helfen soll, aus deiner Komfortzone rauszukommen. Die Aufgabe geht wie folgt: Geh in ein Café und frag bei deiner Bestellung, ob du zehn Prozent Rabatt auf deine Bestellung bekommen könntest. Einfach so, ohne Grund. Die Übung ist einerseits super, um aus deiner Komfortzone rauszukommen. Du lernst, dass die Welt nicht aufhört, sich zu drehen, nur weil du etwas vermeintlich »Peinliches« getan hast. Andererseits ist die Übung hervorragend, um zu lernen, mit Ablehnung umzugehen. Denn auch wenn du wahrscheinlich überrascht wärst, wie oft Kassierer selbst superüberrascht sind und dir einfach einen Rabatt geben, wird in der Mehrheit der Fälle die Antwort »Nein« lauten. Aber Ablehnung ist, gerade wenn du ein Unternehmen gründen willst – aber auch wenn du dir einen Freundeskreis aufbauen willst –, ein unvermeidbarer Teil des Lebens.

Diese Übung habe ich mir zwar von Tim Ferriss »geklaut«, aber in diesem Buch hier wirst du vielen weiteren Übungen – ich nenne das Ganze »Actionsteps« – begegnen, die dazu designt sind, dir zu helfen, deine sozialen Ziele zu erreichen und einen legendären Freundeskreis aufzubauen. Und keine Angst, die Mehrheit dieser Aufgaben werden dich deutlich weniger Überwindung kosten, als in einem Café nach einem Rabatt zu fragen.

Vielleicht kennst du das, wenn du dich für ein neues Thema interessierst und Bücher dazu liest, YouTube-Videos schaust oder Kurse durcharbeitest: Du willst alles dazu wissen und konsumierst deshalb immer mehr Informationen dazu. Dadurch kannst du aber schnell in eine Falle tappen: nämlich die sogenannte »Analyse-Paralyse«. Du bist so besessen davon, alles über dieses Thema zu lernen, dass du vergisst, das Gelernte umzusetzen! Das ist aber ein fataler Fehler, weil du dann niemals deine Ziele erreichen wirst. Ich habe den Fehler schon sehr oft in meinem Leben gemacht. Ich habe erstmal stundenlang Tutorials geschaut, wie man richtig skatet, und mindestens nochmal genauso lang recherchiert, welches Skateboard für mich am besten geeignet ist, bevor ich mich überhaupt ein einziges Mal auf ein Board gewagt habe.

Ein anderer beliebter Fehler ist, Wissen viel zu früh zu konsumieren und schon zehn Schritte weiter zu denken, anstatt den ersten Schritt zu gehen. Ich habe Bücher über Geldanlagen, Unternehmensskalierung, Mitarbeiterführung etc. gelesen, lange bevor ich das überhaupt irgendwie anwenden konnte. Ja, es bleibt ein bisschen was hängen, und jetzt, Jahre später, wo diese Dinge durchaus für mich relevant sind, hat es sicher nicht geschadet, diese Bücher gelesen zu haben. Aber der deutlich schlauere Weg wäre es gewesen, mich zu dem Zeitpunkt mit Dingen zu beschäftigen, die ich direkt anwenden kann – und das dann auch zu tun!

Ein genereller Tipp, wie du dir mehr merken kannst: Studien zeigen, dass du dir am wenigsten merken kannst, wenn du Dinge nur liest. Mehr kannst du dir merken, wenn du es gleichzeitig auch hörst. Noch mehr, wenn du es anwendest, und am meisten, wenn du es lehrst, also jemand anderem erklärst.

Deshalb kann es immer hilfreich sein, sich jemanden zu suchen, mit dem man gemeinsam ein Ziel erreichen will. Zum einen, weil so am meisten vom Gelernten hängen bleibt, und zum anderen, weil man so viel motivierter ist.

Insofern kommt jetzt der erste Actionstep in diesem Buch:

> ***ACTIONSTEP***
>
> Gibt es jemand in deinem Umfeld, von dem du weißt, dass er sich auch gerne einen tollen Freundeskreis aufbauen will? Frag ihn, ob er das Ganze gemeinsam mit dir angehen will. Und dann unterstützt euch gegenseitig! Gemeinsam macht das viel mehr Spaß und in aller Regel kommen dann auch deutlich schneller die Ergebnisse.

Faustregel: Auf eine Stunde Theorie sollten vier Stunden Praxis folgen, um den schnellsten und nachhaltigsten Lerneffekt zu haben. Wenn du dir also die Zeit nimmst, dieses Buch hier zu lesen, dann nimm dir bitte auf jeden Fall auch die Zeit, die hier enthaltenen Actionsteps und Routinen umzusetzen. Denn eins kann ich dir versprechen: Nur durch das Lesen dieses Buches wirst du keinen Freundeskreis aufbauen. Du musst das Wissen auch anwenden. Blocke dir dafür am besten jede Woche aktiv Zeit, damit du es auch wirklich umsetzt. Du wirst merken, dass die Schritte nicht viel Zeit in Anspruch nehmen und auch alles andere als schwierig umzusetzen sind.

Mein Ziel ist nämlich, dir zu zeigen, dass einen Freundeskreis aufbauen und neue Menschen kennenlernen eigentlich ganz einfach ist. Im Grunde geht es nur um ein paar wenige Routinen, ein paar Mindset-Änderungen und die Nutzung verschiedener kleiner Tools. Bevor wir jedoch richtig loslegen, möchte ich noch einmal kurz darauf zurückblicken, wie eine Pandemie uns buchstäblich zur Einsamkeit gezwungen hat und warum das bis heute noch Auswirkungen auf uns hat – und nicht zuletzt auch ein Grund dafür ist, warum ich dieses Buch geschrieben habe.

1.3. Social »Long Covid«: Wie eine Pandemie uns zur Einsamkeit gezwungen hat (und was das für Folgen hat)

Ich weiß noch sehr genau, wie ich zum ersten Mal im Internet von diesem neuen Virus las, das sich in China wie ein Flächenbrand ausbreitete. Es war Februar 2020 und ich kurz davor, mit meinen Freunden in die USA zu reisen. Wir waren eine Gruppe von sechs Leuten und mit der Planung unserer Reise so gut wie fertig. Ich freute mich schon riesig darauf. Wir wollten erst eine Woche in Miami bleiben, wären an einem Tag mit der Fähre auf die Bahamas gefahren, hätten dort eine Jetski-Tour gemacht und wären danach noch zu einem Roadtrip aufgebrochen, der uns bis nach North Carolina geführt hätte. Wir hatten uns wunderschöne Unterkünfte gebucht – eine tolle (und trotzdem bezahlbare) Villa am Wasser mit eigenem Pool in Miami und eine Hütte mitten im Wald in North Carolina mit atemberaubender Aussicht auf die Berge. Ich folge dem Instagram-Account dieser Unterkunft bis heute und habe mir fest vorgenommen, diese Reise irgendwann nachzuholen.

Je näher die Reise rückte, desto mehr wandelte sich unsere Vorfreude in Unruhe und Angst. Die Schlagzeilen über dieses komische Ding namens »Corona« häuften sich. Drei Tage vor Abflug traf sich unsere Gruppe zu einer Krisensitzung in meiner damaligen Wohnung. Wir wägten ab, ob es eine gute Idee sei, den Kontinent zu verlassen. Ob wir überhaupt noch zurückkämen oder unseren Urlaub genießen könnten, falls in der Zwischenzeit alles dichtmachen würde. Es bildeten sich zwei Lager. Drei waren dagegen zu reisen, drei waren dafür. Ich war dafür. Ich wollte unbedingt reisen. Ich hatte ein Jahr zuvor ein halbes Jahr in Los Angeles verbracht und mich so in diese Stadt verliebt, dass ich unbedingt zurück in die Staaten wollte – zumindest für eine kurze Zeit.

Außerdem war ich relativ entspannt, was dieses Virus anging. Als ich noch zur Schule ging, gab es die Schweinegrippe – auch so ein Thema, das viel Medienaufmerksamkeit bekommen hatte. Wir waren damals eine der ersten Schulen in Bayern, in der das Virus ausbrach. Ein Schüler unserer Klasse war in den Ferien im Urlaub gewesen und hatte sich dort angesteckt. Das Virus hatte sich schnell in unserer Klasse verbreitet. Jeden Tag wurden wir weniger, weil immer mehr Schüler krank zuhause waren, bis die Schulleitung schließlich entschied, dass wir zwei Wochen früher in die Ferien geschickt wurden. Ich bin damals zwar auch erkrankt und hatte dann auch zwei Wochen relativ starkes Fieber, aber das ging vorbei, und am Ende hatte ich einfach nur eine Woche länger Ferien. Und die ganzen Maßnahmen, die damals in der Schule ergriffen wurden, und die täglich weniger werdenden Schüler fand ich als Vierzehnjähriger ehrlich gesagt eher aufregend. Hatte ein bisschen was von Apokalypse.

Ich wollte also auf jeden Fall reisen und war frustriert, dass die Hälfte unserer Gruppe lieber zuhause bleiben wollte. Unser gesamter Plan funktionierte nur, wenn wir alle fahren würden. Unterkünfte, Autos etc. – alles war so gebucht, dass es nur zu sechst Sinn ergab. Wir einigten uns in unserer Krisensitzung darauf, dass wir uns nicht einig waren, und entschieden, nochmal eine Nacht darüber zu schlafen und am nächsten Tag final zu entscheiden. Ich ging an diesem Abend mit anderen Freunden in eine Bar, um all den Frust zu vergessen. Es wurde spät und dementsprechend stand ich am nächsten Tag auch erst relativ spät auf. Ich lag noch im Bett, griff nach meinem Handy und nahm den Flugmodus raus. Mein Handy explodierte. Es war voll mit Nachrichten meiner Familie und Freunde, die wussten, dass ich übermorgen in die USA reisen wollte. »Trump macht die Grenzen dicht!«, waren die Schlagzeilen verschiedener Newsportale, die meinem verschlafenen Gesicht vom Handybildschirm entgegenstrahlten. Die Entscheidung wurde uns abgenommen. Der damalige US-Präsident ließ niemanden mehr ins Land. Rückblickend bin ich sehr froh darum, denn *oh Boy,* habe ich die Folgen dieser Pandemie unterschätzt! Eine Freundin von mir war ein paar Tage vor unserer geplanten Abreise auf die Malediven geflogen, und die Unsicherheit und das Bangen um ihre Rückkehr waren der pure Horror. Die ganze Welt war im Chaos, Grenzen waren dicht, und niemand wusste, wie es weitergeht. Gott sei Dank gab es eine großangelegte Rückholaktion, die Deutsche auf der ganzen Welt »gerettet« hat, doch auch das war unfassbar chaotisch, mit viel Unsicherheit und langen Wartezeiten verbunden. Ich bin überzeugt, niemand von uns hätte die Zeit in den USA genossen, wären wir doch noch abgereist.

Was dann in den folgenden Monaten und Jahren passiert ist, brauche ich dir nicht zu erzählen. Quarantäne, Ausgangssperren, FFP2-Masken, Sperrstunden, Social Distancing, 2G, 3G, Homeoffice, Testpflicht … um nur einige der Covid-19-Buzzwords zu nennen. Ich möchte hier in diesem Buch überhaupt nicht auf den Sinn oder Unsinn dieser Regelungen und Maßnahmen eingehen. Aber egal, wie man dazu steht, sind sich, denke ich, alle einig, dass diese Zeit etwas mit uns gemacht hat. Vor allem auch mit jungen Menschen. Wir sind buchstäblich dazu gezwungen worden, uns voneinander zu distanzieren, was bei vielen Menschen zu extremer Einsamkeit geführt hat. Und die Folgen dieser Einsamkeit sind auch heute noch spürbar. Eine 2023 veröffentlichte Studie offenbarte: 55 Prozent der 16- bis 23-Jährigen in Deutschland fühlen sich *manchmal* oder *immer* einsam. Auch vor Covid war Einsamkeit bei Jugendlichen schon ein Problem, aber während und seit der Pandemie ist das Ganze nochmal deutlich schlimmer geworden – vor allem bei jungen Menschen.

Ich war während der Pandemie als Fotograf selbstständig und habe mir so mein Studium finanziert. Unter anderem habe ich drei Jahre in Folge verschiedene Abibälle fotografiert. Was ich dort teilweise erlebt habe, hat mich schockiert. Ich erinnere mich noch gut an meinen eigenen Abiball. Wir konnten unsere Emotionen kaum zurückhalten. Wir lagen uns in den Armen, haben die gemeinsamen acht Jahre gefeiert und hatten Tränen in den Augen, als wir unsere Lieblingslehrer und Mitschüler verabschiedet haben. Doch auf fast allen Abibällen, die ich zwischen 2020 und 2022 fotografiert habe, war die Stimmung eine ganz andere. Man hatte teilweise das Gefühl, die Schüler würden sich kaum kennen, es wurde nonstop auf die Uhr geschaut, und sobald der offizielle Teil vorüber war, sind die meisten direkt nach Hause gegangen. Sicherlich gibt es auch positivere Beispiele, aber ich denke, niemand kann leugnen, dass der Kontakt online nicht die gleichen Chancen bietet, Beziehungen und Freundschaften aufzubauen. Und obwohl sich mittlerweile Gott sei Dank wieder alles einigermaßen normalisiert hat, hält sich diese

Distanz im Kopf vieler Schüler und Studenten trotzdem hartnäckig.

Im Beruf erleben wir ebenfalls eine dauerhafte Änderung: Schaut man sich auf Stellenportalen um, ist bei Bürojobs aller Art Arbeit im Homeoffice zum neuen Standard geworden. Ich muss da immer schmunzeln, weil ich vor einigen Jahren das bereits erwähnte Buch *Die 4-Stunden-Woche* von Tim Ferriss gelesen habe. Darin geht es einfach gesagt darum, sich mit minimalem Aufwand ein Unternehmen und Einkommensströme aufzubauen, die einem finanzielle und räumliche Freiheit ermöglichen. Ein Kapitel in diesem Buch befasst sich damit, wie man, wenn man einen festen Job hat, den Chef überzeugen kann, ins Homeoffice zu wechseln, um ortsunabhängig zu sein. Man solle einen Grund vortäuschen, zum Beispiel eine Krankheit oder einen Notfall, um temporär ins Homeoffice zu wechseln, und dann dort bewusst so gute Arbeit leisten, dass der Chef einen weiterhin im Homeoffice arbeiten lässt. Ich weiß noch genau, wie ich damals lachen musste, weil der Gedanke so absurd war. Ich dachte mir: »Alles schön und gut, Tim, aber hier in Deutschland klappt das niemals.« Ich weiß auch noch, wie ich auf einem Fotografenstammtisch etwa zu der Zeit jemanden kennenlernte, der bei Amazon arbeitete und mir erzählte, er hätte vier Tage die Woche Homeoffice und nur einen Tag Präsenz. Wir waren alle schockiert. Ich glaube, wir haben ihn eine halbe Stunde darüber ausgefragt, wie das möglich sei, ob er zuhause überhaupt produktiv sein könne und warum Amazon so etwas Idiotisches überhaupt zulasse.

Doch heute? Absolute Normalität. Und ja, ich bin auch froh darum, diese Möglichkeiten zu haben. Für viele ist diese Veränderung ein absoluter Segen. Man kann zuhause bei seiner Familie sein, spart sich Arbeitswege, kann eine »Workation« machen und ist generell deutlich flexibler.

Aber bei aller Freiheit und Flexibilität, die uns das bringt, bleibt der Beziehungsaufbau zu Kollegen hier oft auf der Strecke. Unternehmen geben sich meist große Mühe, »Teambuilding« zu betreiben und die Mitarbeiter miteinander zu connecten, doch oft mit nur mäßigem Erfolg. Der freizeitliche Kontakt zwischen Kollegen beschränkt sich häufig darauf, dass man am Montag von Kollegen per Zoom gefragt wird, wie das Wochenende war, worauf man »zu kurz« entgegnet und beide gezwungen lachen, bevor man sich wieder dem Beruflichen widmet. Doch das ist fatal, denn der Arbeitsplatz war in der Vergangenheit stets einer der Orte, an dem man Freunde kennengelernt hat. Logisch, hier verbringt man ja auch verdammt viel Zeit. Doch das bleibt bei vielen mittlerweile eben auf der Strecke.

Aus diesen und einigen weiteren Gründen (auf die wir in den kommenden Kapiteln weiter eingehen werden) sind Freundschaften und der Aufbau enger Beziehungen für viele keine Selbstverständlichkeit mehr. Und genau deshalb ist es aus meiner Sicht an der Zeit, zu lernen, wie man Freunde fürs Leben findet. Und wie bei fast allem, wofür es sich zu leben lohnt, muss man erstmal Energie und Arbeit reinstecken. Aber mit den richtigen Tools kann der Weg dorthin sehr viel Spaß machen und sich mühelos und einfach anfühlen.

Insofern: Lass uns loslegen! Wir starten mit ein paar Mindsets und Basics rund um das Thema Freundschaften und Sozialleben. Diese sind essenziell wichtig, um dann in den folgenden Kapiteln in die Praxis zu gehen und all das Gelernte direkt anzuwenden.

2. Mindset & Basics

2.1. Warum wir Freundschaften zum Leben brauchen

Wenn du so bist wie ich, würdest du dich am liebsten sofort in die Praxis stürzen. Gleich mit den direkt umsetzbaren Tipps anfangen und die Basics überspringen. Ich habe das oft gemacht, in Büchern, bei Kursen usw. Aber ich möchte dich darum bitten, damit noch ein wenig zu warten. Denn in diesem Kapitel gehen wir auf ein paar wichtige Mindsets und Grundlagen ein, die fundamental wichtig sind, damit du deine sozialen Ziele auch erreichst. Das beinhaltet einerseits zu verstehen, warum Freundschaften so wichtig sind, und andererseits (und das ist noch viel wichtiger) erstmal zu verstehen, was deine genauen Ziele in Bezug auf Freundschaften sind. Seneca hat mal gesagt: »Wenn du nicht weißt, wohin du segelst, wird kein Wind der richtige sein.« Und genau das Gleiche gilt auch für dich und deine Ziele.

In einem Zeitalter, in dem wir nonstop online sind und Hunderte von vermeintlichen Freunden auf Social Media um uns haben, könntest du dich vielleicht fragen: Was bedeutet Freundschaft eigentlich wirklich? Und wofür brauche ich Freunde überhaupt?

In diesem Kapitel will ich dir die Bedeutung von Freundschaft zeigen, darauf eingehen, wie Freundschaften historisch entstanden sind und warum sie so wahnsinnig wichtig für dein Wohlbefinden und dein gesamtes Leben sind.

Freundschaften sind keine Erfindung der Neuzeit. In den frühesten Zivilisationen waren sie essenziell für das Überleben. Unsere Vorfahren haben schnell erkannt, dass das Leben in Gruppen, in denen man sich aufeinander verlassen konnte, ihre Chancen verbesserte, Nahrung zu finden, sich gegen Raubtiere zu verteidigen und feindliche Stämme abzuwehren. In diesem Sinne waren die ersten Freundschaften tatsächlich Zweckbeziehungen – sie dienten dem gegenseitigen Nutzen in einer oft feindlichen Welt.

Aber Freundschaften waren schon immer viel mehr als nur pragmatische Allianzen. Sie gaben den Menschen emotionale Unterstützung, Vertrauen und Zugehörigkeit. Selbst in Zeiten, in denen das Überleben des Einzelnen stark von der Gruppe abhing, gab es Momente, in denen Menschen sich auf einer tieferen Ebene miteinander verbunden fühlten. Diese emotionalen Bindungen waren entscheidend für das psychische Wohlbefinden der Gruppenmitglieder. Im Laufe der Zeit, als die Gesellschaften komplexer wurden und der tägliche Überlebenskampf nicht mehr im Mittelpunkt stand, entwickelten sich Freundschaften weiter. Sie wurden zu einem Mittel der persönlichen Erfüllung und Selbstverwirklichung. Philosophen der Antike wie Aristoteles unterschieden zwischen drei Arten von Freundschaft: solche, die auf Nutzen basieren; solche, die auf Vergnügen basieren; und den seltensten, aber wertvollsten: die auf der Güte und dem gegenseitigen Wohlwollen der Personen basieren.

Heute, in einer Welt, die oft als isoliert und entfremdet wahrgenommen wird und in der Einsamkeit so stark ist wie nie, sind Freundschaften wichtiger denn je. Sie bieten uns einen sicheren Hafen, in dem wir uns verstanden, geschätzt und angenommen fühlen. In Zeiten, in denen psychische

Probleme unter Jugendlichen und jungen Erwachsenen stark zunehmen, können Freundschaften buchstäblich lebensrettend sein. Sie bieten uns emotionale Unterstützung und stärken unser Selbstwertgefühl. Außerdem senken sie nachweislich den Stress und sind somit sogar gut für deine körperliche Gesundheit. Verschiedene Studien zeigen, dass Menschen mit starken sozialen Bindungen besser mit Stress umgehen können, was zu einer geringeren Produktion des Stresshormons Cortisol führt. Meine Lieblingsstudie in Bezug darauf finde ich sogar so wichtig, dass sie ein eigenes Kapitel in diesem Buch bekommt. Und genau das schauen wir uns jetzt mal genauer an.

2.2. Harvard-Studie: Soziale Kontakte halten uns am Leben

Um dir von meiner Lieblingsstudie zu erzählen, müssen wir nach Boston, in die frühen 1930er-Jahre – als die Welt noch von den Nachwirkungen der Großen Depression gezeichnet war und die Wissenschaft an der Schwelle zu bahnbrechenden Entdeckungen stand. Zu dieser Zeit entstand eine Idee, die das Verständnis von Glück und Gesundheit komplett revolutionieren würde. Es war eine Zeit des Umbruchs und der Neuerfindung, sowohl auf globaler Ebene als auch in den Hallen der renommierten Harvard-Universität, wo eine Gruppe Forscher ein Projekt auf die Beine stellte, das bis heute als das Maß aller Dinge gilt, wenn es darum geht, herauszufinden, was uns wirklich gesund und glücklich hält.

Einer dieser Forscher war Dr. Clark Heath, ein Mann mit einer tiefen Leidenschaft für das menschliche Wohlbefinden. Während die Welt um ihn herum nach immer mehr materiellem Erfolg, Geld, Macht und Reichtum strebte, fragten sich Heath und seine Forschergruppe, ob es nicht tiefere, immaterielle Faktoren gab, die das langfristige Glück und die Gesundheit eines Menschen bestimmten.

In einer Zeit, in der psychologische Forschung oft nur aus kurzfristigen Studien oder theoretischen Spekulationen bestand, träumten Heath und sein Team von etwas Größerem: einer langfristigen Studie, die die Lebenswege von vielen verschiedenen Menschen über Jahrzehnte hinweg verfolgen würde. Sie wollten die verschiedenen Aspekte des menschlichen Lebens – Gesundheit, Arbeit, Beziehungen und so weiter – in ihrer Gesamtheit betrachten und verstehen, wie diese sich gegenseitig beeinflussen.

Die Herausforderung war riesig, denn damals gab es kaum Beispiele für eine Studie von dieser Dauer und Komplexität. Aber die Forscher waren entschlossen, und ihre Entschlossenheit fand Rückhalt bei der Universität und bei Spendern, die das Potenzial dieser Untersuchung erkannten.

So wurde die »Harvard-Studie zur Erwachsenenentwicklung« (im Original heißt sie »Harvard Study of Adult Development«) ins Leben gerufen, welche 724 Männer aus zwei sehr unterschiedlichen Gruppen untersuchte: einerseits Absolventen des Harvard-Jahrgangs von 1942 und andererseits verschiedene junge Männer aus den ärmsten Vierteln Bostons. Diese Männer wurden nicht nur aufgrund ihrer verschiedenen sozioökonomischen Hintergründe ausgewählt, sondern auch, weil sie nach damaligen Standards ein breites Spektrum menschlicher Erfahrungen repräsentierten (heutzutage würde man so eine Studiengruppe sicherlich anders zusammenstellen).

Über die Jahre hinweg sammelte und analysierte das Forschungsteam Daten zu fast jedem Aspekt des Lebens dieser

Männer: ihre physische und psychische Gesundheit, ihre beruflichen Laufbahnen, ihre Beziehungen und so weiter. Das Ganze begann als simple akademische Studie, entwickelte sich dann aber zu einer tiefgründigen Erkundung der menschlichen Natur und der Faktoren, die zu einem erfüllten Leben beitragen.

Mittlerweile läuft diese Studie bereits seit über 85 Jahren und hat schon den vierten Studienleiter. 2019 waren noch 19 der ursprünglichen 724 Männer am Leben. Aber keine Angst: Die Studie geht weiter und wurde mittlerweile unter anderem auf die Nachkommen der Studienteilnehmer ausgeweitet. Fun Fact: Unter den Teilnehmern waren auch ein paar Menschen, die später ziemlich berühmt wurden – unter anderem der ehemalige US-Präsident John F. Kennedy.

Über die Jahre und Jahrzehnte wurden immer wieder Studienergebnisse veröffentlicht, die erklärten, was die wichtigsten Faktoren für langfristige Gesundheit und Glück sind. Die Kernerkenntnis? Da zitiere ich gerne Robert Waldinger, den mittlerweile vierten Leiter der Studie: »Die wichtigste Botschaft aus der Studie ist: Gute Beziehungen machen uns glücklicher und gesünder. Punkt.«

Entgegen der gängigen Annahme, dass Reichtum, Ruhm oder harte Arbeit die Schlüssel zum Glück sind, zeigte die Studie, dass unsere sozialen Beziehungen der mit großem Abstand wichtigste Faktor für unser langfristiges Wohlbefinden sind. Menschen, die enge Beziehungen zu Familie, Freunden und ihrer Gemeinschaft hatten, lebten nicht nur länger, sondern waren auch gesünder und ein ganzes Stück zufriedener mit ihrem Leben.

Wichtig zu verstehen ist dabei, dass es nicht einfach nur um die Anzahl der Freunde, die wir haben, geht oder ob wir in einer festen Beziehung sind. Es geht um die *Qualität* dieser Beziehungen. Konfliktreiche Beziehungen voller Streitigkeiten wirken sich negativ auf die Gesundheit aus, während liebevolle, unterstützende Beziehungen einen positiven Einfluss haben. Interessanterweise haben diese positiven Beziehungen sogar einen schützenden Effekt auf das Gehirn, wobei starke soziale Bindungen mit einem langsameren mentalen Verfall in Verbindung gebracht werden. Krass, oder?

Die Studie warnte auch vor den Gefahren von Einsamkeit. Einsamkeit erwies sich als Gift; Menschen, die isolierter waren, als sie es gerne hätten, berichteten über ein niedrigeres Wohlbefinden und zeigten deutlich früher und mehr gesundheitliche Probleme.

Die Harvard-Studie ist aus vielen Gründen meine Lieblingsstudie. Einerseits, weil mir keine andere psychologische Studie mit solch einer Laufzeit und Ausführlichkeit bekannt ist. Andererseits, weil sie so krass unterstreicht, wie wichtig gute Freunde sind! Und das eben nicht nur für unser Glück, sondern auch für unsere Gesundheit.

Also wenn du jetzt noch nicht verstanden hast, dass Freundschaften eine verdammt hohe Priorität in deinem Leben haben sollten, dann weiß ich auch nicht mehr weiter. Und wenn du jetzt denkst: »Mensch, Felix, in meinem Alter ist das mit dem Freundefinden eben nicht mehr so einfach wie damals als Kind«, dann muss ich sagen: Das stimmt – aber nur zum Teil. Warum es tatsächlich als Kind einfacher war, Freunde zu finden, und wie uns die Gründe dahinter aber auch im Erwachsenenalter helfen können, neue Freundschaften zu schließen, sehen wir uns im folgenden Kapitel an.

2.3. »Wollen wir Freunde sein?« Warum als Kind alles noch so einfach war

Hast du dir im Kindergarten jemals Gedanken gemacht, wie du Freunde findest? Oder dich nicht getraut, jemanden anzusprechen? Wahrscheinlich nicht. Als Kind hat man aus verschiedenen Gründen kaum Probleme, neue Freunde zu finden. Einer davon ist der sogenannte »Mere-Exposure-Effekt« (den wir uns auch in Kapitel 6.1. noch einmal ganz genau ansehen werden). Im Kindergarten oder der Schule sind wir konstant mit vielen gleichaltrigen Menschen auf einem Haufen. Du hast jeden Tag die gleiche Gruppe von 20 bis 30 Menschen um dich. Und ihr habt viele Gemeinsamkeiten: Ihr seid jeden Tag am gleichen Ort. Ihr erlebt jeden Tag Dinge zusammen. Könnt euch zusammen freuen, aber auch zusammen über Dinge (oder Menschen, wie zum Beispiel Lehrer) aufregen. Das verbindet euch. Und diese täglichen gemeinsamen Erfahrungen sorgen fast unweigerlich dazu, dass es euch leichtfällt, eine Verbindung zueinander aufzubauen, die sich dann zu einer Freundschaft weiterentwickeln kann.

Das Ganze hat aber auch Schattenseiten, denn eure Freundschaft beruht dann nämlich nur auf diesem gemeinsamen Umfeld. Ich wette mit dir, dass du schon mal erlebt hast, dass du zu einem besonders guten Freund komplett den Kontakt verloren hast, einfach weil sich euer Umfeld geändert hat. Mein bester Freund im Kindergarten hieß Matthias. Wir haben ständig alles zusammen gemacht, sowohl im Kindergarten als auch in unserer Freizeit; wir waren unzertrennlich. Doch dann kam die Einschulung. Und siehe da: Wir kamen in unterschiedliche Klassen. Obwohl wir sogar auf derselben Grundschule waren, änderte sich unser Umfeld auf einen Schlag. Plötzlich hatten wir andere Lehrer, andere Mitschüler, andere Erfahrungen. Und es hat nur wenige Wochen gedauert und wir waren gefühlt Fremde.

Im Kindergarten- und Grundschulalter geschieht dieses Auseinanderleben noch sehr abrupt und erscheint daher extrem, aber dasselbe kann man auch noch im Teenager- oder Erwachsenenalter erleben: Ein Freundeskreis entsteht im Arbeitsumfeld. Man sieht sich jeden Tag und sammelt gemeinsame Erfahrungen. Teilt seine Freude über gemeinsame Erfolge, aber auch seinen Ärger über den unfreundlichen Chef, die Überstunden oder das schlechte Essen in der Kantine. Doch kaum wechselt man den Job und wird aus diesem sozialen Konstrukt herausgerissen, verliert sich auch die Freundschaft. Man trifft sich zwar auch danach noch privat, aber du kannst als »Außenseiter« einfach nicht mehr mitreden.

Das Gleiche gilt aber auch für Hobbys und persönliche Leidenschaften. Im jungen Erwachsenenalter ist ein Großteil meines Freundeskreises in die Technoszene »abgerutscht«. Nichts gegen Techno oder den dazugehörigen Lifestyle, aber es war einfach nicht meine Welt. Ich konnte damit nicht viel anfangen, wollte eher Hiphop hören und nicht zweimal die Woche bis fünf Uhr morgens auf irgendwelchen Raves sein. Am Anfang dachte ich noch, wenn ich das nur oft genug mache, wird es mir schon gefallen. Aber irgendwann habe ich eingesehen, dass das einfach nicht mein Ding ist. Und dann ist im Grunde genau das Gleiche passiert, was schon im Kindergarten bzw. in der Grundschule passiert ist: Anderes Umfeld, andere Erfahrungen, anderer Lifestyle … und ehe man sich versieht, hat man sich komplett auseinandergelebt.

Man kann über dieses Phänomen zwar traurig sein, aber ich glaube, dass das eigentlich ganz normal und vor allem auch notwendig ist. Genau wie Beziehungen häufig enden, weil man sich verändert hat und schließlich zu unterschiedlich geworden ist, enden auch Freundschaften aus diesem Grund – der sogenannte »Friendship Breakup«. Wir Menschen sind (Gott sei Dank) im konstanten Wandel. Und oft erst so richtig, wenn wir aus der Schule raus sind. Dann lernen wir uns kennen und passen unser Umfeld an unsere Interessen und Sichtweisen an – und nicht umgekehrt.

Ich merke das immer besonders stark an Weihnachten. In unserem alten Abi-Freundeskreis haben wir die Tradition, uns (mit wenigen Ausnahmen) jedes Jahr am 23. Dezember zu treffen und gemeinsam in einer Bar in Weihnachten reinzufeiern. Mittlerweile, neun Jahre später, könnten wir unterschiedlicher nicht sein. Versteht mich nicht falsch: Ich freue mich jedes Jahr riesig auf dieses Treffen und wir haben jedes Mal eine richtig gute Zeit. Aber da sitzen dann ein angehender Arzt, ein BWLer, eine Sexualpädagogin, eine Künstlerin, ein Influencer und ein Jurist an einem Tisch – eine Gruppe von Menschen, die sonst niemals so zusammenkommen würde und die außer ihrer gemeinsamen Vergangenheit auch nicht mehr viel miteinander verbindet. Aber ich finde das wunderbar. Es ist einerseits total toll, über alte Erlebnisse zu reden und zu lachen. Andererseits ist es aber auch unfassbar bereichernd, ganz andere Sichtweisen und Lebenswege genauer kennenzulernen und so seinen Horizont zu erweitern.

Mit ein paar Freunden aus der Schulzeit bin ich nach wie vor noch sehr eng befreundet, obwohl wir mitunter sehr unterschiedlich sind. Und das ist gut so. Ich bin überzeugt, dass nicht jeder Freund die gleichen Interessen haben sollte. Aber ich bin genauso überzeugt, dass wir alle Freunde haben sollten, die durchaus die gleichen Interessen und Leidenschaften teilen, weil wir nur so wirklich wachsen können (darauf gehen wir unter anderem in Kapitel 2.4. ausführlich ein). Und das ist aus meiner Sicht ein Grund dafür, sich aktiv damit zu beschäftigen, *die richtigen* Freunde zu finden. Denn selbst wenn es dir im Kindergarten und der Schule relativ leichtfiel, einen Freundeskreis aufzubauen, heißt das noch lange nicht, dass dieses Umfeld das beste für dich, dein persönliches Wachstum und dein Lebensglück ist.

2.4. How I Met Your Mother, Friends & Co.: Wie Hollywood unser Bild von Freundschaften prägt

Wenn du in etwa in meinem Alter bist, bist du wahrscheinlich mit »Feel good«-Sitcoms wie *Friends, How I Met Your Mother, Big Bang Theory* oder *Scrubs* groß geworden. Ich habe diese Serien abgöttisch geliebt und schaue sie bis heute immer wieder (während der Pandemie habe ich alle vier nochmal von vorne bis hinten durchgeschaut).

Rückblickend ist es wirklich faszinierend, wie diese Serien mein Leben geprägt und beeinflusst haben. So viele Referenzen aus *Scrubs* und *How I Met Your Mother* sind auch heute noch Teil meines Sprachgebrauchs. Dinge wie die »Hot-Crazy-Skala« oder der »Cheerleader-Effekt« (wenn du *How I Met Your Mother* geschaut hast, weißt du, wovon ich spreche) sind so tief in meinem Freundeskreis verankert, dass wir regelmäßig in Bezug auf verschiedene Personen darüber sprechen.

Diese Serien haben im Grunde alle eine Sache gemeinsam: Sie handeln von den Erlebnissen in Freundesgruppen, die sich im Laufe der Serie zu einer Art zweiten Familie entwickeln. Und diesen Gedanken fand ich einerseits schon immer wunderschön, andererseits fand ich das ehrlicherweise aber auch immer etwas frustrierend. Vor allem in Phasen meines Lebens, in denen ich mich einsam fühlte. Ich hielt so etwas immer für unrealistisch – für etwas, das nur in Hollywood-Serien möglich war.

Aber um das vorwegzunehmen: Es ist möglich! Ja, es gibt Unterschiede. In diesen Serien sehen wir Gruppen von Freunden, die fast jeden Tag Zeit miteinander verbringen, gemeinsam durch dick und dünn gehen und dabei immer gut aussehen. Aber lasst uns mal ehrlich sein: Wie oft treffen wir uns wirklich in einem Café oder einer Bar, nur um den Tag zu besprechen? Und wie oft enden Diskussionen oder Meinungsverschiedenheiten nicht in einer witzigen Pointe, sondern vielleicht in einem echten Konflikt? Die Wahrheit ist, dass echte Freundschaften oft komplizierter, aber auch bedeutungsvoller sind. Sie bestehen nicht nur aus ununterbrochenen Abenteuern oder ständigen Treffen. Manchmal sehen wir unsere Freunde wochenlang nicht, weil das Leben eben einfach im Weg steht – sei es durch Schule, Arbeit oder persönliche Verpflichtungen. Und das ist völlig okay. Echte Freundschaften brauchen Verständnis und Flexibilität, nicht nur ständige Anwesenheit. Freundschaften bestehen eben nicht immer nur aus diesen legendären »Bucketlist«-Momenten, die man gemeinsam erlebt. Freundschaften sind auch Alltag, in schlechten Zeiten füreinander da sein und manchmal auch gemeinsame Langeweile.

Eine Sache, die in *Friends* und *How I Met Your Mother* anders oder vielmehr nicht vorhanden war, sind die Smartphones. In der Ära von Instagram, Snapchat und WhatsApp haben sich unsere Freundschaften verändert. Wir sind es gewohnt, ständig in Verbindung zu stehen, Updates in Echtzeit zu teilen und zu wissen, was jeder macht, ohne direkt nachfragen zu müssen. In den Serien gab es (meistens) keine

Smartphones, die ständige Erreichbarkeit ermöglicht haben. Die Figuren mussten sich physisch treffen, um miteinander zu interagieren. Diese Art von Interaktion hat etwas Magisches, das in der heutigen digitalen Welt manchmal verloren geht.

Ich will dir jetzt weiß Gott nicht sagen, dass moderne Technologien schlecht sind (schließlich verdiene ich ja auch meinen Lebensunterhalt damit). Sie ermöglichen uns, mit Freunden in Kontakt zu bleiben, die weit weg leben, und bieten uns neue Wege, Beziehungen zu pflegen. Aber es lohnt sich, darüber nachzudenken, wie diese Technologien unsere Freundschaften beeinflussen. Sind wir vielleicht weniger geneigt, uns persönlich zu treffen, weil wir das Gefühl haben, schon alles online geteilt zu haben? Verpassen wir möglicherweise wichtige nonverbale Signale oder die Chance, tiefergehende Gespräche zu führen? In späteren Kapiteln (vor allem in Kapitel 8) gehen wir genauer auf Social Media ein. Ich will dir zeigen, wie du Social Media dafür nutzen kannst, Freundschaften im echten Leben zu knüpfen, und somit das Beste aus der Online-Welt mit dem Besten aus der Offline-Welt kombinierst.

Eine weitere Gemeinsamkeit, die diese Hollywood-Freundschaften meistens haben: Es sind fast immer Freundes*kreise*. Jeder ist mit jedem befreundet und alle erleben gemeinsam Dinge. In der Realität ist das aber häufig anders und das habe ich jedes Jahr wieder zu meinem Geburtstag erlebt. Ich habe viele verschiedene Freunde aus unterschiedlichen Kreisen, nicht »den einen« Freundeskreis. Ich denke, viele kennen das Phänomen, wenn unterschiedliche Freundeskreise bei bestimmten Anlässen, wie beispielsweise einem Geburtstag, zusammentreffen. Viele meiner Freunde heute sind Gott sei Dank sehr offen und locker, deshalb entstehen da selten Probleme. Aber in der Vergangenheit war das oft schwierig, weil die einzelnen Freunde untereinander nicht viel miteinander anfangen konnten.

Fakt ist: Nicht jeder braucht einen riesigen Freundeskreis, um glücklich zu sein. Tatsächlich ist das zu großen Teilen auch eine Typfrage und hängt auch davon ab, wie extro- oder introvertiert wir sind (dazu später mehr im Kapitel 5.2.). Aber in jedem Fall kann es große Vorteile haben, wenn man einen Freundeskreis hat, anstelle mehrerer einzelner Freunde – im Übrigen auch, wenn du introvertiert bist, weil du dann auch einfach mal in der Gruppe still sein und zuhören kannst, anstatt konstant zu reden. Und rückblickend betrachtet sind die meisten Dinge, an die ich mich mein Leben lang erinnern werde, fast immer mit mehreren Leuten passiert und nicht alleine oder zu zweit.

Eines meiner Vorbilder, was lebenslange Erinnerungen und Freundschaften angeht, das mir gezeigt hat, dass so etwas wirklich möglich ist, war immer mein Vater. Ich habe es als Kind geliebt, seinen Geschichten zu lauschen (und tue das bis heute noch gerne). Gefühlt hat er genug Dinge für drei Leben erlebt. Er war als Kind Bayerischer Meister im Turmspringen, ist als junger Erwachsener mit einer Akrobatikgruppe namens Fliegender Zirkus durch ganz Deutschland gereist und im Fernsehen aufgetreten, hat später einen Radiosender mit aufgebaut, bevor er dann Geschäftsführer eines Zeitungsverlags wurde. Ein Großteil seiner Geschichten aus dieser Zeit sind spannende, unterhaltende und teilweise waghalsige Erlebnisse, die er gemeinsam mit seinen Freunden erlebt hat. Mein Ziel ist es, später auch mal meinen Kindern viele legendäre Geschichten zu erzählen und auf ein ereignisreiches Leben ohne Reue zurückzublicken.

Was ich in diesem Zusammenhang auch sehr wichtig finde: Mein Vater hat mir erzählt, dass er, während er diese Dinge erlebt hat, das gar nicht unbedingt alles genossen hat. Die Dankbarkeit kommt oft erst viel später, wenn man mit etwas Abstand alles Revue passieren lässt. Das ist ein bekanntes Phänomen, und ich finde es sehr schade, wie oft wir so empfinden. Deshalb ein kleiner Tipp, um mehr Dankbarkeit im Hier und Jetzt zu empfinden – und damit auch gleich zum nächsten Actionstep:

> *ACTIONSTEP*
>
> Nimm dir jeden Tag drei Minuten Zeit und nenne dir drei Dinge und drei Menschen, für die du dankbar bist in deinem Leben. Das mache ich seit vielen Jahren regelmäßig. Es gibt kaum eine bessere Übung, um langfristiges Glück in seinem Leben zu empfinden.

Dieses Buch soll dir dabei helfen und dich motivieren, ein faszinierendes Leben zu leben – und das vor allem mit lebenslangen Freunden. Denn um Barney Stinson aus *How I Met Your Mother* zu zitieren: »Was auch immer ihr in eurem Leben treibt, es ist nicht legendär, wenn eure Freunde nicht da sind, um es zu sehen.«

2.5. Viele Bekannte vs. enge Freunde: Was willst du wirklich?

Als ich nach München »in die Großstadt« gezogen bin, dachte ich mir: Das wird niemals wie Regensburg sein – niemals werde ich Menschen auf der Straße treffen, die ich kenne. Niemals werde ich zweimal dieselbe Person auf Events treffen.

Hier leben Millionen. Das wird sich alles komplett verlaufen.

Falsch gedacht.

»Events« können alles Mögliche sein – beispielsweise eine Party, eine Sportveranstaltung oder sogar ein Festival. Wenn ich in diesem Buch also von Events spreche, meine ich generell eine Zusammenkunft von Menschen zu einem bestimmten Anlass – egal ob das jetzt zum Feiern ist oder zum Beispiel auch, um sich fortzubilden (wie auf einer Messe oder bei einem Vortrag).

Ich habe relativ schnell gelernt, dass es in München, so wie in jeder Groß- und Kleinstadt, einen Kreis von Menschen gibt, die man immer wieder auf bestimmten Events sieht – also auf Veranstaltungen oder bei Treffen, die Menschen mit ähnlichen Interessen versammeln. In meinem Fall sind das Events, wie sie Nik hier in München mit seiner Agentur Obvs Studios veranstaltet und auf denen sich Creator, Influencer, Models und Künstler der ganzen Stadt versammeln. Ich gehe gerne auf diese Events, spreche dort mit Gleichgesinnten, also Menschen, die meine Interessen teilen, und tausche mich mit anderen Creatorn aus. Für Content Creator gibt es ja in aller Regel keine Vereine, Verbände oder Stammtische, wo man sich austauschen kann, wie das bei vielen anderen Hobbys und Aktivitäten der Fall ist. Aber die Obvs-Events kommen dem Ganzen schon sehr nahe.

Ich habe zwar wegen der ganzen anderen Dinge, die ich so mache, nicht immer Zeit, auf all die Events zu gehen, aber wenn ich da bin, genieße ich es sehr. Es macht mir allgemein superviel Spaß, auf Events zu gehen, dort mit Menschen zu reden, noch mehr Menschen zu grüßen und einige neue Menschen kennenzulernen. Wenn ich mit vielen Menschen an einem Abend geredet habe, die ich kenne (auch wenn das nicht unbedingt superenge Freunde sind), gibt mir das viel Energie, und meine »sozialen Batterien« werden richtig aufgeladen. Je nach Hobby, Interessen und Leidenschaften von dir gibt es diese »Regulars« bestimmt auch in deinem Bereich. Auch in Fitnessstudios, Kletterhallen, Buchclubs oder Vereinen aller Art gibt es »Regulars«, die sich untereinander alle kennen.

Das Ding ist aber: Nicht jeder hat Spaß daran, an einem Abend mit Hunderten Leuten zu reden. Ich kenne viele, die bei dem Gedanken daran buchstäblich kotzen könnten. Es würde sie auslaugen, so etwas jede Woche zu machen. Für sie ist es viel entscheidender, regelmäßig Quality Time mit einzelnen Menschen zu verbringen. Und daran ist genauso wenig verkehrt!

Aber selbst wenn du (so wie ich) Spaß daran hast, viele Menschen zu kennen, mach nicht den Fehler, den viele »Netzwerker« machen, und pflege keine tiefgründigen Freundschaften! Wir haben im vorherigen Kapitel gelernt, wie wichtig die *Qualität* deiner sozialen Beziehungen ist. Gerade wenn es dir mal schlecht geht (Beziehungs-Aus, Tod eines geliebten Menschen etc.), dann wirst du zu schätzen wissen, was wahre Freundschaft dir geben kann (dazu später mehr bei der »Beerdigungsfrage« in Kapitel 3.3.). Wichtig ist, dass man sich auf eine Weise mit Menschen umgibt, die einem selbst am meisten liegt und guttut. Und das unterscheidet sich mitunter stark von Person zu Person. Aber wie findest du heraus, was du wirklich willst?

Denk einmal darüber nach, wie du dich nach verschiedenen sozialen Interaktionen fühlst. Bist du energiegeladen und bereit, die Welt zu erobern, wenn du einige Zeit in einem Raum voller Menschen warst? Oder spürst du eine tiefere Zufriedenheit nach einem langen Gespräch mit einem einzelnen Freund ohne große Ablenkungen? Deine innere Reaktion auf diese Fragen kann ein Kompass sein, der dir zeigt, was für dich der richtige Weg ist. Und es gibt keinen besseren Weg, das herauszufinden, als durch eigene Erfahrung. Wenn du bisher eher zurückhaltend warst, wage dich auf ein Event, das dich interessiert. Und wenn du ein Social Butterfly bist – also jemand, der sich gerne mit vielen Menschen umgibt und von kurzem Gespräch zu kurzem Gespräch flattert –, nimm dir einen Tag Zeit für ein einzelnes tiefergehendes Gespräch mit einem Freund. Beobachte, wie du dich dabei und im Anschluss fühlst. Erkenne, was dir Energie gibt und dich maximal erfüllt. Denk aber bitte auch daran, dass es nicht unbedingt ein Entweder-oder sein muss. Viele von uns finden Glück in einer gesunden Mischung. Vielleicht genießt du es, auf Events mit zahlreichen Begegnungen zu gehen und gleichzeitig ein paar enge Freundschaften zu pflegen. Vielleicht umgibst du dich gerne mit Menschen, aber ohne viele Interaktionen mit ihnen zu haben. Oder vielleicht fühlst du dich am wohlsten mit möglichst wenig Kontakten, und dir genügt das Wissen, dass immer jemand da wäre, solltest du Gesprächsbedarf haben. Das Geheimnis liegt darin, die richtige Balance zu finden – die Balance, die zu dir und deinem Lebensstil passt.

Das Fazit ist also: Jeder Mensch ist anders, und es gibt kein Richtig oder Falsch, wenn es um die Menge der Beziehungen geht, die man zu anderen pflegt. Es ist aber hilfreich, sich selbst zu kennen und zu wissen, ob man lieber ständig unter vielen Leuten ist oder lieber wenige, enge Beziehungen pflegt.

> *ACTIONSTEP*
> Achte darauf, wie deine sozialen Interaktionen dich beeinflussen. Schreib dir einmal auf, nach welchen sozialen Ereignissen du dich so gefühlt hast, als könntest du die ganze Welt erobern. Und nach welchen du gefühlt eher zehn Stunden Schlaf und eine soziale Auszeit gebraucht hast.

Das können alles Anhaltspunkte sein, die dir zeigen, wie dein perfektes soziales Leben aussieht. Am Ende ist es dein Leben. Und dein Weg wird anders aussehen als der von anderen. Was für den einen funktioniert, ist für den anderen vielleicht nicht passend. Erlaube dir, deinen eigenen Weg zu finden, und sei stolz darauf, egal ob er von vielen Bekanntschaften oder einer überschaubaren Anzahl Freundschaften geprägt ist.

2.6. Du bist der Durchschnitt deiner fünf engsten Mitmenschen

Warum sind Stars so häufig mit anderen Stars in einer Beziehung? Warum hängen Sportler meistens mit anderen Sportlern ab? Und warum bleiben reiche Menschen meist unter sich? Es ist üblich und weit verbreitet, dass wir Menschen uns gerne in einem Umfeld aufhalten, das unserem eigenen ähnlich ist. Du hast in diesem Kontext vielleicht schon mal den Satz gehört: »Du bist der Durchschnitt deiner fünf engsten Mitmenschen.« Dieser Satz, geprägt von dem berühmten Motivationsredner Jim Rohn, wirkt auf den ersten Blick wie eine dieser typischen Instagram-Weisheiten, die mit einem fancy Bild im Hintergrund millionenfach gelikt werden. Im

Grunde besagt er, dass du dich in allen wichtigen Lebensbereichen immer ungefähr im Durchschnitt deines engsten Umfelds bewegst. Ich höre dich jetzt direkt sagen: »Aber mein bester Freund Markus ist ganz anders als ich! Ich bin viel sportlicher, er ist wohlhabender, ich bin introvertiert und er extrovertiert« und so weiter.

Aber jetzt mach als Actionstep mal Folgendes:

> ***ACTIONSTEP***
> Schreib dir auf, mit welchen fünf Menschen du (beruflich wie privat) im Alltag am meisten Zeit verbringst. Und dann sieh dir an, was sie in deinen Augen jeweils ausmacht – schreib dir einfach Stichpunkte zu jedem Einzelnen von ihnen dazu.

Mit nicht allzu kleiner Wahrscheinlichkeit wirst du merken, dass du durchaus oft im Durchschnitt bist – dass sich also das, was diese fünf Menschen ausmacht, auch in deinem Leben und deiner Persönlichkeit wiederfindet.

Ein paar werden sportlicher/fitter sein. Ein paar weniger. Ein paar werden finanziell besser aufgestellt sein, ein paar schlechter. Ein paar werden besser in der Schule/Uni sein, ein paar schlechter. Und so weiter …

Auch wenn das nicht in allen Fällen stimmen mag, steckt hinter dieser simplen Formel eine tiefgründige Wahrheit über die Psychologie der menschlichen Beziehungen und die Auswirkungen, die unser soziales Umfeld auf uns hat. Stell dir vor, deine fünf engsten Freunde sind alle Musiker. Du wirst wahrscheinlich häufiger Konzerte besuchen, mehr über Musik reden und vielleicht selbst ein Instrument lernen wollen. Dieses Phänomen wird oft als »soziale Ansteckung« bezeichnet –

die Tendenz, Verhaltensweisen, Gewohnheiten und Überzeugungen von den Menschen zu übernehmen, mit denen wir uns umgeben.

Eine superfaszinierende Studie zu diesem Thema wurde 2008 von Nicholas Christakis und James Fowler durchgeführt. Ihre Forschung zeigte auf, dass unser Umfeld einen enormen Einfluss auf unser Leben hat. Die Ergebnisse dieser Studie fußen auf einer weiteren Studie, die in den 1940er-Jahren begann und immer noch läuft (ich weiß, noch so eine Langzeitstudie, aber es lohnt sich!).

Um das alles zu verstehen, müssen wir nach Framingham, eine Gemeinde in Massachusetts mit ca. 70 000 Einwohnern. Diese Stadt ist im Grunde nichts Besonderes. Eine (für US-amerikanische Verhältnisse) Kleinstadt, die höchstens dafür bekannt ist, dass BOSE (der Hersteller von Soundboxen, Kopfhörern usw.) dort seinen Hauptsitz hat. Aber eine Sache ist in Framingham anders als in anderen Städten. Etwas, das man gar nicht bemerken würde, wenn man durch die Straßen dieser Stadt läuft. Das Leben all dieser Menschen ist nämlich auf unsichtbare Weise miteinander verflochten. Und wird seit vielen Jahrzehnten analysiert und beobachtet. Klingt erstmal ein bisschen creepy, ist aber unfassbar wichtig für so viele Erkenntnisse über Gesundheit und Psychologie.

Die »Framingham Heart Study« begann im Jahr 1948 und wurde ursprünglich ins Leben gerufen, um die Ursachen von Herz-Kreislauf-Erkrankungen zu erforschen. Insgesamt 5209 Einwohner von Framingham wurden in die Studie einbezogen, die seitdem Generationen von Teilnehmern und eine Fülle von Daten hervorgebracht hat. Mittlerweile, über 75 Jahre später, befindet sich die Studie in der dritten Generation und besteht aus insgesamt 4095 Enkeln der ursprünglichen Studienteilnehmer. Die Teilnehmer müssen zu regelmäßigen Gesundheits- und Leistungschecks und beantworten in regelmäßigen Abständen Fragebögen zu verschiedenen Themen.

Was hat das Ganze jetzt mit Freundschaften und deinem Umfeld zu tun, fragst du dich? Jetzt kommt der wirklich faszinierende Teil: Im Laufe der Zeit bemerkten die Forscher etwas Interessantes im Hinblick auf soziale, zwischenmenschliche Netzwerke und Gesundheit. Ihre Forschung zeigte auf, dass, wenn eine Person übergewichtig wird, die Wahrscheinlichkeit, dass ein Freund dieser Person ebenfalls Gewicht zulegt, um ganze 57 Prozent steigt. Noch überraschender: Diese »Ansteckung« erstreckt sich sogar auf Freunde von Freunden.

Aber es wird noch krasser: Denn nicht nur Übergewicht ist ansteckend, sondern auch Glück! Zwischen 1983 und 2003 beobachteten die Forscher 4739 Menschen und fanden heraus, dass sich Glück innerhalb dieses Netzwerks ausbreitete – ähnlich wie Wellen, die von einem ins Wasser geworfenen Stein ausgehen. Die Studie zeigte, dass, wenn eine Person glücklich war, dieses Glück sich im Umfeld der Person ausbreitete und die Stimmung der Menschen um sie herum bis zu drei Ebenen entfernt positiv beeinflusste – ja, bis zu den Freunden von Freunden von Freunden! Die Forscher entdeckten, dass in dieser verflochtenen Gemeinschaft »Cluster« von Glück und Unglück existierten. Woraus sich ableiten lässt: Bist du von glücklichen Menschen umgeben, steigt die Wahrscheinlichkeit, dass auch du glücklich wirst. Diese Kettenreaktion von positiven Emotionen ist keine Einbahnstraße; sie ist ein komplexes Netz, das sich durch das Leben der Menschen webt.

Eine weitere spannende Zahl in diesem Zusammenhang: Wenn ein Freund, der weniger als eine Meile (also gut anderthalb Kilometer) entfernt lebt, glücklich wird, steigt deine Chance, ebenfalls glücklich zu sein, um 25 Prozent. Krass, oder? Und dieser Effekt ist nicht nur auf Freunde beschränkt; er erstreckt sich auf Ehepartner, Geschwister und sogar Nachbarn. Interessanterweise wurde dieser Effekt allerdings nicht unter Arbeitskollegen beobachtet, was darauf hindeutet, dass die Qualität und die Art der Beziehungen durchaus eine Rolle spielen.

Was bedeutet das jetzt für dich? Zieh aus dieser Studie jetzt bitte nicht den Schluss, dass du deine Freunde links liegen lassen sollst, sobald sie mal unglücklich sind, nur weil du dich nicht »anstecken« willst. Aber es zeigt aus meiner Sicht ganz deutlich, dass an dem Spruch »Du bist der Durchschnitt deiner fünf engsten Mitmenschen« durchaus etwas dran ist und dass dein Umfeld einen riesigen Einfluss auf deine persönliche Entwicklung (positiv wie negativ) hat.

Ich habe das früher zu Schulzeiten ganz deutlich selbst gemerkt. Ich hatte damals sehr gute Freunde, für die ich auch heute noch sehr dankbar bin. Trotzdem habe ich rückblickend bemerkt, wie sehr einen das eigene Umfeld manchmal zurückhalten kann. Ich interessierte mich zum Beispiel schon damals sehr für Social Media mit all seinen Facetten und Möglichkeiten, aber mein Freundeskreis überhaupt nicht. Ich weiß noch, dass ich damals eine Diskussion mit einem Freund hatte, weil ich auf Facebook ein paar Freundesanfragen an Menschen verschickt hatte, die ich nur flüchtig kannte. Er fand, man solle Social Media ausschließlich nutzen, um mit seinen engsten Freunden in Kontakt zu bleiben, und ich wurde dafür verurteilt, dass ich die Plattform dazu nutzte, meine Kontakte zu erweitern.

Meine ganze Leidenschaft für Social Media, Instagram,

TikTok und Co. konnte sich erst deutlich später richtig entfalten. Wir spulen mal zum Jahr 2021 vor, dem Anfang meiner Social-Media-»Karriere«: Ich war zu dem Zeitpunkt neben dem Studium bereits seit zwei Jahren als Fotograf selbstständig. Das ist wiederum nur deshalb passiert, weil ich davor ein halbes Jahr in Los Angeles auf der Film School war und wegen des kreativen Umfelds dort den Mut gefasst hatte, mich in der Kreativbranche selbstständig zu machen. Als Fotograf hatte ich plötzlich viele andere Fotografen, Models usw. um mich – also ein deutlich Social-Media-affineres Umfeld als mein damaliger Schulfreundeskreis. Und dieses Umfeld brachte mich schließlich 2021 dazu, den Mut zu fassen, mein erstes TikTok zu posten.

Tatsächlich habe ich am Anfang trotzdem niemandem davon erzählt, dass ich Videos auf TikTok poste – nicht mal meinen Eltern oder meiner damaligen Freundin. Zu groß war meine Angst davor, was mein Umfeld denken könnte: »TikTok? Das ist doch nur was für tanzende Teenager.« Erst als ich 10 000 Follower hatte und somit das Gefühl, dass das Ganze auch wirklich funktionieren könnte, habe ich es in meinem Umfeld publik gemacht.

Mittlerweile ist ein Großteil meines sozialen Umfelds ebenfalls auf Social Media aktiv und das finde ich superschön. Aber eben auch nicht jeder kann sich dafür begeistern und das ist absolut in Ordnung so! Mein bester Freund Spissi lehnt Social Media zum Beispiel völlig ab und das ist ab und zu auch eine sehr willkommene Abwechslung (er hat mir zum Geburtstag mal das Buch *Zehn Gründe, warum du deine Social Media Accounts sofort löschen musst* von Jaron Lanier geschenkt – ein Wink mit dem Zaunpfahl).

Dein soziales Umfeld hat einen riesigen Einfluss auf dich und dein Leben. Wenn du das Gefühl hast, dein jetziges Umfeld zieht dich in manchen Lebensbereichen eher runter, dann brich jetzt bitte nicht übermotiviert all deine Freundschaften ab. Aber arbeite daran, dein Umfeld Stück für Stück an deine Interessen und Bedürfnisse anzupassen. Und überlege dir genau, welche Art von Menschen du in deinem Umfeld haben willst. In den Kapiteln über Visualisierung (3.1. und 3.2.) gehen wir noch genauer darauf ein.

2.7. Die Goldgräber-Metapher: Du musst viele kennenlernen, um die Richtigen zu finden

Dieses Kapitel will ich mit einer kleinen Metapher einleiten, die ich so ähnlich von meinem guten Bekannten Alex gelernt habe, der selbst ein Buch über das Thema »Freunde finden« geschrieben hat – nämlich die Goldgräber-Metapher.

Stell dir vor, du bist ein Goldgräber im Wilden Westen. Deine Tage sind gefüllt mit harter Arbeit unter der brennenden Sonne, während du unermüdlich Schaufel für Schaufel Erde, Sand und Steine durch dein Sieb wäschst. Die meisten Steine, die du durchsiebst, sind völlig gewöhnlich. Aber dann, nach vielen Stunden oder manchmal sogar Tagen der mühevollen Suche, glänzt plötzlich etwas in deinem Sieb. Gold! Endlich! Klein und doch von unschätzbarem Wert. Dieses eine kostbare Stück rechtfertigt all die Arbeit, die Hitze, den Staub und die Enttäuschungen der vielen erfolglosen Versuche.

Die Suche nach wahren Freunden ist nicht unähnlich der Suche nach Gold. Wir treffen in unserem Leben auf viele Menschen – in der Schule, an der Uni, bei der Arbeit, bei Hobbys und auf Social Media. Viele dieser Begegnungen sind flüchtig. Sie hinterlassen keinen bleibenden Eindruck. Aber ab und zu, vielleicht wenn wir es am wenigsten erwarten, finden wir jemanden, der wirklich »glänzt«. Jemand, der unser Leben auf eine Art und Weise bereichert, wie es die üblichen »Steine« niemals könnten.

Fakt ist – und das wird dich jetzt vielleicht erstmal entmutigen, vor allem wenn du eher introvertiert bist –, du musst regelmäßig neue Leute kennenlernen. Wer nicht regelmäßig mit neuen Menschen interagiert, verliert aktiv Freunde. Das gehört leider zum Leben dazu. Mal lebt man sich einfach auseinander, weil man sich verändert hat, mal zieht jemand in eine andere Stadt oder ein anderes Land, mal gibt es einen heftigen Streit. Das ist ganz normal, und nur weil eine Freundschaft endet, heißt das nicht, dass die gemeinsame Zeit nichts wert war (ähnlich wie bei einer Beziehung). »Friendship Breakups«, also das Zerbrechen von Freundschaften, können oft genauso schmerzhaft sein wie Trennungen in Beziehungen.

Eine wichtige Lehre bzw. eine Grundeinstellung, die ich von meinem Vater gelernt habe: »In Liebe entlassen«. Wenn etwas zu Ende ist, trag keinen Groll in dir, weil dich das daran hindert, in die Zukunft zu schauen. Sei dankbar für alles, was man gemeinsam erlebt hat, selbst wenn es nicht unbedingt im Guten auseinandergegangen ist. Und dann blicke nach vorn.

Gerade weil wir nicht verhindern können, dass wir im Laufe unseres Lebens Menschen verlieren, ist es eben so wichtig, regelmäßig neue Freunde zu finden. Man könnte denken, dass für einen introvertierten Menschen – jemand, der Energie aus Zeit mit sich allein bezieht und der sich in großen Gruppen schnell überwältigt fühlt – die Suche nach Freundschaften eine besonders ermüdende Aufgabe ist. Aber keine Angst, das bedeutet nicht, dass du jede Party oder jedes soziale Event mitmachen musst. Es bedeutet auch nicht, dass du dich verstellen oder zu jemandem werden sollst, der du nicht bist. Keine Angst, es bedeutet auch nicht, dass du täglich zehn fremde Menschen auf der Straße ansprechen musst. Aber es bedeutet, offen zu bleiben für neue Begegnungen, bereit zu sein, hin und wieder aus deiner Komfortzone herauszutreten und geduldig zu sein im Prozess des Kennenlernens neuer Menschen. So wie der Goldgräber weiß, dass nicht jeder Stein Gold beherbergt, weißt auch du, dass nicht jeder, den du triffst, ein Freund fürs Leben sein wird. Aber ihr beide, der Goldgräber und du, wisst, dass es die Suche wert ist.

Eine weitere Parallele zwischen dem Goldgräber und dir auf der Suche nach Freunden ist, dass ihr natürlich am richtigen Ort suchen müsst. Wenn du dich jetzt in deinem Vorgarten auf die Suche nach Gold begibst, wirst du (je nachdem, wo du lebst) wahrscheinlich kein allzu großes Glück bei der Suche haben. Genauso ist es beim Freundefinden. Ich hoffe, spätestens seit dem letzten Kapitel weißt du, welche Menschen du um dich herum haben willst und welche nicht. Welche Freunde dein Leben bereichern würden und welche dich eher zurückhalten. Wenn du beispielsweise riesige Freude an Kunst und Musik hast, in deiner Freizeit mit deinen bisherigen Freunden aber nur auf Sportveranstaltungen gehst, wirst du wahrscheinlich nicht superviele Künstler treffen. Dein Umfeld ist also nicht nur in Bezug auf die Menschen in deinem Umfeld wichtig, sondern auch in Bezug auf das Setting.

Regelmäßig neue Menschen kennenzulernen, muss Gott sei Dank nicht schwierig oder zeitaufwendig sein. Gerade heutzutage gibt es dafür wahnsinnig viele Tools und Möglichkeiten, für die du nicht mal dein Zimmer verlassen musst – allen voran natürlich Social Media. Ich halte Social Media (auch wenn es seine Schattenseiten hat) für eines der besten Werkzeuge, um neue Menschen – und vor allem die richtigen Menschen – kennenzulernen. Deshalb habe ich diesem Thema sogar ein ganzes Kapitel gewidmet. Dazu aber später mehr.

An dieser Stelle zunächst noch ein Appell an dich: Be social! Begib dich auf die Suche nach dem Goldstück. Jede Konversation mit einem neuen Menschen erhöht die Chance, dass du daraus einen neuen Freund fürs Leben machst. Echte Freundschaften sind selten und kostbar, aber sie sind da draußen, versteckt unter der Oberfläche, und warten darauf, von dir entdeckt zu werden. Also nimm dein Sieb, wage dich in den Strom und beginne die Suche. Hol dir das Gold!

3. Zielsetzung

3.1. Visualisierung: Wie soll dein perfektes Leben aussehen?

In meinem Leben habe ich immer wieder gemerkt, wie wichtig es ist, sich regelmäßig Ziele zu setzen. Aber nicht nur das: Du musst dir die Ziele auch immer wieder vor Augen rufen und regelmäßig nachverfolgen. Und tatsächlich ist allein diese Übung oft schon ausreichend dafür, dass du deine Ziele auch erreichst. Zielsetzung ist so unfassbar wichtig für das Erreichen besagter Ziele (egal ob in Bezug auf Freundschaften oder auf dein ganzes Leben), dass ich dem Thema ein eigenes Kapitel widmen will.

Das Konzept der Zielsetzung ist so alt wie die Menschheit selbst, aber die Wissenschaft zeigt uns, wie und warum das Ganze funktioniert. Eines der bekanntesten Experimente in diesem Bereich ist das von Dr. Gail Matthews, die feststellte, dass Menschen, die ihre Ziele regelmäßig aufschreiben, regelmäßig ihre Fortschritte bewerten und sich diese Ziele oft vorstellen, eine gut 42 Prozent höhere Erfolgsquote haben als die, die das nicht tun.

Aber warum ist das simple Aufschreiben von ein paar Sätzen auf ein Blatt Papier so mächtig? Psychologen erklären das Ganze durch etwas, das als Selbstregulation bekannt ist. Wenn wir unsere Ziele regelmäßig visualisieren und/oder niederschreiben, stärken wir unsere Fähigkeit zur Selbstregulierung und Selbstkontrolle, das heißt, wir werden besser darin, Entscheidungen zu treffen, die uns unseren Zielen näherbringen, und uns von Entscheidungen fernzuhalten, die uns ablenken könnten.

Dann gibt es noch das Phänomen des »Mere-Measurement-Effekts«. Ich finde es jedes Mal wieder lustig, über diesen Effekt nachzudenken, weil er im Grunde zeigt, wie simpel wir Menschen gestrickt sind. Der Effekt besagt, dass bereits das bloße Messen eines Verhaltens oft dazu führt, dass sich dieses Verhalten verbessert. In einer Studie wurden Teilnehmer zum Beispiel gebeten, ihre Fernsehgewohnheiten aufzuschreiben. Und nur durch diese einfache Handlung verringerte sich ihre Sehzeit und verbesserten sich ihre Sehgewohnheiten.

Eine weitere Studie aus 2011 hat gezeigt, dass Menschen, die einen Fragebogen über ihre sportlichen Aktivitäten ausfüllen sollten, danach deutlich mehr Sport trieben als die, die ohne Fragebogen blieben. 2015 wurde eine andere Studie in diesem Kontext veröffentlicht, und sie unterstrich noch einmal das bisher Gesagte: Eine Teilnehmergruppe wurde gebeten, sich jeden Tag zu wiegen. Die andere Gruppe tat das nicht. Die Teilnehmer beider Gruppen waren übergewichtig. Das Ergebnis kannst du dir wahrscheinlich schon denken: Nach sechs Monaten hatte die Gruppe, die sich täglich gewogen hatte, im Schnitt 6,1 Kilo mehr abgenommen als die Kontrollgruppe! Einfach nur, weil sie das direkte Feedback jeden Tag schwarz auf weiß auf dem Bildschirm ihrer Waage hatten.

Zielsetzung und Visualisierung sind zwei riesige Bereiche, über die viele Menschen, vor allem in der ganzen »Motivationscoach«-Bubble, schon viele Dinge gesagt haben. In diesem Zuge wird häufig auch von dem »Gesetz der Anziehung« und von »Manifestieren« gesprochen. Das Gesetz der Anziehung besagt im Grunde: Gleiches zieht Gleiches an. In seinem Kern steht der Glaube, dass durch positive oder negative Gedanken auch positive oder negative Erfahrungen angezogen werden. Einfach gesagt soll man also positive Gedanken ins Universum schicken und bekommt dadurch tolle, positive Dinge zurück. Manifestieren ist ein Begriff, der oft im Zusammenhang mit dem Gesetz der Anziehung verwendet wird und den Prozess beschreibt, durch den Gedanken und Überzeugungen in die physische Realität überführt werden sollen. Die Grundidee hierbei ist, dass man durch positive Denkweisen bestimmte Ergebnisse im Leben »herbeiführen« kann. Bei vielen dieser Gurus wird das dann oft so dargestellt, als könnte man durch bloßes Wünschen und Glauben alles erreichen.

Wissenschaftler sind allerdings tendenziell skeptisch, wenn es um die breiteren und oft mystisch angehauchten Behauptungen des Gesetzes der Anziehung geht. Es fehlt an empirischen Beweisen, die klar belegen, dass unsere Gedanken das Universum dazu veranlassen können, uns alles zu geben, was wir wollen. Viele Psychologen würden argumentieren, dass es nicht die Gedanken an sich sind, die Realität schaffen, sondern vielmehr die Aktionen, die wir aufgrund unserer Einstellung und Überzeugungen durchführen.

Trotzdem gibt es in der Psychologie durchaus ähnliche Konzepte, die sich mit der Macht der Gedanken beschäftigen. Eines davon ist der »Self-fulfilling Prophecy«-Effekt: Wenn wir fest an etwas glauben, neigen wir dazu – bewusst oder unbewusst –, auf eine Weise zu handeln, die diese Überzeugungen bestätigt. Dies kann eine sich selbst erfüllende

Vorhersage sein, bei der Erwartungen die Realität beeinflussen. Wenn du also fest daran glaubst und dir immer wieder »einredest«, dass du dein Ziel auch erreichen wirst, ist es wissenschaftlich tatsächlich wahrscheinlicher, dass du das auch wirklich tust.

Insofern hier schon mal ein kleines Zwischenfazit: Egal ob du fest davon ausgehst, dass das Universum dich durch Manifestieren und das Gesetz der Anziehung bei deinen Zielen unterstützt, oder ob du eher aus der wissenschaftlichen Ecke kommst und an psychologische Effekte und die Kraft unseres Gehirns, uns selbst zu überlisten, glaubst – Zielsetzung und Visualisierung funktionieren.

Jetzt aber genug Theorie, kommen wir zur Praxis! Wie setzt du dir jetzt Ziele, sodass du sie auch wirklich erreichst?

Eine meiner Lieblingsmethoden ist das sogenannte »Reverse Engineering«, also die »Rückentwicklung«. Die meisten Menschen überlegen sich zunächst, was sie in drei Monaten erreicht haben wollen. Und darauf aufbauend dann, was sie in einem Jahr erreicht haben wollen. Und dann vielleicht, wo sie in drei oder fünf Jahren sein wollen. Der Trick ist aber, das genau andersherum zu machen. Überlege dir erstmal, wo du in drei Jahre sein willst. Dann darauf aufbauend oder vielmehr davon ableitend, was du dafür in einem Jahr erreicht haben musst. Und wiederum davon abgeleitet, was du in drei Monaten dafür geschafft haben musst. Und das hilft dir dann, deine Woche und deinen Tag zu planen. Dieses Vorgehen ist viel schlauer, weil es mit dem eigentlich wichtigen, dem langfristigen Ziel beginnt.

Eine weitere Methode, die mir bei meinen Zielen hilft, ist die Unterscheidung zwischen ergebnisorientierten und handlungsorientierten Zielen. Ergebnisorientierte Ziele sind Ziele, die sich – wie der Name schon sagt – auf ein bestimmtes Ergebnis fokussieren. Klassisches Beispiel: Ich will eine Million Euro im Jahr verdienen. Handlungsorientierte Ziele beziehen sich auf Dinge, die du tust (und über die du somit viel mehr Kontrolle hast). Beispiel: Ich will drei Monate lang jeden Morgen meditieren. Meine Empfehlung: Mach deine langfristigen Ziele zu ergebnisorientierten Zielen, die du visualisieren kannst und die dich motivieren. Aber deine kurzfristigen Ziele machst du zu handlungsorientierten Zielen, weil dir das ein Gefühl der Kontrolle (und somit Selbstbewusstsein) gibt.

Noch ein Beispiel, damit es verständlicher ist:

Dein Einjahresziel könnte sein: Ich habe einen tollen Freundeskreis von mindestens fünf Leuten, auf die ich mich zu 100 Prozent verlassen kann und die wie eine zweite Familie für mich sind. Wir unterstützen uns gegenseitig bei unseren Zielen und haben ähnliche Interessen (Ergebnis).

Als Dreimonatsziel könntest du dir entsprechend vornehmen: Ich führe jeden Tag mindestens ein Gespräch mit einer fremden Person oder schreibe jemanden, den ich noch nicht kenne, auf Social Media an (Handlung).

Als letzte Methode möchte ich dir empfehlen, deine Ziele in verschiedene Bereiche zu gliedern. Die 3x3-Methode eignet sich da generell sehr gut. Die drei Bereiche, die eigentlich alles abdecken, sind:

1. Gesundheit (Fitness, mentale Gesundheit, Ernährung, Achtsamkeit, Aussehen etc.)

2. Business (Beruf, Selbstständigkeit, Vermögen, Materielles, Bildung etc.)

3. Freizeit (Freundeskreis, Beziehung, Liebe, Hobbys etc.)

Füge aber gerne noch eigene Bereiche hinzu, wenn du das Gefühl hast, irgendetwas fehlt (bei manchen könnte das z. B. Spiritualität oder Glaube sein). Die Idee ist, dass du dir dann in allen drei Bereichen jeweils drei Hauptziele setzt. Das gibt dir einen Überblick und damit auch Klarheit, wohin dein Weg dich führen soll.

Wichtig bei der Zielsetzung ist, dass du dir wirklich Ziele setzt, die *du* willst – nicht, was dein Umfeld, deine Eltern, Lehrer oder Freunde erwarten. Du musst deine Ziele auch niemandem zeigen, also hab keine Angst, das so niederzuschreiben, wie du es wirklich möchtest. Du musst dich vor niemandem rechtfertigen. Ich habe mir früher zum Beispiel nie Ziele in Bezug auf Social Media gesetzt, weil das in meinem damaligen Umfeld sehr verpönt war. Und auch wenn du materialistische Ziele hast (z. B. ein dickes Auto), dann ist daran nichts verkehrt! Ich verspreche dir zwar, dass dich das lange nicht so glücklich machen wird, wie du denkst, aber trotzdem – wenn es dich motiviert, go for it!

Wenn du dieses Buch hier liest, sind die Chancen groß, dass dein Sozialleben auch einen wichtigen Part in dieser Zielsetzung einnimmt. Zielsetzung in Bezug auf dein soziales Umfeld bekommt sogar ein extra Kapitel in diesem Buch, weil dein Umfeld (wie du bereits gelernt hast) einen enorm großen Einfluss auf dein Leben und das Erreichen deiner

Ziele hat (und das gilt auch für andere Lebensbereiche). Generell kannst du auch super Synergien nutzen und deine Ziele miteinander verbinden: Einerseits kannst du z. B. Sport gemeinsam mit Freunden machen und somit deine sportlichen und deine sozialen Ziele kombinieren. Andererseits kannst du aber auch bewusst versuchen, Menschen kennenzulernen, die einem Zugang zu bestimmten Zielen ermöglichen.

Jetzt aber zu den Actionsteps für dich!

> *ACTIONSTEP*
> Part 1:
> Überlege und notiere dir deine 3-Jahres-, 1-Jahres- und 3-Monatsziele. Teile sie am besten in die drei Kategorien (Gesundheit/Business/Freizeit) auf und setze dir drei Ziele pro Kategorie.

Für diesen Schritt solltest du dir etwas Zeit und Ruhe gönnen. Das kann auch gut und gerne mal einen ganzen Tag dauern. Schau mal, wann du dir etwas Zeit dafür blocken kannst. Mach gute Musik an, träum dich weg und lass dich ruhig mal ein wenig treiben. Vielleicht fährst du dafür auch woanders hin, zum Beispiel an einen See.

Schreib dir die Ziele so auf, dass sie immer greifbar für dich sind – entweder digital oder auch handschriftlich, zum Beispiel auf einem kleinen Zettel, den du in deinen Geldbeutel packen kannst.

> *ACTIONSTEP*
> Part 2:
> Lies dir deine Ziele jeden Morgen vor. Baue dieses Vorlesen in deine Morgenroutine ein, und halte deine Ziele

zum Beispiel beim Zähneputzen, beim ersten Kaffee oder am Kleiderschrank parat.

Das hilft deinem Kopf, dich darauf zu programmieren, sie auch wirklich zu erreichen. Warum das so ist, darauf gehen wir in den folgenden Kapiteln noch genauer ein.

3.2. Visualisierung II: Wie muss dein Umfeld dafür aussehen?

Dieses Kapitel würde ich gerne mit der Geschichte eines ziemlich außergewöhnlichen Österreichers starten. Nämlich der eines jungen Mannes, der mit nur 20 Dollar in der Tasche aus Österreich in die USA reiste und dort unsterblich wurde – als siebenmaliger Mr. Olympia, als der unvergessliche Terminator auf der großen Leinwand und als zweimal gewählter Gouverneur von Kalifornien. Ich denke und hoffe, dass du mittlerweile weißt, von wem ich spreche: Arnold »Arnie« Schwarzenegger. Auf den ersten Blick wirkt dieser Typ wie jemand, der der Inbegriff des amerikanischen Traums ist. Ein Mann, der aus eigener Kraft mit eisernem Willen die Spitze erklommen hat.

Umso mehr überraschte er die Zuhörer in seiner bewegenden Abschlussrede, die er 2017 an der University of Houston hielt. Der Satz »Don't ever, ever call me a self-made man«, den er dort sagte, wurde seitdem unzählige Male zitiert. Schwarzenegger erklärte in seiner Rede ganz direkt, er hätte sich niemals als einen »selbstgemachten Mann« gesehen. Für jemanden, der so viel erreicht hat, und das auch noch als Mitglied der Republikanischen Partei, die traditionell für Selbstständigkeit steht, war das erstmal eine sehr überraschende Aussage. Im Weiteren teilte er den Absolventen mit, dass sie trotz der Tatsache, dass auf ihren Diplomen nur ein einziger Name stehe (nämlich ihrer), nicht den Fehler machen sollten, zu glauben, dass sie diesen Weg allein bewältigt hätten. »Nein, das habt ihr nicht«, betonte er. »Es hat viel Hilfe gebraucht. Keiner von uns kann es alleine schaffen. Keiner von uns. [...] Nicht einmal ich, der als Terminator in die Vergangenheit gereist ist, um die Menschheit zu retten.« In seiner Rede nannte Arnold Schwarzenegger die Namen vieler Menschen, die zu seinem Erfolg beigetragen haben: seine Eltern, Lehrer, einen Rettungsschwimmer, andere Bodybuilder, seine Gym-Buddys, Produzenten, Regisseure, Komiker und (natürlich) das amerikanische Volk. Und am Ende seiner Rede haute er eine kraftvolle Botschaft über die Verantwortung des Erfolgs raus: »Der Grund, warum ich möchte, dass ihr das versteht, ist, weil ihr, sobald ihr erkennt, dass ihr dank viel Hilfe hier seid, auch versteht, dass jetzt die Zeit ist, anderen zu helfen«, sagte er. »Stellt sicher, dass es nicht um ›mich‹ geht. Sondern um ›wir‹. Verwandelt das ›Ich‹ in ein ›Wir‹, und ich garantiere euch, dass ihr die Welt verändern könnt.«

Die Rede findest du auf YouTube, schau sie dir gerne mal an. Ich finde sie jedes Mal wieder hoch inspirierend. Arnold Schwarzenegger verdeutlicht darin auf beste Weise, dass wir zum Erreichen unserer Ziele *immer* andere Menschen brauchen. Und auch dass es langfristig immer darum gehen sollte, vor allem auch anderen zu helfen. Das Thema seiner abschließenden Worte, dass wir den Fokus darauf richten sollten, anderen zu helfen, anstatt nur an uns selbst zu denken, ist sogar so wichtig, dass ich ihm noch ein eigenes Kapitel widmen werde (Kapitel 6.3.), aber ich will es hier trotzdem kurz schon einmal erwähnen, weil das ein Grundsatz ist, der sich eigentlich durch das gesamte Buch zieht: Wenn du anderen Menschen hilfst, ihre Ziele zu erreichen und sich gut zu fühlen, fühlt sich das nicht nur auch für dich super an, sondern es ist parallel auch der schnellste Weg, deine eigenen Ziele zu erreichen.

An dieser Stelle möchte ich mit einem typischen, meist hilfreich gemeinten Hinweis aufräumen, den ich leider immer wieder höre: *Sprich nicht über deine Ziele.*

Ein schrecklicher Tipp! Ich höre das so oft, und ich weiß auch, dass viele in meinem Umfeld das so handhaben. Man soll seine Ziele am besten nicht preisgeben, damit man »im Stillen« daran arbeiten kann und niemand das eigene Vorhaben torpediert. Ich respektiere, dass es da Menschen mit anderer Meinung gibt, und habe ja auch selbst teils unterbewusst diesen Glaubenssatz angenommen (zum Beispiel als ich niemandem von meinem TikTok-Account erzählt habe), aber ich bin heute ein leidenschaftlicher Verfechter des Ansatzes, durchaus sehr regelmäßig über seine Ziele zu sprechen!

Ich hätte so viel in meinem Leben nicht erreicht, wenn ich nicht immer wieder über meine Ziele gesprochen hätte. Konkretes Beispiel: Ich würde behaupten, ich war in meinem Leben bis jetzt immer ganz gut darin, Geld zu verdienen. Worin ich allerdings alles andere als gut war, war, das Geld auch zu halten, zu sparen und zu mehren. Ich habe es gehasst, mich mit meinen Finanzen zu befassen, und solange jeden Monat genügend Cash reinkam, bin ich auch ganz gut damit durchgekommen. Aber das Thema war mir immer ein Dorn im Auge und absolut nicht mit meinen langfristigen Zielen vereinbar. Also habe ich eines Tages die Entscheidung getroffen, das Thema anzugehen und meine Finanzen in den Griff zu bekommen. Ich wusste aber nicht so recht, wo ich anfangen soll, und das war alles etwas überfordernd. Ich hatte ein Ziel, aber keinen genauen Plan. Also habe ich begonnen, darüber zu sprechen. Und eines Abends sitze ich mit Alex, einem guten Freund von mir, im Ohana (eines meiner Lieblingslokale in München) und plötzlich erzählt er mir von Lorenzo. Lorenzo ist ein digital-affiner Finanz- und Vermögensberater in meinem Alter, der wiederum ein guter Bekannter von Alex ist und dem er sehr vertraut (bitte seid bei Vermögensberatern grundsätzlich eher vorsichtig – es gibt sehr gute, aber leider auch viele schwarze Schafe). Ich war direkt neugierig und habe mich gefreut, dass Alex Lorenzo das nächste Mal mitgebracht hat, als wir im Ohana waren. Wir haben uns den ganzen Abend blendend verstanden, aber erstmal überhaupt nicht über »Business« und Finanzen geredet. Am Ende haben wir kurz über das Thema geredet und ich habe ihm von meiner Situation erzählt. Long story short: Lorenzo hat gemeinsam mit mir Licht in die Dunkelheit meiner Finanzen gebracht, und ich habe jetzt endlich die nötige Struktur und das Verständnis, das ich mir gewünscht habe (sein Slogan ist »Deine Finanzen endlich nicht mehr ghosten« und da habe ich mich direkt abgeholt gefühlt). Zu Lorenzo wäre ich nie gekommen, wenn ich nicht in meinem Umfeld begonnen hätte, über meine Ziele zu reden.

Mir fallen unzählige weitere Beispiele dieser Art ein, aber die wichtige Botschaft für dich ist die folgende: Rede über deine Ziele!

ACTIONSTEP

Schau dir nochmal deine Ziele aus dem vergangenen Kapitel an und überlege dir konkret, wer dich bei deiner Zielerreichung unterstützen könnte. Schreib unter jedes

> Ziel die Namen von Menschen, die dir direkt oder indirekt (durch Informationen oder weitere Kontakte) helfen könnten. Schreib erst Namen auf von Personen, die du schon kennst (bzw. die dich kennen). Falls es da nicht viele gibt, such nach Leuten, die dich noch nicht kennen. Du kannst auch gerne mit Hilfe von Google oder Social Media recherchieren, wer das sein könnte. Mit denen, die du kennst, vereinbare dann nach Möglichkeit direkt ein Treffen.

Wichtig ist, dass du Menschen nicht einfach um etwas bittest. Interessiere dich auch immer für sie. Baue eine ehrliche Beziehung auf. Und versuche herauszufinden, wie du *ihnen* am besten helfen kannst. Und mach das bitte auch nicht nur, weil du dir etwas von ihnen erhoffst. Dein Mindset sollte immer sein, dass du Menschen grundsätzlich hilfst. Das zahlt sich langfristig immer aus.

Andersrum hab aber auch keine Angst, nach etwas zu fragen. Falls du Hemmungen hast, andere nach etwas zu fragen und um Hilfe zu bitten, probier gerne mal die Tim-Ferriss-Übung aus dem ersten Kapitel aus und frag in einem Café nach einem Rabatt bei deiner Bestellung. Das kann dir bei der Überwindung helfen.

Und bei den Menschen, die du noch nicht kennst, aber kennenlernen willst? Mach dir einen Plan, wie du sie kennenlernen kannst. Habt ihr gemeinsame Bekannte? Kannst du irgendwie Mehrwert für sie liefern? Kannst du auf Events, zu Vereinen, Clubs etc. gehen, wo sie auch sind? Sind sie auf Social Media aktiv, wo du sie kontaktieren kannst?

Es klingt schnell manipulativ, wenn du auf ein Event gehst, nur um dort einer Person zu begegnen, die dir dann vielleicht bei irgendwas helfen kann. Aber im Grunde ist sowas eigentlich nur gute Planung. Der Mehrwert, der Austausch und im besten Fall die Freundschaft, die aus so einem ersten Kennenlernen entstehen kann, ist dann ja real und echt.

Außerdem beachte gerne folgende Grundregel: Versuche in Bezug auf deine Ziele immer 1/3 Menschen kennenzulernen, die weiter sind als du, 1/3, die auf deinem Level sind, und 1/3, die weniger weit sind. Die, die weiter sind: Lerne sie kennen, um von ihnen zu lernen. Die auf deinem Level: Lerne sie kennen, um euch gegenseitig zu pushen und zu unterstützen. Die, die noch nicht so weit sind wie du: Lerne sie kennen, um dein Wissen weiterzugeben (Lehren ist die beste Art, zu lernen und dein Wissen zu verfestigen – und macht Spaß!).

3.3. Die Beerdigungsfrage: Wer würde wirklich kommen?

Wer würde wirklich zu deiner Beerdigung kommen, wenn du heute sterben würdest? Das klingt erstmal wie eine sehr makabere Frage, aber sie soll etwas illustrieren, mit dem ich selbst lange gestruggelt habe. Und etwas, von dem viele Menschen in Großstädten (vor allem München) berichten: Man lernt zwar unheimlich viele Menschen kennen, aber tiefgründige Beziehungen, ernsthafte Freundschaften findet man kaum. Gründe dafür gibt es viele, die teilweise in vorherigen Kapiteln auch schon angesprochen wurden.

Einerseits sind wir durch Social Media, die Digitalisierung, mehr Homeoffice und Co. weniger draußen unterwegs, um »in der echten Welt« mit Menschen zu interagieren. Andererseits ist es für Erwachsene generell deutlich schwerer als als Kind und Jugendlicher, Menschen (besser) kennenzulernen. Auch über den Mere-Exposure-Effekt haben wir in diesem Zuge schon gesprochen. Du musst Menschen häufig sehen, damit daraus eine wirkliche Freundschaft entstehen kann. Wenn an den Orten, an denen du häufig bist – Schule, Uni, Arbeit –, aber einfach nicht viele Menschen sind, mit denen du gerne befreundet wärst, dann wird es sehr schnell schwierig.

Eine Frage, die mich dann zum Nachdenken anregt, ist die Beerdigungsfrage. Eine weitere Frage – und vielleicht etwas weniger düster – ist die Hochzeitsfrage: Wer würde zu deiner Hochzeit kommen, wenn du heute heiraten würdest? Ich war schon auf der ein oder anderen Hochzeit, auf der echt nicht viele Menschen waren. Es waren durchaus viele eingeladen, aber es wurde aus den unterschiedlichsten Gründen abgesagt. Für viele war die Beziehung zum Brautpaar einfach nicht eng genug, als dass sich die Anreise gelohnt hätte. Gegen eine Hochzeit im kleinen Kreis ist natürlich nichts einzuwenden, aber ich denke, du verstehst das Prinzip.

Eine andere Geschichte, die für mich wie ein Mahnmal ist, ist ein Gespräch, das ich einmal bei einer Frau in den Mittfünfzigern mitgehört habe. Sie hat ihrer Schwester ganz stolz erzählt, dass sie jetzt *eine* Freundin hätte. Sie war hauptsächlich mit ihren Kindern, ihrem Job und ihrem Mann beschäftigt; die restliche Familie lebte weiter weg. Und so kam es, dass sie einfach keine Freunde hatte. Und stolz erzählte sie, dass sie jetzt diese eine gute Bekannte habe, mit der sie sich ab und zu auf einen Kaffee treffen würde. Nicht falsch verstehen, daran ist nichts verkehrt und vielleicht war diese Frau auch absolut glücklich so. Aber mir lief ein kalter Schauer den Rücken runter, als ich das gehört habe. Ich wollte unter keinen Umständen später mal so werden.

Diese Geschichten und Fragestellungen haben im Grunde nur einen Zweck: Sie sollen dich motivieren, deinen Hintern hochzubekommen und neue Menschen kennenzulernen! Wenn du mit deinem Sozialleben nicht zufrieden bist, hast du es in der Hand, das zu ändern. Und je älter man wird, desto schwerer wird es, neue Freundschaften zu schließen. Also auf geht's, be social!

3.4. Der Cocktailparty-Effekt: Unsere Aufmerksamkeit richten

Stell dir vor, du bist auf einer Hausparty. Die Musik ist laut, überall sind Menschen. Unzählige Gespräche werden zwischen verschiedenen Gruppen geführt. Auch du bist gerade in ein Gespräch mit einer Freundin vertieft. Obwohl um dich herum eine riesige Geräuschkulisse ist, schafft es dein Gehirn, sich nur auf die Worte deiner Freundin zu fokussieren und diese wahrzunehmen und zu verarbeiten. Doch plötzlich catcht etwas anderes deine Aufmerksamkeit. Hast du gerade deinen Namen gehört? Du drehst dich um und siehst neben dir eine Gruppe von Bekannten. Dein Hirn hat das Gespräch dieser Personen konsequent ignoriert – bis zu einem gewissen Punkt: nämlich als dein Name in deren Gespräch fiel. Instinktiv hat dein Gehirn seine Aufmerksamkeit auf das andere, bislang uninteressante Gespräch verlagert. Denn es könnte offenbar ja doch wichtig für dich sein. Was hat deren Gespräch mit dir zu tun? Wird da gerade über dich gelästert? Oder wurdest du gelobt? Erzählen sie etwa die peinliche Geschichte, die dir vor zwei Wochen passiert ist? Dein Gehirn ist plötzlich alarmiert.

Dieses Phänomen, dass du in der Lage bist, deine Aufmerksamkeit selektiv auf einen bestimmten Stimulus zu richten, während du andere ausblendest, ist bekannt als der »Cocktailparty-Effekt« (damals wurde das Ganze anhand einer Cocktailparty erklärt … ich fand das Beispiel mit der Hausparty aber doch etwas zeitgemäßer). Dieser Effekt ist ein faszinierendes Beispiel dafür, wie unser Gehirn bzw. unsere auditive Wahrnehmung und Aufmerksamkeit funktionieren. Es zeigt, dass unser Gehirn in der Lage ist, wichtige Informationen – wie den eigenen Namen – aus einem Meer von unwichtigen Hintergrundgeräuschen herauszufiltern. Aber warum ist das so?

Forscher haben herausgefunden, dass unser Gehirn über einen erstaunlichen Mechanismus verfügt, der es uns ermöglicht, unsere Aufmerksamkeit auf bestimmte Aspekte unserer Umgebung zu fokussieren, während wir andere ignorieren. Dies ist vor allem nützlich in Situationen, in denen wir von einer Vielzahl von Reizen bombardiert werden, wie auf einer lauten Party. Die Fähigkeit, diesen Fokus zu wechseln und aufrechtzuerhalten, ist entscheidend für unsere soziale Interaktion und Kommunikation. Stell dir vor, du könntest dich nicht auf das Gespräch mit einer Person konzentrieren, weil du von jedem einzelnen Geräusch um dich herum abgelenkt wirst. Dann wäre jede Interaktion eine riesige Herausforderung für dich.

Ich erzähle dir von dem Cocktailparty-Effekt aber nicht nur, weil ich diesen Mechanismus deines Gehirns ziemlich cool finde. Ich erzähle dir das auch, weil es aus meiner Sicht wunderbar unterstreicht, warum Übungen wie die Visualisierung und das konkrete Aufschreiben und Vorlesen von Zielen so gut funktionieren.

Auf einer Hausparty richtest du deine Aufmerksamkeit auf das andere Gespräch, weil dort dein Name gefallen ist. Das machst du deshalb, weil du dein Leben lang gelernt hast, dass, wenn dein Name irgendwo fällt, wichtige Informationen für dich bereitstehen könnten. Du hast dein Gehirn darauf trainiert. Und das Gleiche können wir auch mit unseren Zielen machen! Wenn du dir deine Ziele täglich ins Gedächtnis rufst (andere würden es »manifestieren« nennen), dann trainierst du dein Gehirn darauf, alles wahrzunehmen, was für die Zielerreichung relevant sein könnte. Du nimmst plötzlich bewusst Dinge wahr, die sonst in deinem Unterbewusstsein untergegangen wären. Und siehst Chancen, die vorher zwar genauso da waren, die du aber gar nicht wahrgenommen hast. Das ist aus meiner Sicht der »wahre« Grund, warum Dinge wie Manifestieren funktionieren.

Deshalb: Trainiere dein Gehirn darauf, deine Ziele zu erreichen! Mach es dir zur Morgenroutine, jeden Tag deine Ziele vorzulesen (das dauert maximal drei Minuten. Egal, wie gestresst du in der Früh bist, die Zeit hast du).

Eine weitere Möglichkeit, dich oder vielmehr dein Gehirn darauf zu trainieren, solche Möglichkeiten wahrzunehmen, sind Visionboards. Das ist ein Tool, das ich schon seit vielen Jahren nutze und das in den letzten Jahren auch im Alltag vieler Menschen deutlich bekannter geworden ist. Beim Visionboard geht es darum, die eigenen Ziele visuell zu gestalten, damit dein Gehirn das Ganze noch besser verarbeiten kann. Dafür nimmst du beispielsweise ein Blatt Papier oder ein Plakat und klebst dort Bilder, Sprüche etc. auf, die deine Ziele repräsentieren. Es geht darum, ein physisches Bild deiner idealen Zukunft zu schaffen, das als tägliche Erinnerung und Motivation dient. Du kannst das Visionboard relativ simpel halten oder – falls du der Typ dafür bist – dich komplett kreativ ausleben. Wichtig ist, dass du es dann irgendwo hintust, wo du es auch regelmäßig (am besten mehrmals täglich) siehst.

Während ich diese Zeilen schreibe, bin ich gerade in meiner Heimat in Regensburg. Ich habe mal mein altes Visionboard rausgekramt, das ich 2015 erstellt habe, und werde gerade etwas nostalgisch. Ich habe es damals in vier verschiedene Kategorien aufgeteilt: Gesundheit/Fitness, Business/Finanzen, Freundschaften/Beziehung und Abenteuer/Erlebnisse. Es ist wirklich total schön zu sehen, dass ich annähernd jedes Ziel, das ich mir damals gesetzt habe, auf die eine oder andere Weise erreicht habe – auch wenn es manchmal ganz anders lief, als ich es mir damals hätte ausmalen können. Das Einzige auf diesem Board, was ich gar nicht erreicht habe, ist, dass ich ein guter Pokerspieler geworden bin. Aber damit kann ich (gerade so) leben.

Auf den ersten Blick wirkt so ein Visionboard vielleicht erstmal wie eine einfache Bastelaktivität oder Beschäftigungstherapie. Aber es gibt psychologische Prinzipien und wissenschaftliche Forschung, die die Effektivität dieser Methode unterstützen. Die Grundlage bildet die Idee der visuellen Repräsentation und der Selbstaffirmation. Einfach gesagt kann dein Gehirn nicht immer zwischen realen und vorgestellten Erfahrungen unterscheiden. Indem du deine Ziele auf einem Visionboard darstellst, aktivierst du dieselben Gehirnregionen, die bei der tatsächlichen Ausführung dieser Ziele beteiligt sind, was deine Motivation und Fähigkeit, diese zu erreichen, steigern kann.

Deshalb kommt nun mein Actionstep für dich:

> ***ACTIONSTEP***
>
> Bastle dir ein Visionboard! Such dir Bilder, Sprüche etc., die darstellen, dass du deine Ziele erreicht hast. Was das ist, musst du für dich selbst entscheiden. Im besten Fall

löst es positive Emotionen in dir aus, wenn du die Bilder ansiehst.

Eine super Quelle für solche inspirierenden Bilder ist natürlich Pinterest. Aber du kannst auch einfach Google oder Instagram dafür nutzen. Wenn du (so wie ich) weniger kreativ begabt bist, kannst du das Ganze auch nur digital machen. Im Internet gibt es Programme und Apps wie z. B. Canva, die richtig gute Vorlagen für Visionboards haben.

Ich habe mein Visionboard übrigens als Smartphone-Hintergrund designt. So habe ich sichergestellt, dass ich die Bilder auch wirklich mehrmals täglich sehe. Auch dafür gibt es im Internet tolle Vorlagen, die du nach deinen Wünschen und mit deinen Bildern anpassen kannst.

3.5. Der Vertrag mit dir selbst

Ich kann mir vorstellen, dass du so langsam genug hast von der ganzen Theorie und Zielsetzung und jetzt endlich raus in die Welt willst, um neue Freunde zu finden. Und genau das machen wir jetzt … fast. Ein letzter, kleiner Schritt fehlt noch. Denn jetzt, wo du deine Ziele festgelegt hast, wollen wir das Ganze ja verbindlich machen. Und was machen wir in Bürokratie-Deutschland, um Dinge verbindlich zu machen? Richtig, Verträge.

Ich habe dieses Jahr gemeinsam mit drei Freunden eine »Mastermind-Gruppe« gestartet. Das ist im Grunde nichts anderes als ein Zusammenschluss von Menschen, die sich gemeinsam über ihre Ziele austauschen und dabei supporten. Der Begriff wurde ursprünglich von Napoleon Hill in seinem Buch *Think and Grow Rich* geprägt. In einer Mastermind-Gruppe teilt jeder seine Ziele, Herausforderungen und Erfolge (bei uns passiert das hauptsächlich in einer WhatsApp-Gruppe). Die Gruppe arbeitet dann zusammen, um Lösungen zu finden, Strategien zu entwickeln und sich gegenseitig zur Rechenschaft zu ziehen. Das Ziel ist es, von dem Know-how, den Connections und dem Wissen der teilnehmenden Personen zu profitieren, um so der Zielerreichung näher zu kommen. Aus meiner Sicht ist der wichtigste Faktor hier die »Accountability«, oder Rechenschaft. Wenn dein Chef dir eine wichtige Aufgabe gibt, die unbedingt bis zum Ende der Woche fertig sein muss, musst du dich wahrscheinlich nicht allzu sehr motivieren, diese umzusetzen. Das liegt daran, dass es eine klare Deadline gibt und du direkt zur Rechenschaft gezogen wirst, wenn du sie nicht erfüllst. Wenn du dir jetzt aber selbst Ziele setzt – zum Beispiel täglich mit einer fremden Person zu sprechen oder viermal pro Woche ins Gym zu gehen –, dann gibt es am Ende der Woche keinen unnachgiebigen Chef, der dir mit der Kündigung droht, weil du deinen Job nicht richtig machst. Du bist der Chef in deinem Leben. Und du kannst selbst entscheiden, ob du dir sagst: »Hey, nicht schlimm, wir machen das einfach nächste Woche«, oder ob du strenger mit dir bist. An dieser Stelle kommt dann die Mastermind-Gruppe ins Spiel. Wir haben alle nach dem 3x3-Prinzip (wie in Kapitel 3.1. beschrieben) unsere Ziele für das Jahr festgelegt. Wir treffen uns einmal im Quartal (alle vier Termine haben wir bereits Anfang des Jahres festgelegt) und sprechen über unsere Ziele. Wir ziehen uns gegenseitig zur Rechenschaft. Und wir haben sogar noch eins draufgesetzt: Für jedes der neun Ziele, das wir am Ende nicht erreicht haben, müssen wir 100 € zahlen. All das dient im Grunde einem einzigen Zweck, nämlich dass wir auch wirklich sicherstellen wollen, unsere Ziele zu erreichen. Dass wir uns überwinden, auch an den Tagen an unseren Zielen zu arbeiten, an denen wir eigentlich gar keinen Bock haben und uns lieber Netflix-schauend in unser Bett verziehen wollen.

Eine Mastermind-Gruppe kann ein super Weg sein, um an seinen Zielen zu arbeiten. Gleichzeitig hat sie den positiven Nebeneffekt, dass du die Beziehung zu den ebenfalls daran teilnehmenden Menschen stark festigen kannst. Denk an die vorherigen Kapitel: Du hast den »Mere-Exposure-Effekt«, weil du die Mastermind-Teilnehmer immer wieder siehst, und ihr öffnet euch gegenseitig und redet über wirklich wichtige Dinge, was ebenfalls ein wichtiger Faktor für Freundschaften ist (dazu später mehr in Kapitel 5).

> ***ACTIONSTEP***
> Wenn du jemanden in deinem Umfeld kennst, der Bock auf sowas hat, dann gründe doch ruhig mal eine Mastermind-Gruppe! Schreib den betreffenden Menschen jetzt direkt eine Nachricht, erzähle ihnen davon, was du in diesem Buch gelesen hast, und frag, ob sie Bock haben. Dann verabredet ihr euch direkt zum ersten Treffen, und los geht's!

Ich war in meinem Leben schon in drei verschiedenen Masterminds und es hat mir jedes Mal eine Menge gebracht. Bloß ein wichtiger Hinweis: Ich würde nicht mehr als vier bis fünf Leute aufnehmen. Je größer die Gruppe, desto weniger fühlen sich die einzelnen Teilnehmer verpflichtet.

Ein weiterer sehr guter Weg, um sich selbst zur Rechenschaft zu ziehen, ist – wie bereits angemerkt –, einen Vertrag zu schließen. Wir haben in der Mastermind-Gruppe einen Vertrag aufgesetzt, in dem wir alle unsere Ziele definiert und uns verpflichtet haben, nach bestem Wissen und Gewissen daran zu arbeiten. Das mag vielleicht etwas übertrieben wirken, aber es hat einen fast »magischen« Effekt, wenn man seine Unterschrift unter einen Vertrag setzt, etwas enorm Verbindliches. Es kann das fehlende Quäntchen sein, das dazu führt, dass man eine Sache tatsächlich durchzieht. Das Coole: Du kannst diesen Vertrag auch mit dir selbst machen.

> *ACTIONSTEP*
> Setze einen Vertrag mit dir selbst auf. Schreib alle deine Ziele auf. Schreib auf, dass du gewissenhaft daran arbeiten wirst. Und dass du deine Komfortzone regelmäßig verlassen wirst, um daran zu arbeiten. Und dann setze deine Unterschrift unter diesen Vertrag. Und pack ihn irgendwo hin, wo du leicht Zugang dazu hast, damit du nicht vergisst, was du mit dir selbst vereinbart hast.

Da dieser Vertrag auch deine Ziele beinhaltet, kannst du ihn dir auch einfach statt der Liste mit deinen Zielen jeden Morgen vorlesen. Wenn du sowas noch nie gemacht hast, ist sowas wahrscheinlich erstmal superungewohnt für dich. Aber das Coole ist: Damit hast du ja direkt einen ersten Schritt gemacht und dich aus deiner Komfortzone heraus bewegt. Vielleicht fragst du dich auch, ob sowas nicht reine Zeitverschwendung ist und womöglich gar nichts bringt. Aber ich verspreche dir: Ohne Zielsetzung und solche Übungen wäre ich heute niemals da, wo ich bin. Also gib dem Ganzen mal für zwei bis drei Monate eine Chance, dann wirst du selbst sehen, wie sich dein Leben positiv verändert!

Hier ein Beispieltext, du kannst ihn aber natürlich anpassen, so wie du möchtest:

»Vertrag«

Ich, (dein Name), verpflichte mich dazu, dass ich in diesem Jahr an folgenden Zielen arbeiten werde:

- - (Auflistung deiner Ziele)
- - ...
- - ...

Ich verpflichte mich dazu, mein Bestes zu geben, diese Ziele auch zu erreichen.

Ich verpflichte mich dazu, mich von Rückschlägen nicht unterkriegen zu lassen, sondern jedes Mal wieder aufzustehen und weiterzumachen.

Ich verpflichte mich dazu, täglich etwas zu machen, das mich Überwindung kostet und mich aus meiner Komfortzone bringt.

Ich verpflichte mich dazu, ehrlich zu mir selbst zu sein und die Verantwortung für mein Leben und mein Glück zu übernehmen.

------------------------- --------------------

Name Datum

4. Wie wir regelmäßig neue Leute kennenlernen

4.1. Routinen aufbauen: Am Anfang ist es Arbeit

So, jetzt aber genug von den Dingen, die du auch allein bei dir zuhause machen kannst. Jetzt geht's auf in die Praxis!

In den vergangenen Kapiteln hast du gelernt, dass Zielsetzung wichtig ist. Mindestens genauso wichtig zur Erreichung dieser Ziele sind Routinen – auch und vor allem beim Aufbau tiefgründiger sozialer Beziehungen.

Jeder Bergsteiger weiß: Wenn man unten am Fuß des Berges steht und auf die Bergspitze blickt, wirkt es wie eine fast unmögliche Aufgabe, zu Fuß dorthin zu gelangen. Aber setzt man den Fokus einfach jeweils auf den nächsten Schritt vor sich, wirkt es plötzlich gar nicht mehr so schlimm – einfach ein Schritt nach dem anderen. Und genauso verhält es sich mit Routinen. Routinen sind tägliche kleine Schritte, die dich (im besten Fall) deinen Zielen näher bringen. Auch wenn es für dich erstmal undenkbar wirkt, dass du in kurzer Zeit einen großen Freundeskreis aufbaust, mit Menschen, die Freunde fürs Leben werden, mit denen du durch dick und dünn gehst und die deine Interessen teilen: Es ist möglich. Du musst nur an deinen täglichen Gewohnheiten arbeiten und einen Schritt nach dem anderen gehen.

Es kursieren viele Zahlen darüber, wie viel Prozent unseres Lebens unbewusste Routinen sind und wie viel bewusstes Handeln (ich habe schon alles zwischen 40 und 99 Prozent gelesen). Aber in jedem Fall ist es ein so großer Anteil, dass es sich lohnt, daran zu arbeiten und eigene Routinen zu entwickeln.

Bevor wir darauf eingehen, was sinnvolle Routinen zum Aufbau von Freundschaften sind, erstmal ein Wort der Warnung: Am Anfang ist es Arbeit. Diese ganzen Routinen aufzubauen, sich zu überwinden und so weiter, ist erstmal vergleichsweise anstrengend. Aber ich verspreche dir, es wird von Tag zu Tag einfacher werden. Und sobald die Routinen etabliert sind, wirst du merken, dass sie dich kaum noch Überwindung und Energie kosten. Und das ist das eigentlich Magische daran.

Falls du einen Führerschein hast, denk mal an deine ersten Fahrstunden zurück. Gut möglich, dass du danach ziemlich fertig und ausgelaugt warst. Du musstest dich gefühlt auf zehn Dinge gleichzeitig konzentrieren, es war aufregend, anstrengend und schwierig. Aber mit jeder Fahrstunde wurdest du routinierter. Und jetzt? Wenn man mal ein paar Monate gefahren ist, geschieht alles gefühlt wie von selbst. Du musst nicht mehr bewusst darüber nachdenken zu lenken, den Blinker zu setzen, Gas zu geben und so weiter. Es passiert alles automatisch, kostet dich quasi keine Energie mehr und du kannst dich währenddessen auch auf andere Dinge fokussieren und zum Beispiel entspannt ein Gespräch führen. Bei all den Dingen, die du in diesem Buch über Gesprächstechniken, Körpersprache und so weiter lernen wirst, ist es ganz genauso. Am Anfang ist es Arbeit. Aber irgendwann ist es dir in Fleisch und Blut übergegangen und frisst keine Energie mehr.

Es gibt viele Zahlen dazu, wie lange es dauert, bis aus einer Gewohnheit eine Routine geworden ist. Die häufigsten Zahlen, die man in diesem Kontext liest, sind 21 Tage oder 66 Tage. Das fußt unter anderem auf einer britischen Studie, die 2009 von Lally et al. durchgeführt wurde und zu dem Ergebnis gekommen ist, dass man zwischen 18 und 254 Tage für das Etablieren einer Routine braucht – mit einem Durchschnitt von 66 Tagen. Außerdem gibt es in der Persönlichkeitsentwicklung die »21/90«-Regel. Die besagt, dass es 21 Tage braucht, um eine Gewohnheit zu formen, und 90 Tage, diese zu einer permanenten Lifestyle-Änderung zu machen. Je nach Gewohnheit schwankt dieser Wert sehr, aber in jedem Fall braucht es erstmal ein bisschen Disziplin, um den Stein ins Rollen zu bringen. Das ist im Übrigen auch der Grund, warum wir uns für Zielsetzung und so weiter so viel Zeit nehmen. All diese Dinge tragen dazu bei, die nötige Disziplin, die du in dieser »Anfangsphase« aufbringen musst, zu minimieren.

Routinen sind zudem ein großartiges Mittel, um mit vergleichsweise wenig Aufwand Großes zu erreichen. Das beste Beispiel dafür ist, wie ich Jonglieren gelernt habe (zunächst mit drei Bällen). Erstmal habe ich mir ein 5-Minuten-Tutorial auf YouTube angeschaut und dann die »1-Minute-Regel« angewandt (ich glaube, die habe ich sogar erfunden). Ich habe mir jeden Morgen nach dem Zähneputzen einen 60-Sekunden-Timer gestellt und für genau eine Minute Jonglieren geübt. Die erste Woche über sah das nicht wirklich gut aus. Aber ab der zweiten Woche habe ich die ersten Erfolge festgestellt. Nach drei Wochen lief es schon ziemlich ordentlich. Und nach einem Monat konnte ich jonglieren. Gesamtaufwand: Exakt 30 Minuten + fünf Minuten YouTube gucken. Und ich denke nicht, dass ich das Gleiche erreicht hätte, wenn ich einmalig 30 Minuten geübt hätte. Diese Methode habe ich dann nochmal genutzt, um zu lernen, mit vier Bällen zu jonglieren. Und nochmal, als ich einen Handstand lernen wollte. Das Prinzip (und der Erfolg) waren jedes Mal gleich.

Auch bei deinen sozialen Zielen kann es dir zunächst vorkommen, als wäre es völlig sinnlos, weil am Anfang keine Erfolge zu sehen sind (so wie in meiner ersten Woche des Jonglierens). Aber Stück für Stück, wie der Bergsteiger, der einen Schritt nach dem anderen macht, arbeiten wir uns hoch zur Bergspitze bzw. unseren Zielen.

Viele der Actionsteps in diesem Buch eignen sich hervorragend, um sie zu Routinen zu machen. Aber falls du direkt mit der Praxis starten willst, kommen hier ein paar konkrete Routinen, die du regelmäßig umsetzen kannst und die dir helfen werden, deine sozialen Ziele zu erreichen. Such dir aus, welche am besten zu dir und deiner jetzigen Situation passen:

- Schreib jeden Morgen einer Person, zu der du schon länger keinen Kontakt mehr hattest (dabei helfen dir auch Apps – dazu später mehr).
- Schreib jeden Morgen einer Person, die du kennenlernen willst (auf Instagram, per Mail oder sonst irgendwo). Im Idealfall hast du ja bereits eine Liste erstellt mit Menschen, die du kennenlernen willst.
- Organisiere alle zwei Wochen ein größeres Essen mit mehreren Freunden und Bekannten (auch zum Thema »Eventorganisation« später mehr).
- Kommentiere jeden Tag bei mindestens drei Instagram-Storys von Bekannten oder Freunden.

- Poste jeden Tag mindestens eine Instagram-Story (so bleibst du im Kopf deiner Kontakte).

Das sind jetzt nur ein paar universelle Beispiele, die dir in den allermeisten Fällen helfen werden, deine sozialen Ziele zu erreichen. In den kommenden Kapiteln wirst du noch einige mehr kennenlernen. Aber wie bei allen Routinen gilt: Das Wichtigste ist, dass du es regelmäßig machst. Und sobald du ein paar Wochen durchgehalten hast, wirst du merken, dass es völlig normal wird und dich keinerlei Überwindung oder Energie mehr kostet.

4.2. Freundeskreis gründen vs. »dazustoßen«: Vor- und Nachteile

Wenn wir den Wunsch haben, Teil eines Freundeskreises zu sein, gibt es im Grunde zwei Wege: Entweder wir »bauen« uns unseren eigenen Freundeskreis von null auf. Oder wir stoßen zu einem bereits bestehenden Freundeskreis dazu. Beide Wege haben jeweils ihre Vor- und Nachteile und darauf möchte ich in diesem Kapitel etwas genauer eingehen.

Grundsätzlich bin ich, auch wenn es ein höherer Zeitaufwand ist, ein Fan davon, seinen eigenen Freundeskreis aufzubauen. Du liest gerade dieses Buch, deswegen stehen die Chancen gut, dass das Erreichen deiner sozialen Ziele und der Aufbau eines Freundeskreises einen hohen Stellenwert bei dir haben und du ohnehin bereit bist, ein wenig Zeit in das Ganze zu investieren. Sich einen eigenen Freundeskreis aufzubauen, kann viele Vorteile haben:

Einerseits wäre da die Selbstbestimmung: Deinen/Euren eigenen Freundeskreis zu »gründen«, gibt dir die Freiheit, die

Kultur und die Werte der Gruppe selbst zu bestimmen bzw. entstehen zu lassen. Ihr könnt bewusst entscheiden, welche Werte euch wichtig sind und welche Aktivitäten ihr gemeinsam unternehmt.

Andererseits geht es auch um die Tiefe der Beziehungen: Beim Aufbau eines Freundeskreises von Grund auf besteht stärker die Möglichkeit, tiefe und bedeutungsvolle Beziehungen zu entwickeln. Ihr wachst gemeinsam und teilt die Erfahrungen des Aufbaus der Gruppe.

Außerdem giltst du, wenn du einen Freundeskreis aufbaust, als der Connector, der alle zusammengebracht hat. Das gibt dir direkt einen besseren Stand im Freundeskreis und du bist somit eine Art Dreh- und Angelpunkt (dazu später mehr).

Wichtig ist natürlich, dass das nicht wie die Gründung eines Vereins oder gar eines Unternehmens abläuft. Man setzt sich (zumindest meistens) nicht hin und definiert Regeln, Werte, Ziele und Mitglieder. Freundeskreise sind etwas Flexibles. Mal kommen Menschen, mal gehen Menschen. Manche im Freundeskreis werden sich untereinander besser verstehen als andere. Das ist alles ganz normal und auch gut so. Und nur weil du der »Gründer« bist, hast du natürlich auch kein alleiniges Entscheidungsrecht.

Dieser eigene, von dir selbst ausgehende Aufbau kann auch mit Nachteilen verbunden sein. Allen voran wäre da der Zeit- und Energieaufwand: Einen Freundeskreis von null aufzubauen, erfordert viel Zeit, Energie und Geduld. Es kann eine Weile dauern, bis sich eine passende Gruppe gebildet hat. Ich habe euch am Anfang des Buches zum Beispiel von Obvs erzählt, einer Agentur, die regelmäßig Treffen und Events für Influencer, Creator, Models, Kreative usw. organisiert. Dahinter steckt nicht ohne Grund eine ganze Agentur (die bei den Events natürlich auch eine Gewinnerzielungsabsicht hat). Gerade wenn du zum Beispiel beruflich sehr eingespannt bist, aus sonstigen Gründen wenig Zeit hast oder von null startest (weil du beispielsweise wie ich damals in eine neue Stadt gezogen bist), dann ist oft der schnellere und leichtere Weg, einem vorhandenen Freundeskreis »beizutreten«. Und dieser Ansatz hat auch einige Vorteile:

Dazu zählt zum Beispiel, dass du eine sofortige Gemeinschaft hast. Einen bestehenden Freundeskreis zu finden, kann sofortiges Zugehörigkeitsgefühl und Unterstützung bieten. Du tauchst in ein bereits warmes, einladendes soziales Umfeld ein, was besonders wertvoll sein kann, wenn du dich in einer neuen Umgebung befindest.

Außerdem ist es natürlich deutlich weniger organisatorischer Aufwand. Die Strukturen – von regelmäßigen Treffen bis hin zu gemeinsamen Aktivitäten – sind oft schon etabliert, was es einfacher macht, sich einzufügen und Teil der Gruppe zu werden.

Kommen wir zu den Nachteilen: Bestehende Gruppen haben meist bereits ihre eigenen Dynamiken und ungeschriebenen Regeln. Es kann herausfordernd sein, sich anzupassen oder akzeptiert zu fühlen, besonders wenn die Verbindung innerhalb der Gruppe sehr eng ist.

Außerdem hast du natürlich weniger Einfluss auf die Gruppe und die Aktivitäten. Als »Neuling« in einer Gruppe hat man möglicherweise weniger Mitbestimmungsrecht bei Entscheidungen oder Aktivitäten. Es kann eine Weile dauern, bis man sich wirklich als Teil der Gruppe fühlt. Außerdem hat jede Gruppe ihre Geschichte. Manchmal kann man unfreiwillig in bestehende Konflikte oder Rivalitäten hineingezogen werden.

Wichtig zu erwähnen ist natürlich, dass das Ganze kein »Entweder-oder« sein muss. Du kannst zum Beispiel auch Freundeskreise zusammenführen.

Einer der schönsten Sommer, die ich je erlebt habe, war der Sommer 2015 (ich messe Jahre meistens nach den Sommern, da in dieser Zeit irgendwie immer am meisten Denkwürdiges passiert – zumindest ist das bei mir so). Ich habe damals nach dem Abi meinen Bundesfreiwilligendienst gemacht und eine Kollegin kennengelernt, die bis heute eine meiner besten Freundinnen ist. Und wir haben damals unsere Freundeskreise quasi »fusioniert«. Wir haben uns gemeinsam verabredet, ich habe ein paar Freunde aus meinem alten Schulfreundeskreis mitgebracht und sie ein paar Freunde von sich. Wir hatten eine Menge Spaß, auch unter meinen und ihren Freunden sind jeweils Freundschaften entstanden. Und über den Zeitraum von wenigen Wochen und Monaten ist daraus ein großer Freundeskreis entstanden, der sich mehrmals die Woche getroffen hat und mit dem wir eine wunderschöne Zeit hatten.

Es gibt hier kein Richtig oder Falsch. Ich wollte dir mit dem Kapitel vor allem aufzeigen, dass es unterschiedliche Wege gibt, einen tollen Freundeskreis aufzubauen. Wie bei den meisten Punkten, über die wir sprechen, kommt es darauf an, was für dich der beste Weg ist.

4.3. »Ich kenne kaum jemanden ...« – Bullshit!

»Die Welt ist klein« oder »Die Welt ist ein Dorf«. Das ist ein Satz, den ich selbst oft höre oder sage – immer dann, wenn mein Gesprächspartner und ich feststellen, dass wir beide einen Menschen kennen, von dem wir es nicht erwartet hätten. Dass die Welt tatsächlich sehr klein ist (zumindest, was das angeht), das lässt sich sogar sehr gut wissenschaftlich beweisen – nämlich mit dem sogenannten »Kleine-Welt-Phänomen«.

Die Geschichte dieser Theorie beginnt im Jahr 1967 mit einem Experiment des Sozialpsychologen Stanley Milgram. Milgram forderte Teilnehmer in den USA auf, Pakete an eine Zielperson in Massachusetts zu senden, allerdings mit einem Twist: Sie durften die Pakete nur an Bekannte weitergeben, von denen sie glaubten, dass sie der Zielperson näherstanden, als sie selbst. Zu Milgrams Überraschung benötigten die Pakete durchschnittlich nur 5,5 Weiterleitungen, um ihr Ziel zu erreichen. Diese Entdeckung legte den Grundstein für die Theorie, dass jeder Mensch auf der Welt über maximal sechs soziale Verbindungen mit jedem anderen verbunden ist. Diese Entdeckung, auch bekannt als »Six Degrees of Separation«, offenbarte, wie eng verknüpft unsere sozialen Netzwerke tatsächlich sind, selbst in einer so großen und vielfältigen Gesellschaft. Oder anders gesagt: Du bist nur maximal sechs Kontakte von Barack Obama entfernt. Oder Taylor Swift. Oder Kobe Bryant. Oder irgendeiner zufälligen Person, die irgendwo im Nirgendwo in einer kleinen Provinz in China lebt. Du verstehst das Prinzip.

Und das Krasse: Das war 1967! Du kannst dir sicher vorstellen, dass sich mit Hilfe von Digitalisierung und vor allem sozialen Medien da sogar noch einiges getan hat. Und wen könnte es Besseres geben, um genau das zu erforschen als die größte Social-Media-Plattform der Welt? Genau! Das Research Team von Meta beziehungsweise Facebook ist genau dieser Sache 2011 gemeinsam mit der Universität Mailand auf den Grund gegangen. Damals, als Facebook noch ca. 721 Millionen Nutzer hatte, kam heraus, dass jeder Facebook-Nutzer mit jedem anderen Facebook-Nutzer im Schnitt über nur 3,74

Ecken verbunden ist. 2016, als Facebook schon 1,6 Milliarden Nutzer hatte, wurde die Zahl nochmal auf 3,57 aktualisiert. Aktuelle Zahlen zu Instagram, TikTok und Co. gibt es leider noch nicht, aber ich denke das Facebook-Beispiel verdeutlicht ganz klar, dass Menschen verbundener sind denn je. Und dass Social Media insofern eine Riesenchance ist, um mit quasi jedem Menschen auf der Welt in Kontakt zu treten (deshalb gibt es in diesem Buch ja auch ein eigenes Kapitel darüber)!

Worauf will ich hinaus mit all dem? Du kennst viele Menschen! Egal, ob direkt oder indirekt. Wenn ich mit Followern schreibe, die mir sagen, sie fühlten sich einsam und wüssten nicht, wo sie anfangen sollten, höre ich oft den Satz »Ich kenne ja kaum jemanden«. Bullshit! Jeder Mensch kennt eine Menge Menschen. Mit Sicherheit auch du. Als Übung mach mal Folgendes:

> *ACTIONSTEP*
> Part 1: Schreibe 200 Menschen auf, die du kennst. Als Ausgangspunkt kannst du zum Beispiel deine Followerliste auf Instagram oder TikTok nehmen oder deine WhatsApp-Kontakte.

Am Anfang wirst du dir vielleicht denken, du schaffst das nie, auf 200 Menschen zu kommen, aber ich verspreche dir, sobald du einmal im Flow bist, geht das schneller, als du denkst.

> *ACTIONSTEP*
> Part 2: Als Nächstes – und das ist mindestens genauso wichtig – schreibst du auf, wie du anderen Menschen helfen kannst. Also über welche Skills, Kontakte etc. du verfügst.

Wenn du die beiden Listen hast, markiere auf der ersten alle Leute, von denen du sagen würdest, dass du sie gerne besser kennenlernen würdest. Außerdem kannst du die Liste mit deinen Zielen nochmal rausholen und dir überlegen, wer vielleicht ähnliche Ziele haben könnte, wer dich bei deinen Zielen unterstützen könnte oder – und hier kommt Liste Nummer zwei ins Spiel – wen du wiederum bei seinen Zielen unterstützen könntest. Egal ob durch einen Tipp, einen Kontakt oder was auch immer.

Als ich diese Übung damals in meinem Bachelorstudium zum ersten Mal gemacht habe, sah das wie folgt aus:

Ich kann Menschen helfen bei/durch:

- Ernährung/Fitness (ich habe damals gerade meine Ernährungsberaterlizenz gemacht),
- Webseiten bauen (ich hatte in meinem Praxissemester gelernt, wie man coole Websites designt),
- Fotografie (ich war damals schon hobbymäßig interessiert an Fotografie und hatte eine halbwegs gute Kamera),
- ... und noch ein paar weitere Dinge, zum Beispiel Kontakte zu einflussreichen oder interessanten Menschen, die ich vermitteln konnte.

Wenn du das gemacht hast, überleg dir mal, wem von der Liste du wie am besten helfen kannst bzw. in wessen Leben du potenziell einen Mehrwert stiften könntest. Ich habe damals zum Beispiel einem Bekannten geholfen, über zehn Kilo abzunehmen – etwas, was er schon länger auf seiner Liste hatte. Für den Bekannten eines Bekannten habe ich dann auch noch eine kleine Webseite gebaut, was auch zu einer wunderbaren Freundschaft und neuen Kontakten geführt hat. Und später dann sogar zu einem Auftrag.

Du musst jetzt nicht der Lidl-Mitarbeiterin an der Kasse anbieten, ihr beim Abnehmen zu helfen (bitte frag niemanden ungefragt, ob du ihm beim Abnehmen helfen kannst!), aber es geht darum, es dir zur Gewohnheit zu machen, Menschen zu helfen – grundsätzlich jedem, aber am besten natürlich Menschen, die dir sympathisch sind und zu denen du gerne den Kontakt intensivieren würdest. Und ganz wichtig: ohne Hintergedanken! Also ohne dass du dafür erwartest, dass sie auch direkt irgendetwas für dich tun (aber dazu später mehr in Kapitel 6.3.). Ich bin der festen Überzeugung, wenn du allein diese Gewohnheit regelmäßig umsetzt, wirst du nie wieder Probleme haben, Freunde zu finden und ein soziales Umfeld aufzubauen.

4.4. Die richtigen Vernetzer identifizieren

Ich habe in der Vergangenheit immer wieder größere Partys zu meinen Geburtstagen veranstaltet. Und jedes Mal gab es Menschen, bei denen ich mir sicher war, dass sie trotz rechtzeitiger Einladung nicht kommen würden. Nicht etwa weil sie mich nicht mochten. Sondern einzig und allein, weil sie auf der Party niemanden außer mich kannten.

Vielleicht kennst du das von dir selbst. Du bist auf ein Event oder eine Party eingeladen, wo du nur den Veranstalter kennst. Das sorgt traurigerweise bei vielen Menschen, vor allem eher introvertierten Menschen, für so viel Angst oder Unbehagen, dass sie sagen, sie hätten keine Zeit oder wären krank. Wenn du ab und zu größere Partys schmeißt, wirst du auch das Phänomen kennen, dass am selben Tag noch einige Absagen reinkommen. Klar, es kann immer vorkommen, dass

Menschen wirklich krank oder verhindert sind. Aber oft genug kriegen sie *last minute* doch einfach kalte Füße. Sie reden sich vielleicht sogar ein, sie hätten einfach keine Lust, obwohl in Wahrheit Angst dahintersteckt – Angst vor der Begegnung mit Unbekannten. Na? Fühlst du dich jetzt vielleicht ertappt? Ich gebe zu, gelegentlich habe ich sowas leider auch schon gemacht. Und die Chancen stehen gut, dass du auch schon mal – bewusst oder unbewusst – so gehandelt hast.

Es gibt in meinem Freundes- und Bekanntenkreis aber auch Menschen, die ich zu jedem Event und in jede Gruppenkonstellation mitnehmen kann und von denen ich genau weiß, sie werden absolut keine Probleme haben, sich mit jedem gut zu verstehen und neue Kontakte zu knüpfen – völlig egal, ob sie schon jemanden vor Ort kennen oder ob ich selbst die einzige Verbindung bin. Mein guter Freund Alex ist zum Beispiel genau so. Er ist gar nicht unbedingt superextrovertiert, »outgoing« oder der Lauteste auf der Party. Aber er ist eben super »social« und weiß, wie man mit nahezu jedem Menschen ein gutes Gespräch führen kann. Früher habe ich solche Menschen ehrlich gesagt immer beneidet.

Einerseits ist das Ziel dieses Buches natürlich, dich ein ganzes Stück mehr zu einem solchen Menschen zu machen. Andererseits ist sowas meiner Erfahrung nach aber auch immer ein Stück weit angeboren beziehungsweise einfach Teil der Persönlichkeit eines Menschen. Deswegen kommt hier der Cheatcode für schnelle Ergebnisse: Such dir solche sozialen Vernetzer und freunde dich mit ihnen an. Und dann nimm sie einfach überall hin mit, wo du ungern allein hingehen willst. Sie werden überall sofort neue Menschen kennenlernen und du kannst gleichermaßen davon profitieren. Denn das Schwierigste, das, was oft am meisten Überwindung kostet, ist ja einfach das erste Ansprechen eines (noch) unbekannten Menschen. Also was spricht dagegen, dir dabei von Menschen helfen zu lassen, die weniger Probleme damit haben? (Denk an Arnie und seine Worte – du erzielst deine Erfolge niemals allein!)

Im Übrigen gibt es solche Menschen natürlich auch im digitalen Zeitalter. Digitale Vernetzer sind Menschen, die – hauptsächlich über Social Media – online mit wahnsinnig vielen Menschen vernetzt sind. Diese Vernetzungen sind aber natürlich auch in der Offline-Welt nützlich (hierzu später mehr).

Natürlich wird dir das nicht die ganze Arbeit abnehmen, und du wirst nicht ganz darauf verzichten können, zu lernen, wie man Menschen anspricht (deswegen lernst du dazu ja auch viel in diesem Buch hier). Aber durch solche Begleiter fällt es einem deutlich leichter. Glücklicherweise sind solche »Social Butterflys« gar nicht so schwer zu finden, denn sie lieben es ja, auf Events und unter vielen Leuten zu sein. Und mit etwas Glück sprechen sie dich sogar zuerst an!

4.5. Geh nie alleine essen

Geh nie alleine essen ist der Titel eines meiner absoluten Lieblingsbücher. Keith Ferrazzi hat damit einen #1-*New-York-Times*-Bestseller geschrieben, in dem er erklärt, wie man erfolgreich im beruflichen Kontext netzwerkt. Das Besondere: Im Grunde beschreibt er in dem ganzen Buch, wie wichtig es ist, Beziehungen auch privater Natur aufzubauen und sich generell mit Menschen aller Art zu »connecten«. Ich habe durch sein Buch wahnsinnig viel über das Aufbauen echter, tiefgründiger Freundschaften gelernt – unter anderem den bereits mehrfach erwähnten Paradigmenwechsel weg von

»Wie können andere mir helfen?« hin zu »Wie kann ich anderen helfen?«.

Dass persönliche Beziehungen auch bei beruflichem Erfolg helfen, ist ein positiver Nebeneffekt: Eine große Befragung des Jobsuche-Experten und Bestsellerautors Lou Adler hat beispielsweise ergeben, dass 85 Prozent der Befragten ihren Job über persönliche Kontakte (man könnte es auch »Vitamin B« nennen) bekommen haben. Die Chancen, einen Job über den offiziellen Bewerbungsweg zu erhalten, stehen im Schnitt dreimal schlechter, als wenn man es über sein Netzwerk versucht.

In diesem Kontext gibt es zwei Studien, die ich enorm spannend finde und die den Vorteil von »schwachen Bindungen« hervorheben – etwas, das aus meiner Sicht auch für das Pflegen privater Freundschaften relevant ist.

Der Aufsatz »The Strength of Weak Ties«, der 1973 von Mark Granovetter veröffentlicht wurde (er ist bis heute einer der meistzitierten Aufsätze in der Soziologie) und später durch das »People You May Know«-Algorithmus-Experiment des größten Businessnetzwerks LinkedIn erweitert wurde, erklärt, wie wichtig es ist, »schwache Bindungen« zu haben – vor allem bei der Jobsuche. »Schwache Bindungen« sind die Menschen, die wir nicht zu unseren engen Freunden zählen würden, wie zum Beispiel ehemalige Klassenkameraden, frühere Kollegen oder Freunde von Freunden. Diese Personen kennen wir, interagieren aber nicht regelmäßig mit ihnen. »Lose Bekannte«, könnte man wahrscheinlich auch sagen.

Der Aufsatz von Granovetter besagt im Grunde, dass die Tiefe unserer Beziehung zu jemandem in direkter Relation dazu steht, wie viele der Freunde dieser Person wir kennen. Einfach gesagt: Du kennst wahrscheinlich einen Großteil (vielleicht sogar alle) Freunde deines besten Freundes. Von einem entfernten Bekannten kennst du wenige bis keine seiner Freunde. Jetzt kommt aber der spannende Part, den LinkedIn aufgegriffen hat: Für die Jobsuche und neue Möglichkeiten sind vor allem die schwachen Kontakte wichtig! Die Studie, die LinkedIn gemeinsam mit der Harvard Business School, Stanford und dem MIT (also quasi sowas wie den Avengers in diesem Forschungsbereich) durchgeführt hat, fand heraus, dass »relativ schwache« Beziehungen am besten waren, um neue Jobs zu finden. Als »relativ schwach« gilt die Beziehung zu einer Person, mit der man ca. zehn gemeinsame Bekannte teilt und mit der man kaum sozial interagiert. Der Grund dafür ist folgender: Dein bester Freund ist meistens nicht die beste Hilfe bei der Jobsuche, weil euer Netzwerk so wahnsinnig ähnlich ist, dass er kaum Zugang zu »neuen« Möglichkeiten hat, die du nicht ohnehin selbst schon hättest. Andersherum ist es aber natürlich trotzdem wichtig, dass du einen gewissen Kontakt bzw. gemeinsame Bezugspunkte hast, damit die andere Person auch gewillt ist, dir zu helfen.

Warum ist das jetzt trotzdem für dich relevant, auch wenn du gerade nicht auf Jobsuche bist? Schwächere Bindungen sind auch in deinem privaten Umfeld wahnsinnig wichtig. Einerseits bieten dir schwache Bindungen oft Zugang zu neuen Informationen und Ressourcen, da sie in anderen sozialen Kreisen oder Berufsfeldern verankert sind. Während enge Freunde ähnliche Informationen besitzen und teilen können wie du selbst, bringen lockere Kontakte frische Ideen und Möglichkeiten ein. Ich habe mich zum Beispiel mal ausführlich mit einem Physiker unterhalten. Ein ganz anderer Bereich als der, in dem ich tätig bin, aber es war trotzdem unfassbar spannend. Und einige der Ansätze, wie er generell

Probleme angeht, konnte ich sogar richtig gut auf meinen Beruf und mein Leben übertragen.

Schwache Bindungen können auch überraschende Quellen der Unterstützung sein, vor allem wenn du nach spezifischen Ratschlägen oder Kenntnissen suchst, die dein engerer Freundeskreis vielleicht nicht bieten kann. Sie führen dich mit Menschen und Ideen zusammen, die außerhalb deines gewohnten Umfelds liegen. Das kann deine Perspektive erweitern und dich neue Interessen und Hobbys entdecken lassen. Ich war zum Beispiel vor Kurzem bei einem Basketballspiel. Das ist nicht unbedingt ein Sport, mit dem ich mich bis dato viel befasst habe, aber an diesem Nachmittag habe ich plötzlich eine riesige Faszination gespürt, weil ich mit vielen Menschen geredet habe, die eine große Leidenschaft für den Sport besitzen. Ich konnte meinen Horizont spürbar erweitern und will jetzt auf jeden Fall öfter zu Spielen gehen.

Die Botschaft für dich ist also, selbst wenn du eher introvertiert bist und nur wenige enge Freunde in deinem Leben brauchst: Es lohnt sich, ab und zu die Komfortzone zu verlassen und auch »schwächere Bindungen« zu pflegen.

Wenn du selbstständig bist, kann dir das alles natürlich auch bei der Kundengewinnung helfen. Auch hier würde ich eher auf die schwächeren Bindungen bauen. Denn man sollte immer etwas vorsichtig sein, wenn es darum geht, mit Freunden Geschäfte zu machen. Darüber sprechen wir aber noch in einem späteren Kapitel (9.1.).

Aber zurück zum eigentlichen Thema dieses Kapitels: »Geh nie alleine essen« ist im Grunde nur ein sinnbildlicher Satz für ein Prinzip, das in diesem Buch ohnehin schon mehrfach beschrieben wurde: Nutze Synergien!

Du isst ja sowieso mindestens zwei- oder dreimal am Tag. Also warum immer alleine essen, wenn dein Ziel ist, neue Menschen kennenzulernen und Freunde zu finden? Nutze die Zeit, um dich mit Menschen zu verabreden, vor allem wenn du ansonsten wenig Zeit hast. Gerade das sind dann die Momente, die du zur Beziehungspflege nutzen solltest. Mittlerweile versuche ich unter der Woche immer mindestens einmal mit einem Freund mittagessen zu gehen. Nach Möglichkeit verabreden wir uns dann in einem Lokal in der Nähe meines oder seines Büros, damit wir nicht viel Zeit verlieren. Nicht nur »Liebe geht durch den Magen«, sondern offensichtlich auch Freundschaft: Diese »Lunch Dates« sind ein super Weg, um deine Beziehungen zu stärken und auch aus Bekannten echte Freunde zu machen.

Eine meiner Schwächen ist, dass ich ab und zu gerne Shisha rauche (nicht nachmachen, Kinder!). In München gibt es fußläufig von mir ein superschönes Shisha-Café, das gleichzeitig ein Restaurant mit sehr leckerem Essen ist (in meiner Heimat Regensburg sind Shisha-Bars meistens eher etwas heruntergekommen, deswegen war dieses Konzept sehr neu für mich). Dort verabrede ich mich regelmäßig mit Freunden und Bekannten und wir verbringen zusammen einen schönen Abend. Ich kombiniere also leckeres Essen, ein (zugegebenermaßen ungesundes) Hobby und die Beziehungspflege mit mehreren Menschen. Ich nutze Synergien. Ein Projekt diesen Sommer wird für mich sein, eine gemeinsame Fußballrunde mit Freunden und Bekannten zu organisieren. Das ist dann auch eine deutlich gesündere Synergie als das Shisharauchen.

Ein Vorteil davon, diese Events zu organisieren, ist, dass ich auch mehr oder weniger der Vernetzer bin. Ich habe schon früh gemerkt, dass es für mich das größte Glück ist, wenn ich

Menschen zusammenbringen kann. Wenn ich zwei Menschen einander vorstelle oder sie sich durch ein von mir organisiertes Event kennenlernen, gut verstehen und dann letztendlich auch ohne mich zusammen etwas unternehmen, dann erfüllt mich das mit purem Glück. Dieses Synergie-Prinzip – in meinem Fall also das Kombinieren von essen gehen und Beziehungspflege – lässt sich natürlich auch auf andere Bereiche anwenden. Und genau davon handelt das nächste Kapitel!

4.6. Vereine, Hobbys & Co.: Teile deine Leidenschaften

Kaum etwas verbindet uns mehr als das Teilen einer gemeinsamen Leidenschaft bzw. eines Hobbys. Ein Hobby ist eine Tätigkeit, die wir regelmäßig ausüben, weil sie uns interessiert, entspannt oder herausfordert. Es ist etwas, das wir in unserer Freizeit machen, nicht weil wir *müssen*, sondern weil wir es *wollen*. Egal ob Musik machen, Sport, Gaming oder Bücher lesen – Hobbys sind persönliche Interessen, die uns ermöglichen, uns auszudrücken, neue Fähigkeiten zu erlernen und unsere Leidenschaften zu erforschen – meistens ohne Druck von außen. Es gibt verschiedene Studien, die belegen, wie wichtig es – vor allem auch für die psychische Gesundheit – ist, regelmäßig Hobbys oder kreativen Aktivitäten nachzugehen.

Ein oft zitierter Begriff in diesem Bezug ist der »Flow-Zustand«, ein Konzept, das durch den berühmten Psychologen Mihály Csíkszentmihályi bekannt gemacht wurde. »Flow« beschreibt im Grunde das Gefühl, komplett mit einer Tätigkeit zu »verschmelzen«. Es ist das, was passiert, wenn wir uns in einer Tätigkeit verlieren, die uns herausfordert, aber zugleich unsere Fähigkeiten voll ausschöpft. Du kennst das vielleicht vom Sport, vom Musizieren oder beim Zocken. Du gehst komplett in der Tätigkeit auf und die Zeit verfliegt buchstäblich. Zwei Stunden kommen dir wie zehn Minuten vor – also genau das Gegenteil, was man aus der Schule oder von einem langweiligen Vortrag kennt, wenn man ständig auf die Uhr schaut und eine Minute einem wie eine Stunde vorkommt.

Grundsätzlich gibt es zwei Arten von Hobbys: einerseits Dinge, die du primär alleine machen kannst (zum Beispiel Gaming, Lesen, Joggen, Musikhören …) und andererseits Hobbys, für die du (meistens) andere Menschen brauchst (wie Teamsportarten, sich in Vereinen engagieren usw.). Es gibt aber auch die Möglichkeit, Einzelhobbys gemeinsam mit anderen zu machen (online zocken, ein Buchclub, Laufgruppen …).

Dabei ist absolut nichts verkehrt daran, Hobbys zu haben, die du alleine ausübst. Vor allem wenn du introvertierter bist, werden wahrscheinlich sogar die Mehrheit deiner Hobbys so aussehen. Wenn dein Ziel aber ist, neue Freunde zu finden und vorhandene Beziehungen zu vertiefen, dann solltest du unbedingt zumindest gelegentlich Hobbys mit anderen Menschen nachgehen.

> *ACTIONSTEP*
>
> Überlege dir mal, ob du ein Hobby, das du jetzt gerade nur alleine machst, auch mit Bekannten machen kannst. Wie könnte es aussehen, ein gemeinsames Hobby daraus zu machen? Und wer deiner Bekannten käme dafür infrage? Schreib dir eine Liste, und kontaktiere im besten Fall direkt eine oder zwei Personen, die infrage kommen.

Ich habe zum Beispiel jahrelang mehrmals die Woche allein trainiert. Dann habe ich irgendwann angefangen, jeden Mittwoch gemeinsam mit einer Freundin zu trainieren, und das war jedes Mal ein richtig schönes Erlebnis. Ich hatte während der Übungen trotzdem immer meine Kopfhörer drin und habe motivierende Musik gehört (das brauche ich beim Training einfach), aber in den Satzpausen, davor und danach haben wir immer ein bisschen gequatscht. Die Regelmäßigkeit, mit der wir das gemacht haben, hat unsere Freundschaft weiter gefestigt.

Alternativ kannst du natürlich auch etwas komplett Neues anfangen! Wenn du dich allein nicht so recht traust, dann nimm doch gerne einen Freund mit (zum Beispiel einen der Vernetzer, von denen wir in vorherigen Kapiteln schon gesprochen haben). Ich habe zum Beispiel mal für knapp ein Jahr Krav Maga gemacht. Das ist eine Art Selbstverteidigungssystem, das man ähnlich wie Kampfsport in Gruppenkursen lernen kann. Ich habe am Anfang meinen besten Kumpel mitgenommen, was uns beiden den Einstieg deutlich leichter gemacht hat. Ich bin am Ende zwar nur ein Jahr lang dabeigeblieben, aber ich habe in der Zeit einige tolle Menschen kennengelernt und zu manchen davon sogar heute noch Kontakt.

Ich habe euch ja schon von meinem Vernetzer-Freund Alex erzählt. Ihn habe ich auch bei einem Event kennengelernt, von dem ich über die App Meetup erfahren habe (zu Apps, die euch beim Freundefinden unterstützen, kommen wir später noch in 9.7.). Auf dem Treffen waren zwar sonst nicht viele Menschen, mit denen ich gut connecten konnte, aber diese eine Freundschaft ist dadurch entstanden – und dafür hat es sich allemal gelohnt!

Vielleicht weißt du auch einfach nicht, welches Hobby du machen sollst oder wonach dir der Sinn steht. Dann habe ich hier eine (alles andere als vollständige) Liste von Hobbys, die du gemeinsam mit anderen machen kannst und für die es in fast jeder Stadt Vereine, Organisationen oder Ähnliches gibt. Vielleicht ist ja auch etwas für dich dabei!

- Alle Teamsportarten (Fußball, Basketball, Handball, Volleyball, Tischtennis … oder wie wäre es mit etwas Spezielllerem wie Football, Baseball, Cricket oder Wasserball …)
- Tanzkurse
- Kochkurse
- Wander- oder Outdoorclubs
- Laufrunden
- Buchclubs (falls du in einem bist: Schlag doch gerne mal mein Buch vor! 😉
- Fitness- oder Yogakurse
- Kampfsportkurse
- Gaming-Communitys
- Brettspiel- und Pen-&-Paper-Runden
- Fotografieclubs
- Freiwilligenarbeit / Ehrenamtliches Engagement
- (Impro-)Theatergruppen
- Chöre
- Handarbeitsgruppen (Strickclubs, Nähkurse)
- Meditationsgruppen
- Kletter-/Bouldervereine
- Rhetorik- und Kommunikationsclubs (das wäre in vielerlei Hinsicht super für deine sozialen Ziele – schau doch mal bei Toastmasters vorbei)
- …

Es gibt natürlich noch viel mehr, und ich bin mir ziemlich sicher, dass es auch für dein Hobby (online oder offline) Clubs, Vereine oder Gemeinschaften gibt, bei denen du deine Leidenschaften gemeinsam mit anderen teilen kannst. Also auf geht's, such dir was Passendes raus und geh zu einem ersten Treffen!

4.7. Werde ein »Local«

Ich weiß, egal, wie viele Möglichkeiten wir schaffen, neue Leute kennenzulernen – am Ende kostet es immer Überwindung, fremde Menschen anzusprechen. Wie du dein Selbstvertrauen aufbaust und es dir gelingt, Menschen anzusprechen und eine tiefgründige Konversation mit ihnen zu führen, darum wird es im kompletten nächsten Kapitel 5 gehen. In diesem Kapitel kommt allerdings zuerst einmal eine Art »Hack«, der das Ganze deutlich erleichtert, nämlich: Werde ein »Local«.

»Sozial sein« kannst du dir wie eine Art Muskel vorstellen. Wenn du sogar panische Angst dabei verspürst, ein Restaurant anzurufen und eine Reservierung zu machen (falls du dich ertappt fühlst: Keine Angst, es geht mehr Menschen so, als du denkst), dann ist es natürlich ein immens großer, fast unmöglich wirkender Schritt, eine komplett fremde Person anzusprechen und ein Gespräch mit ihr anzufangen. Deshalb müssen wir uns da langsam rantasten. Denk an die Bergsteiger-Metapher: ein Schritt nach dem anderen.

Eine der besten Übungen dafür ist, einfach im Alltag sozial zu sein. Das bedeutet: Sprich mit allen Menschen, die dir im Alltag begegnen. Führe Small Talk (sosehr du es auch hassen magst). Alltägliche Kommunikation hilft dir dabei, dich *generell* damit wohlzufühlen, sozial zu sein.

Ein super Einstieg, der mir dabei hilft, ist folgender: Sag einfach immer einen Satz mehr als nötig. Die »nötigen« Sätze, wenn du an der Supermarktkasse bist, sind beispielsweise »Hallo«, »Mit Karte bitte«, »Danke« und »Tschüss«. Jetzt sag einfach einen Satz mehr! Während die Kassiererin deine Produkte einscannt, könntest du sagen »Boah, Scheißwetter heute« oder »Viel los heute, was?«. Oder noch simpler zur Verabschiedung, wenn es abends ist: »Einen schönen Feierabend wünsch ich Ihnen schon mal!«

Wenn du noch einen Schritt weitergehen willst, kannst du der anderen Person auch ein gutes Gefühl geben, indem du ihr ein ehrliches Kompliment machst. Du glaubst gar nicht, wie sehr es Menschen freut, wenn sie ein unerwartetes Kompliment bekommen. Ich habe mir vor ein paar Jahren mal das Handgelenk beim Sport gebrochen, als ich ungünstig gefallen bin. Ich war dann nachts in der Notaufnahme, und wie du dir vorstellen kannst, ging es mir nicht gerade gut. Beim Röntgen war aber ein Mitarbeiter, der eine wahnsinnig positive Ausstrahlung hatte. Er hatte eine richtig ansteckende Ruhe und Gelassenheit und eine superpositive Grundeinstellung. Am Ende, als wir fertig waren, habe ich ihm gesagt, was für eine tolle, beruhigende Art er hat und dass das meinen Aufenthalt deutlich schöner gemacht hat. Ich habe direkt gesehen, wie sein Gesicht zu strahlen begann. Er hat mir erzählt, dass er eigentlich eine richtig anstrengende Schicht hatte, aber dass dieses Kompliment jetzt seinen Tag gerettet hätte. Er hat sich aufrichtig gefreut. Und der positive Nebeneffekt: Auch mir ging es dadurch ein ganzes Stück besser.

Im Alltag zu »socialisen« ist ein unfassbar wertvoller Skill. Klar, die Wahrscheinlichkeit, dass der Mitarbeiter in der Bäckerei bei dir um die Ecke dein neuer bester Freund wird, ist vergleichsweise gering. Aber darum geht es auch gar nicht. Es geht um das Etablieren einer Gewohnheit und das Abbauen von Ängsten vor dem noch Ungewohnten. Apropos Bäcker: Ich habe vor ein paar Wochen tatsächlich eine kurze Konversation mit einem Mitarbeiter in der Bäckerei gehabt, bei der ich mir oft einen Kaffee und eine Pfefferbreze hole (ich liebe Pfefferbrezen). Als er meinen Kaffee zubereitete, kamen wir darauf zu sprechen, dass nicht jeder Kaffee gleich gut verträgt. Es stellte sich heraus, dass er absoluter Kaffeeliebhaber ist, und er hat mir erklärt, wie das mit der Zusammensetzung und Herkunft der Bohnen zusammenhängt. Er erzählte mir, dass er auch bei einem Café arbeitet, das tatsächlich direkt gegenüber von meinem Büro ist. Mittlerweile reden wir jedes Mal, wenn ich dort bin, über Gott und die Welt.

Mir persönlich geben solche kleinen Gespräche im Alltag immer viel Energie. Und ich habe das Gefühl, ich komme dadurch in einen »sozialen Modus«. Deswegen bin ich auch ein so großer Fan davon, ein Stammgast an verschiedenen Orten zu sein.

Vielleicht liebst du Abwechslung und probierst regelmäßig neue Dinge aus, aber auch dann empfehle ich dir: Such dir ein paar Orte, zu denen du immer wieder gehst. Das Fitnessstudio, die Bäckerei, Restaurants, ein Supermarkt, Cafés … Und überwinde dich, dort immer ein kleines bisschen mehr als nötig zu sagen! Du wirst mit der Zeit merken, dass du immer dieselben Gesichter dort siehst. Und dass aus den kurzen, scheinbar belanglosen Sätzen, die ihr austauscht, Stück für Stück bedeutungsvollere Gespräche werden. Einerseits trainiert das deinen sozialen Muskel, andererseits können daraus mindestens »schwache Kontakte« (erinnere dich an das vorherige Kapitel) werden. Also Menschen, die deinen Horizont erweitern, dir neue Denkanstöße und eventuell auch Kontakte geben, zu denen du sonst vielleicht keinen Zugang gehabt hättest.

> ***ACTIONSTEP***
> Part 1: Mach dir eine Liste mit Orten, an denen du regelmäßig bist (oder gerne regelmäßig wärst) – z. B. ein schönes Café oder Restaurant in der Nähe, wo du lernen oder arbeiten kannst, anstatt allein zuhause zu sitzen. Und dann besuch diese Orte. Und werde ein Regular.
>
> Part 2: Sag immer einen Satz mehr als nötig! Vor allem an den Orten, an denen du regelmäßig bist, und mit Menschen, die du dort regelmäßig antriffst. Führe Small Talk in Alltagsgesprächen. Du wirst merken, wie du Satz für Satz langsam Beziehungen zu Fremden aufbaust. Und ich verspreche dir, es wird sich langfristig auszahlen.

Im folgenden Kapitel gehen wir jetzt auf alles ein, was du brauchst, um selbstbewusst zu sein und Konversationen wie ein Profi zu führen.

5. Selbstvertrauen aufbauen & Menschen ansprechen

5.1. Selbstvertrauen = sich selbst vertrauen

Schweißnasse Hände, hoher Puls, Gedankenkarussell: »Komm schon, Felix, du schaffst das. Ein Schritt nach dem anderen, so lange, bis du vor ihr stehst. Und dann streckst du ihr einfach nur die Hand hin und stellst dich vor. So schwer kann das doch nicht sein?!«

Doch trotz des ganzen motivierenden Selbstgesprächs konnte ich mich nicht überwinden, meine Beine in Gang zu setzen, sondern blieb mit dem Bier in der Hand gegen die Wand gelehnt stehen. Wollte möglichst cool aussehen, während ich mich innerlich selbst ohrfeigen wollte, weil ich mich wieder mal nicht überwinden konnte. Wieder mal keine Motivation fand, eine Frau anzusprechen, die mir gefiel. Während ich mit mir selbst beschäftigt war, ging jemand anders auf sie zu. Sie redeten, lachten, hatten Spaß. »Dieser Jemand könnte ich sein«, dachte ich mir. Aber nein, ich hatte die Chance, einen tollen neuen Menschen kennenzulernen, wieder einmal verstreichen lassen.

Einen solchen oder so ähnlichen Gedankenprozess hatte ich in der Vergangenheit immer wieder, wenn ich mich Frauen auf Partys, in Clubs, Bars oder auf sonstigen Events vorstellen wollte. Ein bekanntes Problem, das viele Datingcoaches regelmäßig in ihrem Content adressieren. Und es wäre ja sogar noch in Ordnung, wenn dieses Problem nur beim Dating bestünde. Aber nein: So viele Menschen werden ja sogar nervös, wenn sie generell neue Menschen ansprechen müssen. Egal in welcher Situation.

Kennst du das, wenn du auf einer Party bist, wo du nur den Gastgeber kennst? In der Vergangenheit hatte ich in solchen Situationen immer Panik. Logisch, der Gastgeber ist an dem Abend komplett eingespannt. Und du somit auf dich allein gestellt. Gefühlt kennt sich auf der Party jeder – nur du kennst keinen. Dann stehst du in der Ecke, hast dein Getränk in der Hand und siehst, wie alle um dich herum Spaß haben. Nur du nicht. Und du spürst, wie zunehmend dieses unwohle Gefühl in dir aufsteigt, weil du dich nirgends ins Gespräch einbringen kannst. Du bist mitten unter Menschen. Doch du bist allein.

Menschen anzusprechen, löst in uns regelrechte Urängste aus. Ich bin mir sicher, es gibt viele Menschen, die lieber Bungee jumpen oder aus einem Flugzeug Fallschirm springen würden, als (nüchtern) eine fremde Person in einer Bar oder einem Café anzusprechen. Die Angst vor Zurückweisung ist tief in uns verwurzelt. In diesem Kapitel will ich dir erstmal erklären, warum wir so starke soziale Ängste verspüren und was es mit Introvertiertheit auf sich hat – und warum introvertiert und schüchtern nicht das Gleiche ist! Im nächsten Schritt bekommst du dann verschiedene Tools an die Hand, um ein felsenfestes Selbstbewusstsein aufzubauen, damit du nie wieder Stress dabei empfindest, Menschen anzusprechen und eine tiefgründige Konversation zu halten.

Eigentlich ist das alles ganz simpel. Um Menschen anzusprechen, brauchst du nur Selbstvertrauen. Aber was ist das eigentlich? Die deutsche Sprache ist da sehr schön, denn das Wort sagt es dir ganz direkt: Selbstvertrauen bedeutet, dass du dir *selbst vertraust.*

Denk mal an eine Person, auf die du dich verlassen kannst. Du weißt, wenn du sie um etwas bittest und sie sagt, sie macht das, dann kannst du dich auf das Wort dieser Person verlassen. Andersherum kennst du mit Sicherheit jemanden, bei dem du genau weißt, du musst ihn mit Sicherheit erst noch zwei- oder dreimal daran erinnern, bevor irgendetwas umgesetzt wird. Oft sagen wir dann sowas wie »Ja, der ist einfach verpeilt«. Sei mal ehrlich, vielleicht bist du sogar selbst so eine Person. Wer mich gut kennt, der weiß, dass man sich bei wichtigen Dingen zu 100 Prozent auf mich verlassen kann, ich aber bei kleineren Dingen oft leider eher die zweite Art von Person bin. Aber ich arbeite daran. Denn ich weiß, wie wichtig es ist, ein verlässlicher Mensch zu sein. Wichtiger, als du jetzt vielleicht denkst.

Denn jetzt die Preisfrage: Wem von den beiden Personen vertraust du mehr? Ich würde wetten, der ersten Person. Und jetzt kommt die Überraschung: Selbstvertrauen funktioniert genauso. Wie oft hast du deine Neujahrsvorsätze schon wirklich eingehalten? Und wie oft nach zwei Wochen direkt wieder schleifen lassen? Wie oft hast du dir vorgenommen, mit einer schlechten Angewohnheit aufzuhören, oder dir andere Ziele gesetzt, die du dann einfach nicht umgesetzt hast? Du hast dir selbst etwas versprochen und es dann nicht eingehalten. Und dein Vertrauen in dich selbst (= Selbstvertrauen) ist jedes Mal gesunken, wenn das passiert ist. Denn offenbar warst du es dir selbst nicht wert, dieses Versprechen an dich selbst wirklich einzuhalten.

Doch wie baut man sein Selbstvertrauen dann wieder auf?

Easy: indem du dir kleine Ziele setzt und diese dann auch wirklich durchziehst. Immer und immer und immer wieder. Ein guter Anfang dafür sind zum Beispiel die kleinen Actionsteps und Routinen, die ich dir hier in diesem Buch mit an die Hand gebe. Du hast das Buch schon bis hierhin gelesen. Hast du dir vorgenommen, die Actionsteps auch umzusetzen? Sei mal ehrlich: Wie viele davon hast du wirklich schon in die Tat umgesetzt?

Na, ertappt? Es ist absolut menschlich, dass wir nicht alle Ziele erreichen, die wir uns setzen. Einer der Gründe dafür ist auch, dass viele Coaches und Gurus dir sagen, du sollst dir riesige, unrealistische Ziele setzen. Und sicher, du sollst »groß träumen«. Aber für dein Selbstvertrauen ist es eben genauso wichtig, dir regelmäßig kleine, erreichbare Ziele zu setzen. Deswegen funktionieren Neujahrsvorsätze übrigens auch so selten. Du willst von einem Tag auf den anderen direkt dein ganzes Leben ändern. Merk dir eins: Die meisten Menschen *überschätzen*, was sie in einem Jahr erreichen können, und *unterschätzen*, was sie in fünf Jahren erreichen können. Deswegen mach für dein Selbstvertrauen Folgendes: Setze dir kleine, regelmäßige Ziele – Routinen!

> *ACTIONSTEP*
> Schreib jeden Tag einer Person, zu der du in den letzten sieben Tagen keinen Kontakt hattest. Oder – wenn du magst – geh direkt aufs nächste Level: Sprich jeden Tag eine neue Person an, egal wen oder wo.

Alternativ setze dir Ziele, die nichts mit deinem Sozialleben zu tun haben, dich aber trotzdem etwas Überwindung kosten – wie jeden Tag kalt duschen. Oder jeden Tag eine Minute jonglieren lernen (vielleicht hat meine Geschichte dazu dich eh schon neugierig gemacht 😉).

Egal was, es ist essenziell, dass du es auch wirklich durchziehst. Mindestens mal für 30 Tage. Es geht weniger um die Aufgabe, als mehr um die Routine, die deinem Unterbewusstsein Stück für Stück zeigt, dass man sich auf dich verlassen kann. Somit steigt nach und nach dein Vertrauen in dich selbst – und damit auch dein Selbstbewusstsein.

Selbstbewusstsein und Selbstvertrauen sind zwar nicht das Gleiche, aber sehr ähnlich. Auch hier ist die deutsche Sprache wieder wunderschön: *Selbstbewusstsein* bedeutet, dass du dir deiner *selbst bewusst* bist. Die schönste Definition, die ich für Selbstbewusstsein kenne, ist, dass es bedeutet, dass du dir genau bewusst bist, was du kannst und was du nicht kannst – und aus dieser Sicherheit heraus handelst und dich anderen gegenüber verhältst.

Einerseits darfst und sollst du dazu stehen, wenn du gut in etwas bist. Und dann kannst du auch voller Stolz darüber sprechen. Der Unterschied zur Arroganz ist aber, dass du auch genau weißt, was deine Fehler und Makel sind – und du das *Selbstbewusstsein* hast, dazu zu stehen.

Ich habe dir weiter oben im Kapitel zum Beispiel gesagt, dass ich in kleineren Dingen oft schusselig bin. Es ist vielleicht nicht die beste Idee, sowas im Bewerbungsgespräch zu sagen, aber ansonsten versuche ich immer offen über meine Fehler zu sprechen. Das ist ein extrem wichtiger Aspekt, um dich positiv abzuheben von den vielen Menschen, die um jeden Preis nur beeindrucken wollen – und dabei gar nicht merken, wie fake das rüberkommt. Dazu aber später mehr in den Kapiteln 6.5. und 6.6. über Authentizität und Ausdruck.

5.2. Hilfe, ich bin introvertiert!

»Aber Felix, bei mir klappen deine ganzen Tipps nicht. Du musst wissen, ich bin nämlich introvertiert.« Jaja, du Special Snowflake. Ich weiß, bei dir ist alles anders. Guess what, die überragende Mehrheit aller Menschen steht auf der Skala von extrem extrovertiert zu extrem introvertiert irgendwo in der Mitte. Kaum jemand ist zu 100 Prozent das eine oder das andere. Und ich würde behaupten, vor allem in Deutschland sind die Menschen primär eher introvertiert. Zumindest ist unsere soziale Kultur hier stark darauf ausgelegt, sich zurückzuhalten und eher abzugrenzen (Gartenzäune und Strandwälle lassen grüßen), anstatt mit offenen Armen auf alles und jeden zuzugehen.

Aber lass uns erst einmal die Definitionen hier anschauen, denn es ist gut möglich, dass du Introvertiertheit bzw. Introversion mit Schüchternheit verwechselst. Die Begriffe »Introversion« bzw. »Extraversion« (oder »Extravertiertheit«) wurden erstmals von Carl Gustav Jung geprägt – einem Schweizer Psychiater, der dafür bekannt ist, der Begründer der analytischen Psychologie zu sein. In der Wissenschaft spricht man übrigens tatsächlich von »extr**a**vertiert«, im allgemeinen Sprachgebrauch ist »extr**o**vertiert« aber der gängigere Begriff.

Einer der Hauptunterschiede zwischen einer extro- und einer introvertierten Person ist die Energie, die einem soziale Events geben bzw. nehmen. Einer introvertierten Person *nimmt* es mehr Energie, wenn sie unter vielen Leuten ist, zum Beispiel auf einer Party (oder in einem vollen Kaufhaus, bei beruflichen Veranstaltungen mit vielen Menschen etc.). Wenn du introvertiert bist, gehst du nach einer Party nach Hause, bist erstmal total fertig und brauchst eine Pause vom Menschenkontakt. Eine extrovertierte Person wiederum ist superenergetisiert, nachdem sie Zeit mit anderen Menschen verbracht hat. Sie würde eingehen und wäre ausgelaugt, wenn sie den ganzen Tag allein sein müsste. Aber wie gesagt, die allermeisten Menschen sind irgendwo dazwischen. Sprich, du würdest einerseits eingehen, wenn du die ganze Zeit allein wärst, andererseits würdest du auch verrückt werden, wenn du nie Zeit für dich alleine hättest.

Wichtig ist erstmal zu verstehen, wer du bist und wo du dich auf diesem Spektrum bewegst. Denn dann kannst du dein Leben Stück für Stück danach ausrichten. Wenn du die meisten Abende am liebsten allein zuhause verbringst und Bücher liest (zum Beispiel dieses hier) und dir ein- oder zweimal pro Woche ein Treffen mit Freunden reicht, dann ist das absolut in Ordnung. Genauso darf dir niemand reinreden, wenn du am liebsten ständig unterwegs bist und neue Menschen kennenlernst. Hier gibt es kein Richtig oder Falsch. Es geht nur darum, einen Lifestyle zu kreieren, der dich glücklich macht.

Statistisch gesehen sind wir am glücklichsten, wenn wir zwischen drei und vier Stunden Freizeit pro Tag haben – also Zeit, in der wir machen können, was wir wollen, z. B. Hobbys nachgehen oder Freunde treffen. Wenn wir keine Freizeit haben, sind wir (logischerweise) unglücklicher, aber das Spannende ist: Wenn wir mehr als vier Stunden Freizeit pro Tag haben, werden wir ebenfalls unglücklicher. Du kennst das vielleicht aus den großen Ferien. Sommerferien sind wunderschön, aber spätestens nach der vierten Woche wird es (obwohl wir das nicht für möglich gehalten hätten) tatsächlich langweilig, und schlechte Laune macht sich breit.

Völlig unabhängig davon, wo du dich auf dieser Skala befindest, kannst du dazu auch noch schüchtern sein. Schüchternheit ist nämlich nicht das Gleiche wie Introvertiertheit. Schüchternheit ist die allgemeine Neigung des Menschen, auf eine Begegnung mit *nicht vertrauten* Personen mit Verunsicherung und/oder Furcht zu reagieren. Das, was eigentlich Schüchternheit ist, wird allerdings oft als Introvertiertheit bezeichnet: sich in Gesprächen nicht einbringen, keinen ansprechen, leise sein, ein Einzelgänger sein, du kennst das vielleicht von dir selbst. Aber die gute Nachricht: Daran kannst du arbeiten!

Und egal wie introvertiert du bist: Du *musst* lernen, diese Schüchternheit zu überwinden, zumindest in Situationen, in denen es darauf ankommt. Aber keine Angst, das lernst du in den folgenden Kapiteln. Zunächst mal musst du verstehen, dass Schüchternheit auch immer situativ ist. In fremden Umfeldern sind wir oft deutlich schüchterner. Das gilt sowohl für fremde Menschen als auch für fremde Themen oder Umgebungen. In einem Kochkurs bin ich deutlich ruhiger und schüchterner, weil ich (leider) eine Niete im Kochen bin und mir vieles unvertraut ist. Auf einer Social-Media- und Online-Marketing-Messe bin ich deutlich offener und selbstbewusster, weil ich Ahnung von dem Thema habe und vermutlich schon einige der Teilnehmer kenne. Das gleiche Prinzip kenne ich noch sehr gut von Vorträgen in der Schule. Wenn ich ein Referat gehalten habe zu einem Thema, von dem ich nicht wirklich viel Ahnung hatte, war ich nervös. Als ich fertig war, hoffte ich, dass keiner unangenehme Fragen stellt, auf die ich keine Antwort wusste (aber natürlich gab es immer diesen einen Idioten in der ersten Reihe, der dann noch eine Frage gestellt hat, die ich nicht beantworten konnte).

Im Oktober 2022 habe ich einen Vortrag vor 600 Leuten in der BMW Welt in München gehalten. Das Thema war, du kannst es dir denken: Social Media und TikTok. Und ja, ich war kurz davor schon ganz schön nervös. Aber während des Vortrags war ich komplett im Flow. Denn ich wusste, es kann sowieso nichts passieren. Es kann keine Rückfrage kommen, die ich nicht beantworten kann. Es kann kein Blackout kommen. Denn ich habe 100 Prozent Ahnung von dem, worüber ich spreche. Bei Vorträgen vor 25 bis 30 Leuten bin ich tatsächlich gar nicht mehr nervös, weil wir sowas bei uns in der Agentur sehr oft machen. Es ist eben einfach nichts Unbekanntes mehr für mich. Wenn ich jetzt einen Vortrag über Quantenphysik halten müsste, wäre ich aber durchaus wieder sehr nervös. Denn das Einzige, wovor wir uns fürchten, wenn wir schüchtern sind, ist vor unbekannten Situationen, auf die wir nicht angemessen reagieren können.

Das Gleiche gilt auch für soziale Events. Wenn du fünf gute Freunde triffst und mit ihnen den Abend verbringst, wirst du kaum schüchtern sein. Anders ist das, wenn du mit Menschen unterwegs bist, die du wenig bis gar nicht kennst. Situativer Kontext und Bekanntheit mindern Schüchternheit. Deshalb bin ich auch so ein großer Fan davon, ein »Regular« an bestimmten Orten zu sein und einen Freundeskreis mit gleichen Interessen zu haben und gemeinsamen Hobbys nachzugehen: Wenn du dich bereits in einer dir vertrauten, angenehmen Umgebung befindest, fällt es dir leichter, deine Schüchternheit zu überwinden.

Nichtsdestotrotz halte ich es für sehr wichtig, sich regelmäßig und immer wieder neuen Situationen auszusetzen. Denn auch da gilt die Regel der Gewohnheit: Wenn du dich regelmäßig unbekannten Situationen aussetzt, wirst du auch in anderen neuen, dir noch unbekannten Situationen weniger nervös sein. Wie du Schüchternheit überwindest, vor allem im sozialen Kontext, und regelmäßig neue Menschen ansprechen und Konversationen führen kannst, aus denen echte Freundschaften entstehen können, wirst du in den folgenden Kapiteln lernen.

5.3. Soziale Angst = Todesangst

Du bist allein auf einem Event. Du kennst niemanden wirklich, aber es fühlt sich an, als würden sich alle um dich herum kennen. Die Hürde ist riesig, dich einfach irgendwo dazuzustellen.

Da drüben steht sie. Das süße Mädchen, auf das du schon ewig ein Auge geworfen hast. Sie ansprechen? Nur bei dem Gedanken daran kriegst du schon schweißnasse Hände.

Du stehst vor der Klasse oder deinem Kurs. Alle Augen sind auf dich gerichtet. Jeder wartet darauf, dass du zu sprechen beginnst und deinen Vortrag hältst. In deinem Kopf rasen die Gedanken. Du hast Angst vor Blackout und davor, dass irgendetwas, alles schiefläuft.

Drei verschiedene Situationen – aber die gleiche Reaktion deines Körpers. Du hast Angst. Dein Puls steigt. Dein Körper schüttet Adrenalin aus. Du wirst vielleicht sogar rot, was das Ganze noch viel schlimmer macht, weil dann jeder checkt, dass du nervös bist. Das führt dann zu einer Teufelsspirale, weil dir das noch mehr Angst macht, was wiederum noch stärkere körperliche Reaktionen auslöst.

Soziale Angst kann in manchen Fällen so stark werden, dass sie sich wie Todesangst anfühlt. Aber warum eigentlich? Ich meine, sind wir mal ehrlich, was ist das Schlimmste, was passieren kann? Ja, du kannst dein Referat richtig verkacken.

Du kannst rumstammeln, rot werden, die Zuhörer können dich im schlimmsten Fall sogar auslachen. Und ja, auch das süße Mädchen kann dich abweisen und sagen, dass sie kein Interesse an dir hat. Aber was dann? Die Erde dreht sich weiter. In spätestens zwei Wochen redet niemand mehr drüber, egal wie peinlich es war. Und in zwei Jahren? Da weiß überhaupt niemand mehr, worum es ging. Das Leben ging weiter, tausend andere Dinge wurden wichtiger. Aber warum reagieren wir dann in diesen Momenten so, als könnten wir buchstäblich gleich sterben?

Gehen wir dafür mal zurück in die Steinzeit. Stell dir vor, du bist in der Wildnis, umgeben von riesigen Tieren, unvorhersehbarem Wetter, auf der ständigen Suche nach Nahrung. Von einem evolutionären Standpunkt aus gesehen, war die Fähigkeit, Teil einer Gruppe zu sein, für das Überleben und die Fortpflanzung unserer Vorfahren von entscheidender Bedeutung. In der frühen Menschheitsgeschichte boten Gruppen Schutz vor Raubtieren, Unterstützung bei der Nahrungssuche und Vorteile bei der Versorgung der Nachkommen. Und deshalb haben wir Menschen ein tiefverwurzeltes Bedürfnis nach sozialer Zugehörigkeit. Denn wenn wir auf uns allein gestellt waren, hat das oft buchstäblich den Tod bedeutet!

Fast forward zur heutigen Welt: Obwohl wir heute in einer sehr anderen Welt leben, funktionieren unsere Gehirne immer noch so, als ob wir in der Steinzeit leben würden. Die Angst, ausgeschlossen oder nicht akzeptiert zu werden, ist immer noch stark, weil sie tief in unserem evolutionären Erbe verankert ist. Egal ob in der Schule, den sozialen Medien oder am Arbeitsplatz: Das Bedürfnis, zu all diesen modernen »Stämmen« dazuzugehören und in diesen Gruppen akzeptiert zu werden, ist immer noch sehr lebendig.

Soziale Medien machen das zugegebenermaßen nicht leichter. Social Media kann ein wahnsinnig mächtiges Tool sein, wenn es darum geht, neue Menschen kennenzulernen und Freundschaften zu knüpfen (dazu später mehr in Kapitel 8). Aber gleichzeitig kann es leider auch ein falsches Weltbild fördern und Ausgrenzung und Ablehnung noch stärker machen. Nicht ohne Grund ist Cybermobbing ein weit verbreitetes, großes Problem in Schulen im ganzen Land. Kurzer Realtalk dazu (ich will hier ja ehrlich mit dir sein): Ich habe in der Schule mal einen Verweis wegen Cybermobbing bekommen, und egal, was die Umstände waren, ich schäme mich dafür bis heute noch. Bitte mach das niemals. Erst recht nicht, wenn du noch Teenager bist. Du kannst damit buchstäblich Leben zerstören. Wirklich.

Auf die Gefahren von sozialen Medien gehe ich in folgenden Kapiteln noch weiter ein, aber auch wenn es um soziale Ängste geht, haben sie großen Einfluss. Es kann nämlich auf Bildern und in den kurzen Clips schnell so wirken, als wäre das Leben aller anderen absolut perfekt und nur du würdest strugglen. Spoiler: So ist es natürlich nicht. Aber selbst wenn du das rational vielleicht weißt, ist es unsagbar schwer, gegen die ureigenste Reaktion deines Körpers anzukommen.

Dein Körper geht bei sozialen Ängsten in den Kampf-oder-Flucht-Modus. Die physischen Reaktionen, die dein Körper durchmacht, wenn du vor einer sozialen Herausforderung stehst, sind die gleichen wie bei einer »echten« Gefahrensituation. Der Körper macht hier keinen Unterschied – deine erwartungsvoll dreinschauenden Schulkameraden könnten genauso gut ein Säbelzahntiger sein.

Heute müssen wir in den allermeisten Fällen zum Glück nicht mehr den Tod fürchten, wenn wir Ablehnung oder einen peinlichen Moment erleben. Und gerade deshalb ist es so wichtig, regelmäßig unsere Ängste zu überwinden. Wie du das anstellst, das zeig ich dir in den kommenden Kapiteln. Mir war aber wichtig, hier erstmal auf die dahinterliegenden Gründe einzugehen. Denn diese zu verstehen, ist schon mal der erste Schritt in die richtige Richtung.

5.4. Meditation gegen soziale Ängste

»Und das war mein Referat über Redoxreaktionen. Danke für eure Aufmerksamkeit«. Erst Stille. Dann ertönt verhaltenes Klatschen meiner Klasse. Ich habe gerade ein Referat in Chemie gehalten über ein Thema, das mir ehrlicherweise nicht egaler sein könnte. Ich lasse meinen Blick durch unseren Chemiesaal schweifen und blicke in gelangweilte Gesichter. Obwohl wahrscheinlich niemand in diesem Raum Interesse an meiner Präsentation hatte (außer vielleicht der Lehrer – aber der gibt eigentlich sowieso auf jedes Referat eine Zwei), rasen die Gedanken durch meinen Kopf: »Ich hoffe, niemand stellt eine Frage. Bin ich gerade rot im Gesicht? Ist jemandem aufgefallen, dass ich mich zwei-, dreimal versprochen habe?« Gefühlter Puls: 180.

Fast forward, 2022–25. Stock der Highlight Towers in München. Eine wunderschöne Location mit Blick über die ganze Stadt. Ich schaue kurz aus dem Fenster und sehe die Alpen am Horizont, bevor ich mich wieder der Gruppe widme. Ich halte einen Social-Media-Workshop über Instagram, TikTok und Co. Die Gruppengröße ist ähnlich wie bei meinem Referat in der neunten Klasse damals, ca. 25 Leute. Der Unterschied: Ich halte kein zehnminütiges Referat, sondern einen achtstündigen Workshop. Einen großen Teil dieser acht Stunden stehe ich alleine auf der Bühne oder erarbeite interaktiv Social-Media-Strategien mit den Workshop-Teilnehmern. Während meines Vortrags schaue ich kurz auf die Smartwatch: Puls 81, keinerlei Nervosität in Sicht. Doch was hat sich verändert?

Warum wir Angst in sozialen Situationen (wie zum Beispiel bei Vorträgen oder auf Partys) haben, wurde am Anfang des Kapitels bereits ausführlich erklärt. Doch es gibt ein paar Faktoren, die dafür gesorgt haben, dass ich mittlerweile mit Fug und Recht behaupten kann, ich verspüre wenig bis keine Angst oder Nervosität mehr in Situationen wie diesen. Mit Sicherheit ist einer der Faktoren, dass ich viel Ahnung von Social Media habe und das Thema eine große Leidenschaft von mir ist – zwei Dinge, die bei Redoxreaktionen und Chemie bei mir definitiv nicht zutreffen. Aber ich bin überzeugt, dass einer der Hauptgründe dafür ein anderer ist, nämlich: regelmäßige Meditation.

Ich kann mir gut vorstellen, dass du jetzt gerade erstmal die Stirn runzelst. Aber lass mich erklären – denn für mich ist Meditation ein echter Gamechanger. Und nein, das ist nicht nur etwas, das buddhistische Mönche machen, während sie im Schneidersitz sitzen und monoton »Ommmm …« sagen. Achtsamkeit und Meditation ist viel mehr – auch, wenn du mit Spiritualität nicht viel anfangen kannst. Denn beides hat viele, mittlerweile auch wissenschaftlich nachgewiesene Vorteile. Eine Metastudie von 2012, die von Sedlmeier et al. durchgeführt wurde, hat ausführlich erforscht, auf was alles sich Meditation positiv auswirkt. Das Lustige: Meditation hatte auf annähernd jeden erforschten Bereich einen positiven Einfluss! Meditieren hilft bei Stress, verbessert die Konzentrationsfähigkeit, hilft bei der Emotionsregulation … und es vermindert Ängstlichkeit, auch in sozialen Situationen. Und Letzteres ist der Effekt, den ich am krassesten spüre.

Ich meditiere mittlerweile seit vielen Jahren, aber ehrlicherweise habe ich auch immer wieder Phasen, in denen ich das Ganze schleifen lasse. Stressiger Alltag, wenig Zeit ... und ehe man sich versieht, sind zwei, drei Wochen vergangen, und man hat seine Routine wieder verloren. Wenn ich länger nicht meditiere, bezahle ich aber jedes Mal damit, dass meine sozialen Ängste wiederkommen. Ich spüre, wie mein Puls steigt, teilweise auch nur, wenn ich in kleinen Gruppen angesprochen werde. Ich merke, wie ich rot werde, wenn ich vor Leuten sprechen muss. Meine Entspannung ist komplett verschwunden.

Lustige Geschichte dazu: Ich habe dir ja bereits von meinem Vortrag vor 600 Leuten erzählt. Weißt du, was meine allererste Reaktion war, als ich erfahren habe, dass ich den Vortrag halten werde? Impulsartig ist mir durch den Kopf geschossen: »Oh, ich muss ab jetzt wirklich jeden Tag meditieren.« Damit dieser »magische« Effekt wirklich wirkt, weiß ich, ich muss Meditation konsequent für zwei bis drei Wochen durchziehen.

Aber wie lernst du denn jetzt Meditieren und was ist das eigentlich? Es gibt viele verschiedene Definitionen von Meditation, und wenn man will, kann man sehr tief in die Materie einsteigen. Das muss man aber aus meiner Sicht nicht, um die Vorteile davon deutlich zu spüren. Denn eigentlich bedeuten Meditation und Achtsamkeit nur, sich für einen bestimmten Zeitraum auf eine Sache zu konzentrieren. Und sich somit ein Stück weit von seinen Gedanken zu lösen.

Ein Actionstep, den du auf jeden Fall JETZT durchführen kannst (und solltest):

> ***ACTIONSTEP***
> Konzentriere dich auf einen bestimmten Punkt. Das kann auch ein Buchstabe auf dieser Seite sein. Schau den Punkt an und atme tief ein und aus. Dreimal hintereinander. Konzentriere dich dabei auf deinen Atem. Wo spürst du ihn am intensivsten?

Bevor du weiterliest, mach das bitte kurz.

Na? Hast du's gemacht? Dann herzlichen Glückwunsch, du hast meditiert! War doch gar nicht so schlimm, oder? Natürlich solltest du etwas länger als zehn Sekunden am Tag meditieren. Aber fünf bis zehn Minuten sind meiner Erfahrung nach völlig ausreichend. Es gibt viele tolle Apps, die einen bei der Meditationspraxis unterstützen; die beiden bekanntesten sind Headspace und Calm. Alternativ kannst du aber auch einfach YouTube-Videos dazu schauen. Gib einfach »10 Minuten Meditation« in die Suchleiste ein. Wenn du gerne jemanden hättest, der dir dabei sagt, was du tun sollst, ist eine »geführte Meditation« genau das Richtige für dich.

Meine eigene Meditationsroutine ist mittlerweile sehr simpel: Ich mache das gleich in der Früh, noch bevor ich auf mein Handy schaue (habe mir sogar extra einen physischen Wecker gekauft, damit ich in der Früh nicht als Erstes auf mein Smartphone gucke). Ich habe mir einen Timer besorgt, den ich auf zehn Minuten stelle. Dann mache ich Meditationsmusik an und konzentriere mich auf meinen Atem. Wenn ich merke, ich schweife ab und beginne in Gedanken zu versinken, konzentriere ich mich wieder auf das Ein- und Ausatmen.

Es ist noch kein Meister vom Himmel gefallen, und du

wirst merken, am Anfang ist das gar nicht so leicht. Aber Übung macht ja bekanntlich den Meister, und ich verspreche dir, wenn du das regelmäßig machst, wird es nicht nur Stück für Stück einfacher, sondern du wirst auch die ganzen positiven Aspekte zu spüren bekommen. Ich sage immer, dass Meditation wie ein Cheatcode fürs Leben ist – du bist einfach zehn Prozent besser in nahezu jedem Lebensbereich. Und wenn du das gemeistert hast, dann wird der nächste Schritt – nämlich Menschen ansprechen – auch ein ganzes Stück weniger angsteinflößend sein. Das verspreche ich dir.

5.5. So sprichst du Menschen an, ohne cringe zu sein

Es ist Sommer 2014. Das Leben ist schön. Ich habe gerade mein Abitur hinter mir und bin im Urlaub in Griechenland. Seit ich ein kleines Kind bin, fahren wir immer in derselben Konstellation zusammen in den Urlaub. Meine Eltern, mein Onkel mit meinem Cousin und ein langjähriger Schulfreund meines Vaters mit seinem Sohn Jakob. Jakob und ich sind ungefähr im selben Alter und verbringen deshalb viel Zeit zusammen. Wir sind in einem Robinson Club. Wer das nicht kennt: Im Grunde ist das ein deutscher Urlaubsclub mitten in Griechenland mit täglichem leckerem Buffet, clubeigenem Strand, Pools, Bars, Shows und vielem mehr. Für viele wäre das zu unabwechslungsreich im Urlaub, aber ich bin damit aufgewachsen und liebe es. Wir haben dort eine wirklich schöne Zeit in unserer kleinen Gruppe. Aber eines Abends gehen Jakob und ich runter zur Bar und sehen dort eine Gruppe Teenager, ungefähr in unserem Alter. Sie sitzen in einer großen Runde an einem Tisch, lachen und haben sichtlich Spaß. Es scheint, als würden sie sich alle gut kennen, obwohl das eher unwahrscheinlich ist, da dort hauptsächlich

Familien sind und es keine Jugendgruppen oder so gibt. Mein erster Gedanke ist: »Man, ich will auch in dieser Gruppe sein! Die Stimmung scheint super zu sein.« Aber wie spreche ich sie an?

Für Kinder ist in diesen Urlaubsclubs alles geregelt. Es gibt für jede Altersklasse eine eigene Gruppe mit täglichem, abwechslungsreichem Programm. Die Eltern geben ihre Kinder in der Früh ab, man baut Sandburgen, macht Strandausflüge, spielt Volleyball oder macht Schatzjagd – und lernt dabei unweigerlich andere Gleichaltrige kennen. Als (junger) Erwachsener ist das plötzlich alles nicht mehr so leicht. Man muss sich selbst darum kümmern.

Da stehe ich nun also mit Jakob, und wir überlegen, wie wir Teil dieser Gruppe werden. Und obwohl es ja eigentlich ein total entspanntes Umfeld ist, fällt es uns trotzdem schwer. Warum kostet es so viel Überwindung, fremde Menschen anzusprechen? Und wie mache ich das eigentlich? Wir haben dann oft im Kopf, es könnte unangenehm und cringe werden. Wie der schmierige Typ an der Bar, der »Na? Öfter hier?« zu den Damen sagt, die sich dann angeekelt wegdrehen.

Ich habe damals regelmäßig die Videos eines YouTubers geschaut, der den Leitsatz »Do the thing you're afraid to do« geprägt hat – »Mach das, wovor du Angst hast«. Denn hinter der Angst liegt meistens das Glück. Gott sei Dank habe ich diesen Satz im Kopf, denn ich überwinde mich endlich, einen aus der Gruppe anzusprechen (ehrlicherweise ist es als Mann meist leichter, einen anderen Kerl anzusprechen statt einer Frau, da in dem Fall schneller ein sexuelles oder romantisches Interesse unterstellt werden könnte). Er war gerade an der Bar, und ich habe die Chance genutzt, mir auch etwas zu trinken geholt und ihn dabei angesprochen: »Hey, nices Hemd!«

Er blickt zu mir rüber. »Oh, danke dir.« – »Ihr scheint Spaß zu haben da hinten, wir hören euch die ganze Zeit lachen.« – »Ja, ist wirklich lustig gerade. Hast du Bock, dich dazuzusetzen?« – »Klar, ich bin mit meinem Kumpel hier. Warte, ich hol ihn schnell.« Wir sind zur Gruppe dazugestoßen, mein neuer Bekannter hat uns vorgestellt und ab da war alles entspannt.

Der Rest des Urlaubs war wunderschön. Genau genommen der beste von all diesen Robinson-Urlauben. Dieses einmalige Überwinden hat dazu geführt, dass wir unzählige Jugendliche in unserem Alter kennengelernt haben (bei mir hat es im späteren Verlauf dann sogar zu einer kleinen Urlaubsromanze geführt). Die restliche Woche über saßen wir jeden Abend wieder mit der Gruppe zusammen – und von Abend zu Abend wurden es sogar mehr Leute. Und das Schöne? Wir mussten uns an den folgenden Abenden kein einziges Mal mehr zu irgendetwas überwinden. Lediglich das erste Mal braucht es Überwindung. Ab dann ist es leicht. Und wie du es schaffst, dich zu überwinden, ohne dich zum Affen zu machen und »cringe« zu sein oder einen Herzinfarkt vor Aufregung zu erleiden, darum wird es in diesem Kapitel gehen.

Fangen wir mit einer wichtigen Tatsache an: Die allermeisten Menschen wollen neue Menschen kennenlernen! Ich verspreche dir, es geht nicht nur dir so. Sofern du nicht aufdringlich oder grenzüberschreitend auftrittst, sondern einfach offen, nett und freundlich bist, wirst du wahrscheinlich deutlich mehr positives als negatives Feedback bekommen.

Und ja, falls du eine Person des anderen Geschlechts ansprichst, besteht die Wahrscheinlichkeit, dass sie es für eine Anmache halten könnte und deshalb abweisend ist. Das hier ist kein Dating-Buch, deshalb muss ich dir jetzt nicht beibringen, wie du dir ein Date klärst (obwohl die meisten der Prinzipien, die du hier lernst, auch beim Dating nützlich sind), aber falls du Angst davor hast, dein Ansprechen könnte als »Anmache« gewertet werden, kannst du am Anfang so etwas sagen wie »Hey, das ist jetzt keine Anmache, aber …« (ob das nötig ist, solltest du von der Situation abhängig machen. Falls das gar nicht im Raum stand, kann sowas auch schnell komisch wirken).

Grundsätzlich ist die halbe Miete schon, dass du dich überwindest, eine Person anzusprechen. Ich will dir aber drei verschiedene Kategorien von Ansprachen an die Hand geben, mit denen du normalerweise sehr weit kommst und in jeder Situation deine Chancen maximierst, positives Feedback zu bekommen:

1. Das Kompliment

Menschen lieben es, Komplimente zu bekommen. Wir können uns einfach nicht dagegen wehren. Der perfekte Gesprächseinstieg ist also oft ein ernstgemeintes Kompliment. Am besten machst du ein spezifisches Kompliment, zum Beispiel über Haare, Outfit oder Ähnliches. Im Grunde kannst du alles hervorheben, was du über die Person weißt. Wenn du beispielsweise auf einem Event bist und die Person hat einen Vortrag gehalten, dann kannst du auch den Vortrag loben oder noch konkreter etwas, was dir daran besonders gut gefallen hat. Du wirst sehen, wie sehr sich die ernste Miene von Menschen plötzlich lockert und einem ehrlichen Lächeln weicht, sobald wir ein aufrichtiges Kompliment gemacht haben.

2. Gemeinsamkeiten

Das ist wirklich ein echter Gamechanger. Vor allem bei Menschen, die du bewusst kennenlernen willst: Such Gemeinsamkeiten!

»Hey, wir haben doch an der gleichen Uni studiert ...«

»Hey, du kennst doch auch Tobi ...«

»Hey, ich hab gesehen, du spielst auch Fußball, was für eine Position spielst du?«

Gemeinsamkeiten verbinden. So schön es auch ist, dass wir alle unterschiedlich sind – wir sind von Grund auf darauf gepolt, dass wir mit Menschen kooperieren, die uns ähnlich sind. Das Phänomen merkt man am stärksten, wenn man andere Deutsche im Ausland trifft. Wenn ich im Ausland bin und ich höre andere Deutsch sprechen, habe ich fast immer das Bedürfnis, ein kleines Gespräch anzufangen (außer auf Mallorca oder in Prag, wo das nichts Außergewöhnliches ist). Würden die gleichen Leute mir in Deutschland auf der Straße begegnen, würde ich nicht mal darüber nachdenken.

Als ich in L. A. gelebt habe, war ich auf einem Fotografie-Workshop. Dort war ein anderer Fotograf, der mit einem deutlichen deutschen Akzent gesprochen hat. In der Pause habe ich gehört, wie er mit seiner Frau Deutsch gesprochen hat, und habe das Ganze genutzt, um die beiden anzusprechen: »Wenn ich da schon Deutsch höre, dachte ich mir, ich sage mal kurz Hallo.« Die beiden waren sofort superoffen und freundlich und wir hatten ein langes, sehr persönliches Gespräch. Es stellte sich heraus, dass die beiden Auswanderer waren und er ein sehr erfolgreicher Fotograf, der schon viele Albumcover – zum Beispiel für Michael Jackson – geshootet hatte. Die beiden luden mich am Ende unseres zehnminütigen Gesprächs sogar zu sich nach Hause ein. Das kam zwar nie zustande, aber trotzdem war direkt eine unfassbare Offenheit da, hauptsächlich wegen unserer zwei Gemeinsamkeiten: der Liebe zur Fotografie und der Tatsache, dass wir als Deutsche im Ausland lebten.

3. Offene Fragen

Die dritte Technik lässt sich gut mit einem Kompliment kombinieren. Erinnerst du dich an den Typen, dem ich ein Kompliment für sein Hemd gemacht habe? Ich hätte auch fragen können: »Wo hast du das gekauft?«, und er hätte bestimmt nett geantwortet. Im besten Fall stellst du Fragen zu Themen, von denen du glaubst, dass sie dein Gegenüber interessieren. Dann wirst du merken, die Person hört gar nicht mehr auf zu reden.

Das sind drei Wege, die dir den ersten Kontakt erleichtern sollen. Natürlich kostet es trotzdem noch Überwindung, diesen ersten Schritt zu gehen. Aber ich verspreche dir, es lohnt sich!

Ein noch leichterer Weg, den Erstkontakt herzustellen, ist in meinen Augen Social Media. Ich habe schon unzählige Menschen zunächst über Instagram oder TikTok kennengelernt, und wenn ich sie endlich mal persönlich auf einem Event getroffen habe, gab es direkt einen Anknüpfungspunkt, und es war gar keine Überwindung mehr nötig, um ein Gespräch anzufangen. Deshalb habe ich Social Media in diesem Buch auch ein eigenes Kapitel gewidmet.

5.6. Wie wir aus Small Talk Big Talk machen

2019 habe ich für ein halbes Jahr in Los Angeles gelebt. Ich war auf einer Film School und hab dort die Grundlagen des Filmemachens gelernt, und es war bis heute eine der schönsten und im positiven Sinne ereignisreichsten Zeiten meines Lebens. Zu Beginn der Reise habe ich mit meinem guten Freund Felix (ja, auch ein Felix) einen Roadtrip durch Kalifornien gemacht. Wir sind über den berühmten Highway 1 von Los Angeles über verschiedene Küstenstädte bis nach San Francisco gefahren und haben dann noch einen Abstecher in den Yosemite Nationalpark gemacht. Eine wunderschöne, wahnsinnig vielfältige Strecke, die ich jedem nur empfehlen kann. Auf dieser Reise ist uns aber etwas Interessantes aufgefallen: Egal ob in der berühmten Cheesecake Factory in Los Angeles oder der winzigen Pizzabude in der Kleinstadt Morro Bay – in jedem Restaurant haben sich die Menschen Zeit genommen, wirklich nett mit uns zu reden. Über unsere Reise, wo wir herkommen, was wir in Deutschland machen und so weiter. Ich kann mir gut vorstellen, dass dein Gedanke gerade ist: »Ja klar, die machen das nur, weil sie viel Trinkgeld von euch wollen.« Gerade in den USA bekommen Kellner deutlich weniger Gehalt und leben zu großen Teilen vom Trinkgeld, weshalb das dort noch deutlich wichtiger ist als bei uns in Deutschland. Und ja, das stimmt sicherlich zum Teil. Aber selbst wenn dem so wäre: Meine persönliche Meinung ist, dass ich deutlich lieber netten Small Talk habe, als angemotzt zu werden, auch wenn die Intention hinter dem Small Talk einfach nur die Hoffnung auf mehr Trinkgeld ist. Ich gehe auf jeden Fall mit einem besseren Gefühl aus dem Laden oder Restaurant, als wenn ich mich schlecht behandelt fühle.

Ebenfalls in L. A. habe ich mir damals eine relativ auffällige rote Lederjacke gekauft und sie dort auch regelmäßig getragen (heute würde ich das nicht mehr tun, weiß nicht, was ich mir dabei gedacht habe). Auf der Straße kam es dann nicht selten vor, dass mir jemand im Vorbeigehen ein Kompliment dafür gemacht hat, sowas wie »Hey, nice jacket, dude!«. Die Person hat mich danach höchstwahrscheinlich nie wiedergesehen. Und trotzdem hat sie sich dazu entschieden, mir ein Kompliment zu machen. Und ich geh jetzt einfach mal nicht davon aus, dass diese Menschen erwartet haben, dass ich nach ihrem netten Kommentar auf der Straße meinen Geldbeutel zücke und ihnen Trinkgeld dafür gebe. Was ich damit sagen will: In den USA ist sowas einfach viel üblicher. Und ich bin mir sicher, es gibt viele weitere Kulturen, in denen Menschen ansprechen, Small Talk führen und Komplimente machen deutlich »normaler« ist. Und das finde ich toll.

Ich kenne hier in Deutschland viele Menschen, die stolz behaupten, sie würden oberflächlichen Small Talk hassen und verweigern. Sie würden »dieses Spiel nicht mitspielen«. Und ich verstehe den Grundgedanken, aber ich bin mir absolut sicher, dass viele das nur als Ausrede nutzen, um gar nicht zu kommunizieren.

Ich will dir in diesem Kapitel nahebringen, dass du einerseits keine Angst mehr vor Small Talk haben musst, und andererseits, wie du aus Small Talk »Big Talk« machen kannst – also durchaus wertvolle, tiefgründige Gespräche, die eine echte Verbindung schaffen.

Wir haben im vergangenen Kapitel schon darüber gesprochen, wie man nicht cringe ist. Weißt du, was auch cringe ist? Eine fremde Person anzusprechen und sie nach ihren Lebenszielen zu fragen. Sie zu fragen, welche Traumata sie als Kind erfahren hat, die sie heute noch belasten. Oder ob sie schon über ihren letzten Expartner hinweg ist. Versteh mich nicht falsch, sich über solche wichtigen Dinge auszutauschen, ist super, um Menschen besser kennenzulernen und Beziehungen zu vertiefen. Aber so beginnt man kein Gespräch. Zumindest meistens.

Wir Menschen müssen uns erstmal »aufwärmen«. Und das aus verschiedenen Gründen. Und als genau das kannst du Small Talk erstmal sehen: als Aufwärmer. Die Gesprächseinstiege aus dem vergangenen Kapitel sind ein super Start dafür.

Aber wie geht es denn dann weiter, sobald wir ein Gespräch begonnen haben? Das Ziel sollte sein, so schnell wie möglich herauszufinden, worüber die andere Person gerne und leidenschaftlich redet. Das sind meistens Dinge, mit denen sie gerne und freiwillig Zeit verbringt. Also zum Beispiel Hobbys, Familie, Partner, Haustiere, freiwilliges Engagement, (bei manchen) ihre Arbeit, Reisen etc. Und dann höre ihnen aufmerksam und ehrlich interessiert zu, wenn sie darüber reden, und halte das Gespräch durch deine Nachfragen am Laufen. Wie du das machst, sehen wir uns im nächsten Kapitel an.

Ein Bonustipp in diesem Kontext: Eigne dir das entsprechende Vokabular an! Ich habe beruflich wie privat immer großen Wert darauf gelegt, das Vokabular in bestimmten Branchen zu beherrschen. Ich habe beruflich beispielsweise längere Zeit Fotos und Webseiten für Zahnarztpraxen gemacht. Bevor ich das erste Verkaufsgespräch mit einem Zahnarzt hatte, habe ich mir eine Viertelstunde Zeit genommen und mit einer Bekannten telefoniert, die in einer Zahnarztpraxis arbeitete. Ich hab sie ein bisschen über ihren Job ausgefragt, welche Begrifflichkeiten ich kennen sollte, was die wichtigsten To-dos im Alltag sind etc. Diese Viertelstunde hat mir buchstäblich mehrere Tausend Euro gebracht. Denn dank ihr sprach ich im ersten

Gespräch mit dem Zahnarzt nicht (wie fast alle anderen Agenturen und Freelancer) von Mitarbeitergewinnung, sondern von der Gewinnung qualifizierter ZFAs (zahnmedizinischer Fachangestellter). Ich sprach von Patientengewinnung statt Kundengewinnung, und ich wusste, dass wir spezielle Behandlungen wie Veneers auf der Webseite prominenter platzieren sollten, weil die Praxis damit deutlich mehr Umsatz generieren würde. Am Ende des Gesprächs sagte mir der Zahnarzt, ich hätte ihn überzeugt, weil er gemerkt hätte, dass ich deutlich mehr Ahnung hatte als die anderen. Eigentlich war ich »den anderen« aber nur ein 15-Minuten-Telefonat voraus. Und dasselbe Prinzip gilt auch für private Konversationen. Wenn du beispielsweise merkst, dass viele Menschen, die du kennenlernen willst, Golf spielen, dann könntest du natürlich alle deine Hobbys aufgeben und stattdessen den wahnsinnig zeitaufwendigen Sport Golf anfangen (wenn du Bock darauf hast, go for it!). *Oder* du lernst einfach die Basics des Golfens und kannst in Konversationen mit Golfern zumindest mitreden. Die Grundlagen kannst du dir natürlich online besorgen, aber wahrscheinlich ist hier der schlauere Weg, direkt mit einem Golfer zu reden und dich auszutauschen, weil du dann viel besser gängige Abkürzungen und entsprechendes Vokabular kennenlernst.

Ein weiterer wichtiger Punkt, wenn du »Big Talk« führen willst, ist, selbst offen zu sein. Wenn du willst, dass eine Person sich dir gegenüber öffnet, dann musst du dich erst einmal selbst öffnen. Wie gesagt, nicht gleich als erster Satz, aber eben Stück für Stück.

Ich habe vor ein paar Jahren jemanden auf einer Dachterrassenparty kennengelernt. Das Ganze war ca. eine Woche nach der Trennung von meiner damaligen Freundin und mir ging es ehrlich gesagt noch nicht wirklich gut. Es war das erste Mal, dass ich wieder »unter Leuten« war, und ich hab mein Bestes gegeben, meine innere Stimmung zu unterdrücken. Das Gespräch lief zu Beginn eigentlich ganz gut und ich hatte Spaß. Aber irgendwann habe ich gemerkt, wie es mir plötzlich richtig dreckig ging. Mir wurde das alles zu viel und ich wollte mich eigentlich am liebsten unter der Bettdecke verkriechen. Gleichzeitig hatte ich das Gefühl, ich müsste jetzt die »Fassade« aufrechterhalten und faken, dass es mir gut geht. Aber dann dachte ich mir plötzlich: »Fuck it. Was hab ich zu verlieren?« Ich habe meinem Gesprächspartner gesagt, ich müsste kurz an die frische Luft und dass ich etwas Ruhe bräuchte. Ich hab ihm erzählt, dass ich mich frisch getrennt hätte und mir das gerade alles etwas zu viel sei. Ich hab sofort gesehen, wie verständnisvoll sein Blick wurde. Er hat erzählt, er hätte letztes Jahr genau das Gleiche erlebt, und hat mir kurz von seiner Trennung erzählt. Wir sind dann letztendlich gemeinsam rausgegangen und haben uns über Beziehungen und Trennungen unterhalten (und ausgekotzt). Später sind sogar noch zwei weitere Leute dazu gekommen und haben sich ebenfalls am Gespräch beteiligt. Im Anschluss habe ich mich vor allem der ersten Person ein ganzes Stück verbundener gefühlt und es ist eine richtig coole Bekanntschaft daraus entstanden. Das wäre nie passiert, wenn ich mich nicht geöffnet hätte. Ich habe bisher kaum von Fällen gehört, wo es schlecht ausgegangen ist, wenn man sich öffnet und verletzlich zeigt.

In jedem Fall ist es für »Big Talk« wichtig, sich zu öffnen und auch mal verletzlich zu zeigen, um Raum zu schaffen, um über die wirklich wichtigen Dinge zu reden. Die, die einen nachts wachhalten. Ein weiterer Vorteil davon: Du merkst, du bist nicht allein. Und dass jeder sein Päckchen zu tragen hat. Und weil wir Menschen uns tendenziell schwer damit tun, uns zu öffnen, appelliere ich an dich: Fang damit an!

Deshalb der folgende Actionstep:

> *ACTIONSTEP*
>
> Das nächste Mal, wenn du ein erstes Gespräch mit jemandem führst und die Person dir sympathisch ist, teile eine Information mit dieser Person, die so privat ist, dass du sie normalerweise nicht mit einer neuen Bekanntschaft teilen würdest. (Bitte nutze da aber natürlich trotzdem deinen gesunden Menschenverstand. Einem neuen Kontakt von deinem Stuhlgang am Morgen zu erzählen, wäre zum Beispiel keine so gute Idee. Sag der Person nichts, was dazu führt, dass sie sich unwohl fühlt.)

5.7. Die Papageien-Methode: So hältst du ein Gespräch am Laufen

Ich sitze im Bus und starre aus dem Fenster. Ich bin auf dem Weg zu einem Date und ganz schön nervös. Ich habe sie über ein paar Freunde aus meiner Schule kennengelernt. Wir haben uns gut verstanden und ausgemacht, dass wir uns auf einen Kaffee treffen. »Nächster Halt: Arnulfsplatz.« Shit, hier muss ich raus. Da steht sie schon. Hoffentlich wird das Treffen schön.

Ich habe vor allem vor einer Sache Angst. Nicht, dass sie mich nicht mögen wird. Als wir in der Gruppe miteinander geredet haben, haben wir uns gut verstanden. Und ein gewisses Grundinteresse wird ja auch von ihrer Seite aus da sein, sonst hätte sie sich nicht mit mir verabredet. Wovor habe ich also Angst? Hauptsächlich vor einer Sache, die in der Vergangenheit bei anderen Dates immer wieder passiert ist: peinliches Schweigen. Und siehe da, auch dieses Mal läuft es nicht anders. Nachdem wir alle Gesprächsthemen, die ich zuvor sorgsam überlegt hatte, bereits in den ersten zehn Minuten abgehandelt haben, sitzen wir uns gegenüber. Ein peinlich berührtes Lächeln, aber vor allem eins: Stille. In meiner Not täusche ich vor, auf die Toilette zu müssen, nur um dieser Situation zumindest temporär zu entkommen und in dieser Pause Zeit zu haben, mir ein nices neues Gesprächsthema einfallen zu lassen. Leider ohne Erfolg.

Egal ob auf einem Date, bei einem Gespräch mit einem potenziellen neuen Freund oder dem Geschäftspartner – peinliches Schweigen ist vor allem eins: peinlich. Uns passiert das tatsächlich fast ausschließlich mit neuen, uns noch nicht so bekannten Personen. Du kennst bestimmt das Phänomen, dass du mit dir vertrauten Personen (wie zum Beispiel deiner Familie, deinem Partner oder besonders guten Freunden) minutenlang dasitzen kannst, ohne dass jemand ein Wort sagt. Und trotzdem ist es weder peinlich noch cringe. Aber gerade bei neuen Menschen ist es ja durchaus wichtig zu kommunizieren (verbal und nonverbal), um sich besser kennenzulernen. Wie sorgst du also dafür, dass eine solche peinliche Stille nicht mehr entsteht?

Bei dem Date, das ich eingangs beschrieben habe, war ich 16 Jahre alt. Spätere erste Dates liefen ganz anders ab, mit nur noch einem Bruchteil dieser Nervosität von damals. Klar, eine gesunde Aufregung ist sogar gut – sie zeigt dir, dass dir die andere Person nicht egal ist. Aber es darf eben nicht too much werden. Dass ich bei ersten Dates später kaum noch diese

Nervosität spürte, liegt einerseits daran, dass ich ein gutes Selbstwertgefühl habe und weiß, dass das Treffen im Grunde nur dazu da ist, herauszufinden, ob und wie sehr man sich mag – oder eben nicht. Wenn es nicht passt, dann passt es eben nicht. Dafür kann es tausend Gründe geben und ich nehme das selten persönlich. Der andere Grund ist aber, dass ich weiß, dass es nie zu peinlicher Stille kommen wird. Und das liegt vor allem an zwei Dingen:

Einerseits daran, dass ich selbst viele spannende Dinge zu erzählen habe. Denn je mehr du erlebt hast, desto mehr hast du logischerweise auch zu erzählen. Deswegen mein Appell an dieser Stelle: Mach geilen Scheiß! Verlass deine Komfortzone und erlebe Dinge, die du später erzählen kannst! Nicht (nur), weil du dann bessere Dates haben wirst, sondern weil du verdammt nochmal nur ein Leben hast!

So wie mein Vater, der mir als Kind seine spektakulären Geschichten vom Turmspringen, dem fliegenden Zirkus oder dem Aufbau eines Radiosenders erzählt hat. Die meisten Geschichten, die ich immer wieder erzähle (z. B. als ich bei dem Influencer Jake Paul zuhause in seiner Villa in Calabasas war, Fotoshootings mit Schlangen und Spinnen auf den Dächern von Beverly Hills hatte oder nachts ins Freibad eingebrochen bin), haben eins gemeinsam: Ich habe bei jedem dieser Erlebnisse lange gezweifelt, ob ich es machen soll. Einer meiner früheren Vorbilder war der bekannte YouTuber Elliott Hulse (heute folge ich ihm nicht mehr, da ich mittlerweile vielem, was er sagt, nicht mehr zustimme). Von ihm stammt der bereits erwähnte Leitspruch »Do the thing you're afraid to do«. Und der ist für mich zu einer Art Mantra geworden. Manchmal muss ich mir da noch an die eigene Nase fassen, denn ab und zu bin ich eben immer noch ein Stubenhocker, Overthinker und Schisser. Aber die besten Dinge sind meistens die, für die du deine Komfortzone verlassen musst.

Deshalb hier dein nächster Actionstep:

> ***ACTIONSTEP***
>
> Mach, wovor du Angst hast! Melde dich für diesen Kurs an. Mach diesen Trip. Ruf diese eine Person an. Auch wenn es nur eine kleine Angst ist. Irgendwann wirst du zu alt sein, um Dinge zu machen, die du jetzt noch easy erleben kannst. Und bevor es zu spät ist: Bitte tu es für dein zukünftiges Ich, damit du es später nicht bereust!
>
> (Disclaimer: Bring dich oder andere natürlich bitte nicht in Gefahr und mach nichts Illegales. Stay safe!)

Der andere Grund, warum ich keine Angst mehr davor habe, dass peinliches Schweigen entsteht, ist aber folgender: Ich bin ehrlich interessiert an der anderen Person. Ich weiß, das klingt supertrivial, aber das ist es tatsächlich nicht. Viele haben deshalb ein Problem damit, ein Gespräch zu führen, weil sie die andere Person beeindrucken wollen und ständig in ihrem Kopf auf der Suche nach etwas Spannendem sind, was sie sagen können. So funktioniert das aber nicht. Die Person wird immer merken, dass du ihr nicht wirklich zuhörst. Gute Gesprächspartner sind vor allem zwei Dinge: 1. immer präsent im Gespräch und 2. ehrlich interessiert und nachfragend.

Früher war ich mit meinem Vater öfter bei Fußballspielen des SSV Jahn Regensburg im VIP-Bereich. Dabei hatte ich das Privileg, die »High Society« der Regensburger Stadtgesellschaft kennenzulernen. Große Unternehmer, Lokalpromis, Geschäftsführer und so weiter. Ich war damals Student und hatte dort eigentlich keine wirkliche Daseinsberechtigung, außer dass ich die Begleitung meines Vaters war (der zu der Zeit Geschäftsführer des Regensburger Zeitungsverlags war). Mein Vater kannte dort im Grunde jeden, der etwas zu sagen hatte, und alle haben immer zuerst meinen Vater und dann mich begrüßt. Schon bei der Begrüßung habe ich einen wichtigen Unterschied bemerkt zwischen denen, die wirklich etwas zu sagen hatten, und denen, die das nicht hatten: Die wirklich »Großen« haben mir die Hand geschüttelt und ich hatte – wenn auch nur für ein paar Sekunden – ihre ungeteilte Aufmerksamkeit. Augenkontakt, fester Händedruck, ein paar ehrliche Worte, eventuell sogar kurzer Small Talk. Andere haben, schon während sie mir die Hand hinstreckten, entweder wieder meinen Vater oder bereits die nächste Person angeschaut, deren Hand sie schütteln wollten, und ich habe mich nicht ansatzweise beachtet gefühlt. Wir reden hier teilweise nur von fünf Sekunden, die aber (offensichtlich) einen bleibenden Eindruck bei mir hinterlassen haben.

Politiker sind in der Regel wahre Meister dieser Kunst. Kein Wunder, denn sie müssen in kürzester Zeit viele Menschen von sich überzeugen und einen guten Eindruck hinterlassen. Ich war mal auf eine Podiumsdiskussion über u. a. Social Media in den Bayerischen Landtag eingeladen. Dort hatte ich die Möglichkeit, mit Edmund Stoiber, dem ehemaligen Ministerpräsidenten und Kanzlerkandidaten, zu reden. Unabhängig davon, was man von ihm oder seiner politischen Heimat hält, eins kann er wirklich extrem gut: volle Präsenz zeigen, Fokus auf das Gespräch halten, das er gerade führt, Interesse deutlich machen. Alle, die amerikanischen Präsidentschaftskandidaten bei Wahlveranstaltungen begegnet sind, berichten in der Regel von genau diesem Phänomen: Diese Politiker besitzen eine Art Aura, die den gesamten Raum einnimmt.

Du musst aber kein Politiker sein, um dir diesen Effekt zu Nutze zu machen. Und das, ohne ein besonderes Training zu durchlaufen.

Sowohl bei kurzen, oberflächlichen Begegnungen als auch bei tiefgründigen Gesprächen gilt: Schenk deinem Gegenüber deine vollständige Aufmerksamkeit. Beschäftige dich *nicht* die ganze Zeit in deinem Kopf nur damit, was du als nächstes Spannendes sagen könntest, sondern höre deinem Gesprächspartner aktiv zu. Folge dem, was dir gerade erzählt wird, mit ungeteilter Aufmerksamkeit.

Eine Faustregel besagt: Rede ca. 30 bis 40 Prozent des Gesprächs, während du die andere Person 60 bis 70 Prozent reden lässt. Das machst du, indem du aufmerksam zuhörst und Rückfragen stellst, die zeigen, dass du voll in das Gespräch investiert bist. Und wenn du dich jetzt fragst, wie man diese Art von Rückfragen stellt – dann kommt jetzt die Methode ins Spiel, nach der dieses Kapitel benannt ist: die Papageien-Methode.

Ein Papagei wiederholt bekanntlich das, was man ihm vorsagt. Und genau das tust du auch. Wenn dir also jemand etwas erzählt, wiederholst du – wie ein Papagei – einfach die letzten Worte, allerdings als Frage formuliert.

Beispielsweise erzählt dir jemand: »Ich war letzte Woche eislaufen mit einer Freundin.« Was du jetzt *nicht* machst: Du überlegst dir eine eigene spannende Geschichte dazu oder erzählst der anderen Person, wie toll du eislaufen kannst oder was für ein geiler Typ du bist, weil du eine Pirouette auf dem Eis kannst.

Was du stattdessen machst: Du fragst »Eislaufen?«, oder konkreter sowas wie »Du warst eislaufen?«, und dann sagt dein Gegenüber sowas wie: »Ja genau, ich mache das gerne im Winter, da gibt es hier in der Nähe eine Eisbahn, die jeden Winter eröffnet.« Damit gibt er oder sie dir eine Reihe weiterer Anknüpfungspunkte. Du könntest z. B. fragen »Hier in der Nähe? Wo denn?«, oder: »Jeden Winter? Wie lang machst du das denn schon?«

Ich denke, das Prinzip ist klar. Du musst nicht wie ein Papagei alles Wort für Wort wiederholen. Aber es geht darum, dass du wirklich zuhörst – und somit jeden Satz als potenziellen Anknüpfungspunkt nutzen kannst, auf den du eingehen und zu dem du eine Rückfrage stellen kannst. Je tiefer du damit ins Gespräch eintauchst, desto besser. Behalte dabei aber im Hinterkopf, dass manche Themen sensibel sind und lieber oberflächlich abgehandelt werden sollten. Wenn dir jemand vom Tod seiner Katze erzählt, ist es wahrscheinlich nicht die beste Idee, 20 Rückfragen zur Todesursache zu stellen. In so einem Fall kannst du immer entweder zu einem vorherigen Thema zurückspringen oder ein ganz neues Thema aufmachen. Natürlich kannst du dir auch im Vorfeld ein paar »Evergreen-Fragen« überlegen, die du jederzeit stellen kannst – zum Beispiel zu Hobbys, Interessen oder Sport. Wenn ihr ein Thema gefunden habt, über das die andere Person gerne redet, läuft das Gespräch auf diese Weise ganz von alleine.

5.8. Körpersprache: So wirkst du selbstbewusst

Wenn wir über Selbstbewusstsein sprechen, kommen wir nicht drum herum, auch über Körpersprache zu sprechen. Denn tatsächlich läuft sogar die Mehrheit unserer Kommunikation nicht über den Mund, sondern über unseren Körper. Auch wenn wir kein Wort sagen. Eines meiner Lieblingsexperimente in Bezug auf Körpersprache ist ein Experiment der Harvard-Psychologin Amy Cuddy. Cuddy hat sich durch die sogenannten »Power Poses« einen Namen in der Welt der Körpersprache gemacht.

In einer Studie aus dem Jahr 2010 bat sie 42 Teilnehmende darum, für jeweils eine Minute entweder zwei »Low-Power-Poses« einzunehmen oder zwei »High-Power-Poses«. Bei Low-Power-Posen machst du deinen Körper klein. Du bist gebeugt, hast eine eingefallene Körperhaltung, die Hände liegen im Schoß. High-Power-Posen sind dadurch gekennzeichnet, dass sie raumeinnehmend sind. Offene Körperhaltung, Arme in die Hüfte gestemmt, breiter Stand – denk an Superman, wie er mit wehendem Cape und klarem Blick dasteht.

Cuddy nahm jeweils vor und nach den Posen Speichelproben der Versuchsteilnehmer. Es wurden zwei Werte gemessen: das Dominanzhormon Testosteron und das Stresshormon Kortisol. Bei Tieren und auch bei Menschen lässt sich die Rolle und soziale Stellung innerhalb einer Gruppe zu großen Teilen anhand dieser Hormone bestimmen. Einfach gesagt: Niedriges Kortisol und hohes Testosteron bedeuten eine hohe soziale Stellung.

Wahrscheinlich ahnst du bereits, wie das Ergebnis aussah: Low-Power-Posen führten zu hohen Kortisol- und niedrigeren Testosteronwerten. High-Power-Posen bewirkten genau das Gegenteil!

Die Studie ist aus dem Jahr 2010 und wurde seitdem durchaus kritisiert, da ihre Ergebnisse nicht immer reproduziert werden konnten. Trotzdem, finde ich, illustriert sie auf spannende Weise die Macht der Körperhaltung und den Einfluss, den unsere Körperhaltung auf unseren gesamten Körper – und auf unser Verhalten – hat.

Körpersprache ist ein unfassbar riesiges Feld, in dem Körperhaltung im Grunde nur einen kleinen Teil ausmacht. Man könnte über Körperhaltung ein ganzes Buch schreiben (das haben auch schon genug Leute gemacht), aber hier kommen jetzt ein paar Tipps, die ich für am wichtigsten (und vor allem für praktisch anwendbar) halte.

Es gibt wie gesagt viele Hinweise darauf, dass eine aufrechte Körperhaltung extrem wichtig ist – nicht nur für die Gesundheit, sondern auch für das Selbstbewusstsein. Aber ich kenn das, im Alltag vergisst man das leider einfach oft und sitzt dann plötzlich wieder da wie ein T-Rex mit Nackenproblemen. Wichtig ist, sich eine aufrechte Körperhaltung zur Gewohnheit zu machen. Ein super Trick, wie du das machen kannst: Gewöhne dir an, dich immer, wenn du durch einen Türrahmen gehst, aufzurichten. So verknüpfst du die neue Gewohnheit (aufrecht gehen) mit einer alltäglichen vertrauten Handlung (durch Türrahmen gehen). Alternativ kannst du dir auch Benachrichtigungen auf dem Smartphone einrichten, die dich regelmäßig daran erinnern, dich aufrecht zu halten.

Ein weiterer wichtiger Punkt in der Körpersprache ist der Augenkontakt. Kaum etwas schafft mehr Bindung zu einer anderen Person als intensiver Augenkontakt. Allerdings gibt es viele Menschen, die das nicht können oder wollen. Und ich war da früher keine Ausnahme. Ich hatte als Teenager einen guten Freund namens Leo, dessen Mutter Psychologin war. Leo war immer sehr aufmerksam, wenn es um solche vermeintlichen Kleinigkeiten ging. Eines Abends sprachen wir mal darüber, wie wichtig es sei, Augenkontakt zu halten, um gute Bindungen zu anderen aufzubauen, und er merkte an, dass ich damit offenbar Probleme hätte. Also haben wir uns einen Kaffee gemacht und gemeinsam auf den Balkon gesetzt. Wir haben uns dann gegenübergesetzt und uns für mehrere Minuten gegenseitig in die Augen geschaut, ohne etwas zu sagen. Das klingt jetzt vielleicht erstmal weird, aber wenn du Probleme hast, Leuten länger in die Augen zu schauen, probier das unbedingt mal aus.

> ***ACTIONSTEP***
> Setze dich einem Freund oder einem Familienmitglied gegenüber und schaut euch kommentarlos für eine Minute in die Augen (stellt gerne einen Timer).

Wenn du diese Art von verlängertem Kontakt nicht gewohnt bist, wirst du merken, dass es sich erstmal richtig unangenehm anfühlt. Vielleicht fängst du sogar an zu lachen, um das seltsame Gefühl zu überspielen. Aber trainiere das unbedingt – und dann nutze es in Gesprächen!

An dieser Stelle generell ein Wort zum Thema »Trainieren« von Körpersprache, Gesprächstechniken etc.:

Am Anfang ist das immer erstmal komisch, und es braucht wie bei allem seine Zeit, bis diese Dinge zur Gewohnheit geworden sind. Auch wenn du die Papageien-Methode übst, ist das erstmal super strange. Und wenn du dich in einem Gespräch darauf konzentrierst, wirst du erstmal weniger präsent sein im Gespräch (was ja eigentlich nicht das Ziel der Sache ist). Aber ich verspreche dir, in Nullkommanichts wird es für dich normal geworden sein, Augenkontakt in Gesprächen zu halten und fokussierte Fragen zu stellen. Und dann kannst du dich auch wieder ganz normal auf dein Gespräch konzentrieren, ohne aktiv daran denken zu müssen, diese Dinge zu tun.

Einer meiner Vorbilder im Bereich Kommunikation aus den USA sagt immer, seine einzige Regel, die er beim Kommunizieren befolgt, ist: »Just be nice.« Das ist leider ein schrecklicher Tipp, wenn man ganz am Anfang steht – sowohl beim Dating als auch bei Freundschaften. Ja, Sätze wie »Just be nice« oder »Sei einfach du selbst« sind zwar an sich wahr, aber du kannst und solltest dich trotzdem weiterentwickeln. Sag dir also nicht (um bei diesem Beispiel zu bleiben): »Ich bin ein Mensch, der keinen Augenkontakt halten kann. So bin ich einfach.« Ich konnte früher auch keinen Augenkontakt halten, und ich kann dir versichern, dass ich mich, seit ich das jetzt kann, deutlich mehr nach mir selbst fühle. Und deutlich bessere zwischenmenschliche Beziehungen habe.

Ein Wort der Warnung zum Thema Augenkontakt: Starre die Person bitte nicht zu Tode! Das kann schnell creepy sein. Eine Faustregel dafür ist die »50/70 Rule«: Während du sprichst, halte für ca. 50 Prozent der Zeit Augenkontakt; während du zuhörst, für ca. 70 Prozent.

Ein dritter Aspekt, auf den ich hier eingehen möchte, ist der Körperkontakt. Jeder kennt wahrscheinlich diese eine Person, die viel zu touchy ist und einen ständig berührt und viel zu nahe kommt, sodass es unangenehm ist. Körperkontakt und Nähe kann ein heikles Thema sein, ist aber richtig eingesetzt ebenfalls ein sehr wichtiger Aspekt, der die Bindung zwischen zwei Menschen stärken kann.

Grundsätzlich gilt die Faustregel: Je besser wir Menschen kennen, desto mehr können wir sie berühren und an umso mehr Stellen können wir berühren.

Beginnen wir mit der Begrüßung: Nach Möglichkeit schaue ich, dass ich immer zumindest einen Händedruck hinkriege, anstatt einfach nur zu winken. Wichtig dabei: Augenkontakt, aufrechte Körperhaltung (erinnere dich an die letzten beiden Punkte) und ein verbindlich-fester Händedruck. Wenn du zu schwitzigen Händen neigst, schau, dass du sie dir vorher unauffällig irgendwo abwischst.

Politiker machen oft gerne noch den Move, dass sie die zweite Hand während des Händeschüttelns auf den Oberarm oder an den Ellenbogen ihres Gegenübers legen. Das intensiviert den Körperkontakt nochmal, würde ich aber nur mit Bedacht einsetzen.

Meine Freunde und Bekannte umarme ich eigentlich alle zur Begrüßung, egal ob Mann oder Frau. Man sollte natürlich immer auf den Kontext achten und die persönlichen Grenzen und Vorlieben der Einzelnen berücksichtigen (manche Menschen mögen oder möchten es einfach nicht). Aber Umarmungen schaffen nochmal viel mehr Vertrauen.

Probier mal, jemanden »umgekehrt« (also nach rechts lehnend statt nach links) zu umarmen. Ich kenne ein paar Menschen aus dem spirituellen Bereich, die das so machen, weil das »Herz-zu-Herz« ist und somit eine stärkere Bindung schaffen soll. Dazu gibt es jetzt keine Studien oder so, aber den Gedanken finde ich ganz schön.

Wenn man sich nicht gerade begrüßt, gibt es eigentlich nur zwei Stellen, an denen man Menschen, die man noch nicht gut kennt, berühren »darf«: den Oberarm und den oberen Rücken. Wo davon man jemanden berührt, würde ich immer kontextuell entscheiden. Man kann zum Beispiel, wenn jemand einen Witz gemacht hat, lachen und parallel den Oberarm dieser Person berühren. Oder wenn man gerade nebeneinanderher läuft, die Person am Arm berühren, um damit die Richtung vorzugeben.

Hierzu noch ein wichtiger Hinweis: Ich weiß, es kann creepy wirken, wenn man bewusst »lernt«, wo und wie man Menschen berührt. Aber es ist eben einfach ein Tool, das psychologisch bei der Knüpfung von Beziehungen hilft. Wenn du das aber tunlichst nicht anwenden oder lernen willst, dann machst du das eben nicht. Es ist nur ein Faktor von vielen und nicht entscheidend für den Gesamterfolg.

Ein letzter spannender Punkt beim Thema Körpersprache sind die Distanzzonen: Das sind physische Bereiche, die anzeigen, wie nah wir Menschen an uns »ranlassen« und uns damit wohlfühlen.

Zone 1: Die öffentliche Zone (> 3,6 m)

In der Öffentlichkeit fühlt man sich in der Regel wohl, wenn man mindestens 3,6 Meter Abstand zu jemandem hat. Das ist die minimale Distanz, aus der du z. B. einen Vortrag anhörst.

Zone 2: Die soziale Zone (1,2–3,6 m).

In diesem Bereich führst du ein Gespräch mit dir unbekannteren Personen, zum Beispiel bei der Arbeit oder in der Schule.

Zone 3: Die persönliche Zone (0,6–1,2 m)

In diesem Abstand unterhältst du dich mit guten Bekannten. Nah genug für ein persönliches Gespräch, aber immer noch mit genug Platz, dass du dich wohlfühlst.

Zone 4: Intime Zone (< 0,6 m)

Hier sind nur deine »VIPs« erlaubt. Familie, beste Freunde, dein Partner. In diesem Bereich teilst du Geheimnisse, Umarmungen oder flüsterst. Oder wirst (wie der Name schon sagt) intim.

Die häufigsten Probleme in sozialen Situationen gibt es zwischen der zweiten und dritten Zone. Jeder kennt einen Menschen, der einem in Gesprächen viel zu nahe kommt – also näher, als die Distanzzone, in der er sich befindet, es eigentlich vorgibt –, wodurch es unangenehm wird. Du würdest dir die Person eigentlich maximal in der sozialen Zone wünschen, sie kommt aber direkt in die persönliche Zone, obwohl du sie nicht gut kennst. Deshalb achte generell darauf, Personen nur so nahe zu kommen, wie es eurer Beziehung zueinander entspricht, damit sie sich im Gespräch mit dir wohlfühlen!

Genereller Warnhinweis zum Schluss: Es gibt Menschen, die (aus welchen Gründen auch immer) sehr negativ auf jegliche Form von Körperkontakt reagieren, auch wenn es nur an vermeintlich harmlosen Stellen ist. Wenn du zum Beispiel ein Zucken oder Ähnliches wahrnimmst, selbst wenn du »nur« den Oberarm einer Person berührst, dann mach hiermit bitte auch nicht weiter und achte in Zukunft auf Abstand. Sei achtsam und beachte die Grenzen deiner Mitmenschen!

> *ACTIONSTEP*
> Achte in deinen Konversationen mal bewusst auf deinen Körperkontakt. Und versuche, wenn es kontextuell passt, Berührungen am Oberarm oder oberen Rücken unterzubringen. Am Anfang wird es komisch sein, darauf bewusst zu achten, irgendwann wird es normal werden. Achte zudem beim Händeschütteln ab jetzt immer auf einen festen Händedruck und Augenkontakt!

5.9. Der eigene Name: das liebste Wort eines jeden Menschen

Vor ein paar Jahren hatte ich einen guten Bekannten, der in einer großen WG wohnte. Zu sechst lebten sie in einem Reihenhaus – in einem Viertel, in dem sonst fast ausschließlich Familien wohnten. Einmal pro Semester, also zweimal im Jahr, schmissen sie (zum Leidwesen der umliegenden Familien) eine große Hausparty. Ich fand diese Abende immer super. So große Hauspartys vermisse ich tatsächlich, seit ich in München bin.

Wenn ich an diese Partys denke, erinnere ich mich vor allem an ein Gespräch, das ich dort einmal geführt habe – und das, obwohl mein Gegenüber und ich gerade mal fünf Minuten miteinander gesprochen haben. Wir redeten eigentlich über ziemlich basic Zeug, und ich fand ihn direkt total sympathisch, konnte aber gar nicht so genau sagen, warum. Doch dann ist es mir klar geworden: Er hat verdammt oft meinen Namen gesagt.

»Freut mich, Felix.« – »Danke dir, Felix.« – »Felix, ich geh in die Küche, soll ich dir ein Bier mitbringen?« – »Felix, du bist der faszinierendste Mensch, den ich jemals kennengelernt habe, du hast mein Leben verändert und man sollte dir ein Denkmal bauen.« (Okay, einen dieser vier Sätze hat er nicht wirklich gesagt. Ich verrate dir aber nicht, welchen.)

Wie dem auch sei, er hat meinen Namen verdammt oft in das Gespräch eingebaut. Und ich bin mir sicher, dadurch wusste er meinen Namen am Ende des Abends auch noch. Ironischerweise kann ich mich an seinen Namen tatsächlich nicht mehr erinnern. Shame on me!

Es gibt Menschen, die gerne sagen: »Haha, ich höre einen Namen und zwei Sekunden später vergesse ich ihn wieder.« Ich war genauso. Aber ich versuche aktiv daran zu arbeiten, das zu ändern. Denn ich verrate dir mal ein Geheimnis: Das Lieblingswort eines jeden Menschen ist sein Name. Darauf sind wir von klein auf gepolt. Wir freuen uns (meistens), wenn wir unseren Namen hören, und mögen eine Person, die uns mit Namen anspricht, tatsächlich unterbewusst deutlich mehr. Stell dir vor, du hörst irgendwo in der Ferne deinen Namen. Dein Kopf schnellt hoch, deine Ohren sind gespitzt, dein Fokus verlagert sich sofort in die Richtung des Geräuschs. Warum? Weil dein Name nicht irgendein Wort ist – es ist das Codewort, das deine Aufmerksamkeit wie kein anderes auf der Welt fesselt.

Dein Name ist, wenn man so will, das allererste Geschenk, das du in dieser Welt erhältst. Wie ein unsichtbares Abzeichen, das du dein ganzes Leben lang trägst. Die Forschung zeigt, dass das Hören des eigenen Namens spezielle Regionen im Gehirn aktiviert – besonders die, die mit der Selbstwahrnehmung und emotionalen Reaktionen zu tun haben. Quasi so, als hätte dein Gehirn einen exklusiven VIP-Bereich, der nur für deinen Namen reserviert ist. Wenn du deinen Namen hörst, wird dieser Bereich aktiviert, und deine Aufmerksamkeit richtet sich auf die Quelle dieses Sounds, weil das Gehirn diesen als »Wichtig!!« markiert hat. Wie du siehst, löst unser Name also auch physisch eine ganze Menge in uns aus.

Deshalb versuche dir unbedingt, wenn du eine neue Person kennenlernst, den Namen aktiv zu merken und ihn in eurem ersten Gespräch immer wieder zu benutzen. (Fun Fact: Dieser Tipp [sich den Namen merken und immer wieder sagen] war mein allererstes TikTok auf meinem »Felix.Psychotipps«-TikTok Account.)

Wenn du merkst, du hast einen Namen direkt wieder vergessen (und trust me, das wird vorkommen … egal, wie sehr du es versuchst), dann frag ruhig nochmal nach. Jeder kennt das Phänomen, dass man Namen direkt wieder vergisst, niemand wird sauer sein. Das Wiederholen in den ersten Sätzen sorgt aber ziemlich zuverlässig dafür, dass du ihn nicht mehr vergisst.

Ein weiterer Trick, den ich anwende, um mir Namen schnell und dauerhaft zu merken: Ich denke, wenn ich einen Namen höre, an eine weitere Person, die ich kenne, die diesen Namen hat. Und dann denke ich an eine Eigenschaft, die diese beiden Menschen gemeinsam haben. Ich habe vor Kurzem erst einen Jonas kennengelernt. Jonas war knapp zwei Meter groß. Das hat mir das Ganze sehr leicht gemacht, denn in meiner Schulklasse damals hatten wir auch einen Jonas, der mit Abstand der Größte in der Klasse war. Mit diesem Trick kriege ich es mit ein wenig Übung regelmäßig hin, mir auch in größeren Vorstellungsrunden die meisten Namen zu merken.

> *ACTIONSTEP*
>
> Mach es dir zur Gewohnheit, dir immer, wenn du jemanden kennenlernst, den Namen bei der Vorstellung zu merken. Und baue diesen zu Beginn immer wieder ins Gespräch ein. Das macht dich sympathischer und so vergisst du ihn auch nicht mehr.

5.10. Der Close: So fragst du nach Kontaktdaten

Im besten Fall hast du alles, was du bis jetzt gelernt hast, umgesetzt, und es hat geklappt. Du hast dich überwinden können, jemanden anzusprechen, du achtest auf gute Körpersprache und Augenkontakt, du hältst das Gespräch mit der Papageien-Methode am Laufen, ihr seid euch sympathisch. Doch dann sagt die andere Person plötzlich: »So, ich muss jetzt los. Hat mich gefreut, wir sehen uns!« Und Spoiler: Ihr seht euch nicht. Ihr seht euch nie wieder.

Oft genug verlässt man sich darauf, dass man sich schon irgendwann irgendwie wieder begegnen wird, beispielsweise beim nächsten Event dieser Art. Aber sind wir mal ehrlich, das passiert seltener, als man denkt. Und selbst wenn man sich dann Wochen später wiedersieht, hat man vielleicht kaum Zeit, zu reden, und ehe man sich versieht, ist aus einer potenziellen Freundschaft nicht mehr als eine entfernte Bekanntschaft geworden.

Eine der wichtigsten Voraussetzungen, um eine Freundschaft aufzubauen und am Laufen zu halten, ist die Möglichkeit, diese Person zu kontaktieren. Aber ich weiß, ich weiß: Du möchtest nicht cringe sein und den »Hey, ich finde dich sympathisch. Hast du Lust, dass wir mal einen Kaffee zusammen trinken gehen? Darf ich deine Nummer haben?«-Move um jeden Preis vermeiden.

Deshalb will ich dir in diesem Kapitel beibringen, wie du die Sache am besten angehst und wie du dem ersten Kontakt weitere folgen lässt – damit aus deiner neuen Bekanntschaft auch wirklich etwas Bedeutendes werden kann. Und gleichzeitig ist dieses Kapitel auch ein Appell an dich, unbedingt nach Kontaktdaten zu fragen und keine Scheu zu haben!

Aber kehren wir nochmal zurück zu deinem Gespräch. Du stehst vor der Person, ihr habt eine gute Konversation, ihr seid euch sympathisch. Du bist dir sicher, dass du den Kontakt gerne weiter intensivieren würdest. Denk mal darüber nach, worüber ihr bisher geredet habt. Habt ihr herausgefunden, dass ihr beide Sushi liebt? In der Nähe hat ein neuer

Sushiladen aufgemacht, den solltet ihr beide besuchen! Die Konversation könnte folgendermaßen aussehen:

»Hey, kennst du das *Sushiladen*? Der hat neu aufgemacht.«

»Nein, kenn ich nicht, klingt spannend.«

»Da sollten wir mal gemeinsam hingehen.«

»Ja, safe, gerne!«

Easy. Wenn du gut drauf bist, könnt ihr direkt an diesem Punkt etwas miteinander ausmachen, damit das Ganze nicht am Ende doch in Vergessenheit gerät. Alternativ kannst du sagen: »Nice, dann lass uns doch mal Nummern austauschen, damit wir uns zusammenschreiben können.« Eine hilfreiche Kleinigkeit an dieser Stelle: Sprich immer lieber von »Nummern austauschen« statt »Kann ich deine Nummer haben?«. »Austauschen« klingt viel lockerer und nach Gemeinsamkeit und weniger so, als würdest vor allem du etwas von der anderen Person wollen.

Der Kerngedanke bei diesem ersten Tipp ist, dich immer auf etwas zu beziehen, worüber ihr bereits gesprochen habt, und darüber einen weiteren Kontakt in der Zukunft herzustellen. Wenn deine Frage Kontext hat, kommt sie weniger aus dem Nichts und wirkt natürlicher.

Wenn du Angst hast, deine Frage könnte nach einer Date-Anfrage klingen, und du das gar nicht möchtest, dann lade die andere Person zu etwas ein, bei dem mehrere Leute dabei sind. Also in diesem Szenario zum Beispiel:

»Hey, ich wollte nächste Woche am Dienstag *Sushiladen* mit einem Kumpel ausprobieren. Dort soll es angeblich das beste Sushi der Stadt geben. Hast du Lust mitzukommen? Der Typ ist genauso sushiverrückt wie du und ich. Ich glaube, du wirst ihn mögen. Du kannst natürlich auch gerne noch wen mitbringen.«

Ich bin zwar überzeugt, dass man für den Aufbau von Freundschaften auch mal Zeit zu zweit braucht, aber oft ist es entspannter, den initialen Kontakt in kleineren Gruppen zu planen. Das fühlt sich nach weniger Druck an (weil man das Gespräch bei dem Treffen nicht alleine halten muss), und auch wenn ihr zu viert oder fünft seid, gibt es noch Raum genug für persönliche Gespräche, die die Beziehung vertiefen.

Im Idealfall findest du also schon während des Gesprächs einen Anlass, um dein Gegenüber nach den Kontaktdaten zu fragen. Falls das nicht möglich ist, geht immer der ehrliche Klassiker: »Hey, ich fand unser Gespräch echt schön. Lass doch mal Nummern austauschen, dann bleiben wir in Kontakt.« Wenn ihr bereits ein Gespräch hinter euch habt – vor allem wenn ihr euch dabei gegenseitig zugehört habt –, kannst du dir sehr sicher sein, dass die andere Person es ebenfalls als angenehm empfand und dir keine Absage erteilen wird.

In jedem Fall: Überwinde dich! Ich weiß nicht, wie viele spannende Kontakte ich schon liegengelassen habe, einfach weil ich nicht nach den Kontaktdaten gefragt habe. Was ist denn das Schlimmste, was dir passieren kann? Dass kein Kontakt entsteht. Falls dein Handyspeicher irgendwann voll wird, kannst du die Nummer auch wieder löschen, und alles ist gut.

Allerdings frage ich heute tatsächlich nur noch superselten als Erstes nach der Nummer. Stattdessen frage ich nach dem Instagram-Account. Das hängt natürlich von Alter und Zielgruppe ab (noch jüngere Menschen würden vielleicht sogar eher nach Snapchat fragen), aber für mich ist das der schlauste Weg. Ich weiß, ich bin vielleicht nicht ganz objektiv, weil ich meinen Lebensunterhalt mit Social Media verdiene, aber es heißt ja nicht ohne Grund SOCIAL Media. Wenn du aktiv in den sozialen Medien bist (die Vor- und Nachteile diskutieren wir später noch in Kapitel 8), dann ist das meist der deutlich klügere Weg. Denn dein Profil ist (wenn es richtig eingerichtet ist – auch darüber reden wir später) nicht nur ein super Weg, in wenigen Sekunden einen Eindruck deines Lebens zu zeigen, sondern – sofern du es aktiv führst – auch hervorragend dafür geeignet, um konstant im Kopf der Menschen zu bleiben. Außerdem: Menschen sind in der Regel deutlich offener dafür, dir ihre Social-Media-Handle zu geben als ihre Nummer. Und über DMs/PMs kann man sich genauso gut verabreden wie über Messengerdienste.

Vor Kurzem habe ich mich in einer Bar mit einem Kerl ausgetauscht. Wir hatten spannende Gespräche, haben unsere Nummern ausgetauscht … und hatten seitdem keinen Kontakt mehr. Ich habe es ehrlich gesagt einfach vergessen.

Einen anderen Kerl habe ich am selben Abend nur kurz gesehen. Wir haben kurz geredet und Instagram-Kontakte ausgetauscht. In seinem Profil habe ich gesehen, dass wir viele Gemeinsamkeiten haben. Er hat das wohl auch gesehen, denn zwei Tage später hat er auf eine Instagram-Story von mir geantwortet. Seitdem sind wir in engem Austausch, obwohl wir eingangs nur ein ganz kurzes Gespräch hatten.

Und noch ein wichtiger Hinweis, falls du dich mit jemandem austauschst, der viele Follower auf Social Media hat: Schau nach Möglichkeit, dass ihr euch direkt vor Ort gegenseitig folgt, sonst kann es schnell passieren, dass du in den Nachrichtenanfragen und unter Tausenden anderen Followern untergehst.

Zu Social Media kommt ja noch ein ganzes eigenes Kapitel, aber generell gilt: Tausch deine Kontaktdaten aus!

ACTIONSTEP

Mach es dir zur Gewohnheit, deine Kontaktdaten mit Menschen auszutauschen, die du potenziell gerne wiedersehen willst. Hast du jemanden im Kopf, bei dem du das verpasst hast? Versuche jetzt direkt, an seine Kontaktdaten zu kommen (zum Beispiel über gemeinsame Bekannte), und schreib die Person an.

6. Wie aus Bekanntschaften echte Freunde werden

6.1. Mere-Exposure-Effekt: Regelmäßigkeit ist der Schlüssel

So, jetzt sind wir so weit. Du hast jemanden kennengelernt, ein gutes Gespräch gehabt und ihr habt eure Kontaktdaten ausgetauscht. Wie geht es jetzt weiter? Schreibst du ihm oder ihr jetzt einfach eine Nachricht mit »Hey, wollen wir beste Freunde sein?«. Nein, nicht ganz. Aber so ähnlich.

Erinnerst du dich an Mark Granovetter, der den Aufsatz über die Stärke von »schwachen« Beziehungen geschrieben hat? Im selben Aufsatz beschrieb er die Stärke einer sozialen Beziehung (oder auch Freundschaft) als eine Kombination aus vier Komponenten:

- die Menge an Zeit, die zwei Personen miteinander verbringen;
- der Grad der emotionalen Intensität dieser Beziehung;
- die Intimität (in dem Fall ist damit gegenseitiges Vertrauen gemeint);
- die Art der reziproken Hilfeleistungen (wie sehr man sich gegenseitig hilft, füreinander da ist usw.).

All diese Faktoren sind wichtig, wenn du echte Freundschaften aufbauen willst, und das folgende Kapitel hat den Zweck, dir genau das leichter zu machen.

Zunächst schauen wir uns den ersten Punkt an: die Menge an Zeit, die du mit einer Person verbringst. Warum das ein relevanter Faktor ist, lässt sich sehr gut mit dem Mere-Exposure-Effekt erklären. Dieser wurde von dem Psychologen Robert Zajonc in den 1960er-Jahren durch eine Reihe von Experimenten entdeckt, die zeigten, dass bloße Wiederholung oder häufigere Darbietung eines Stimulus – ohne jede weitere Interaktion oder positive Verstärkung – ausreicht, um die Zuneigung einer Person zu diesem Stimulus zu erhöhen. Zajonc präsentierte den Versuchsteilnehmern verschiedene Wörter, Bilder oder Formen, die sie zuvor noch nie gesehen hatten. Manche wurden ihnen ganz oft gezeigt, andere nur selten oder sogar nur einmal. Er stellte fest, dass die Probanden die Stimuli bevorzugten, die sie häufiger gesehen hatten. Klingt jetzt erstmal kompliziert, aber ist eigentlich ganz simpel: Eine Person, die wir öfter sehen, ist uns sympathischer. Einfach nur, weil wir sie öfter sehen.

Das gilt natürlich nicht pauschal, und der Effekt tritt insbesondere dann nicht auf, wenn der erste Kontakt mit einer Person negativ ist. Denk zum Beispiel mal an deinen Erzfeind in der Grundschule (hatten wir nicht alle so jemanden?). Du hast ihn oder sie zwar täglich gesehen, aber trotzdem konntet ihr euch nicht ausstehen. Aber grundsätzlich ist der Mere-Exposure-Effekt eine wissenschaftlich erwiesene Tatsache, die superwichtig ist, um zu verstehen, wie Freundschaften entstehen. Der Mere-Exposure-Effekt gilt übrigens auch im Marketing. Einfach gesagt mögen wir Marken lieber, die uns ständig begegnen (zum Beispiel durch Werbung), und würden sie eher kaufen als Marken, die wir nicht kennen – selbst wenn uns die Werbung an sich nicht sonderlich sympathisch ist.

Ein wichtiges Learning für deine Freundschaften: Vor allem zu Beginn ist diese Regelmäßigkeit essenziell. Ich habe gute Freunde, die ich teilweise nur alle ein bis zwei Monate sehe, trotzdem ist die gemeinsame Zeit wahnsinnig schön und vertraut. Aber das ist so, weil wir in der Vergangenheit eine Zeit hatten, in der wir uns mehrmals die Woche gesehen haben und in der unsere tiefe Freundschaft entstanden ist. Je älter man wird (und natürlich auch je nach Lebenssituation), merke ich, wie es zunehmend schwerer wird, Freunde mehrmals die Woche zu sehen. Spontan sein ist schwer, wenn man Job, Freunde, Familie, Haushalt und Beziehung unter einen Hut bringen will. Wenn ich was mit Julia, einer guten Freundin von mir, mache, müssen wir immer lachen bei der Frage, wann wir uns das nächste Mal sehen. Wir holen dann beide immer erstmal unsere Kalender raus und schauen, wann wir uns wiedersehen können – meistens klappt es erst ein paar Wochen später. Weil es einfach nicht anders geht. Aber in diesem Rhythmus entstehen mit Personen, die du noch nicht so gut kennst, leider keine wirklich engen Freundschaften. Deshalb mach es dir gerade zu Beginn einer Freundschaft zur Gewohnheit und zur Priorität, diese Person regelmäßig zu sehen.

Es gibt da ein (im übertragenen Sinne) passendes Zitat von Bruce Lee: »Ich fürchte nicht den Mann, der einmal 10 000 verschiedene Kicks geübt hat. Aber ich fürchte den Mann, der einen Kick 10 000-mal geübt hat.« Ähnlich ist das, wenn du enge Freundschaften aufbauen willst. Triff dich nicht mit 20 Leuten gleichzeitig 1-on-1 zum Kaffee. Such dir ein paar Leute raus, zu denen du die Beziehung wirklich intensivieren willst, und triff dich wirklich regelmäßig mit diesen paar Menschen. Wie viele du auf einmal »neu« kennenlernen kannst, hängt von deiner Lebenssituation, Zeit und sozialen Batterie ab. Wenn du eher introvertiert bist und/oder nur sehr wenig Zeit hast, kannst du auch erstmal nur ein bis zwei Leute kennenlernen und die Beziehung vertiefen. Wenn du extrovertiert bist und mehr Zeit hast, verbringe gerne auch mehr Zeit mit mehreren Menschen. Was du natürlich zusätzlich immer machen kannst, ist, dich in Gruppen zu treffen und eigene kleine Events zu organisieren (dazu später mehr in Kapitel 7). Aber wichtig für enge Freundschaften ist natürlich trotzdem immer, dass ihr auch Zeit zu zweit verbringt.

Achte in jedem Fall auf Regelmäßigkeit. Im besten Fall hast du mit der Person, die du jetzt besser kennenlernen willst, ja bereits Nummern oder Social-Media-Kontaktdaten ausgetauscht. Was du dann in der darauffolgenden Nachricht schreibst, besprechen wir im nächsten Kapitel. Aber in jedem Fall solltest du die Person auch bald kontaktieren, damit ein gewisses Momentum bleibt. Vielleicht hast du schon mal von dieser Regel beim Daten gehört, dass man drei Tage warten soll, bis man der anderen Person schreibt. Ich finde die Regel – sowohl beim Daten als auch bei Freundschaften – absolut bescheuert. So lange zu warten, ist aus meiner Sicht sogar extrem schädlich für den Aufbau guter Beziehungen.

Bei den Treffen würde ich grundsätzlich auf eine gute Mischung aus Treffen zu zweit und Treffen in der Gruppe achten. Ich treffe mich gerne in kleineren Gruppen, weil ich so auch bei wenig Zeit mit mehreren Menschen in Kontakt bleiben kann. Die Gruppen sollten allerdings auch nicht zu groß sein, sodass ich mit jeder Person noch ein gutes Gespräch führen kann. Wie bereits erwähnt, organisiere ich immer wieder gerne kleinere Runden mit Freunden in einem meiner Lieblingslokale. Manchmal sind es nur drei oder vier Leute, manchmal zehn. In jedem Fall entstehen immer tolle Gespräche, und teilweise connecten sich die Leute dann auch untereinander, was mich immer freut. Mit der Zeit wirst du ein Händchen dafür entwickeln, wen man zusammen einladen kann und wen nicht.

Wenn du tiefe Freundschaften willst, brauchst du aber auf jeden Fall auch Zeit zu zweit. Wenn man zu zweit redet, kann man sich viel leichter öffnen (mehr dazu später), was ebenfalls superwichtig für das Entstehen und Festigen von Freundschaften ist. Wie das Gespräch dabei nicht langweilig wird, hast du ja bereits im vergangenen Kapitel gelernt. Du kannst dir auch anhand deiner Ziele und deiner Persönlichkeit überlegen, wie viele soziale Kontakte du jede Woche ungefähr haben willst, und vielleicht sogar Tage dafür blocken. Eine Zeit lang habe ich das so gemacht, dass ich meine Wochentage entsprechend eingeteilt habe. Montag und Mittwoch hatte ich »Me-Time« und habe alleine zuhause entspannt. Dienstag und Sonntag waren meistens die Abende, an denen ich Treffen zu zweit mit Freunden hatte. Und Donnerstag, Freitag und Samstag habe ich für Treffen in größeren Gruppen genutzt (an den Abenden finden tendenziell auch die meisten Events statt). Du kannst das gerne mal ausprobieren, wenn du ein Mensch bist, der Struktur mag. Mir hat es eine Zeit lang ganz gut geholfen, um eine gewisse Routine zu etablieren, wodurch sich wiederum vieles leichter anfühlte. Mittlerweile mache ich das allerdings nicht mehr so, weil ich mir mehr Flexibilität bewahren will. Solche Dinge können sich je nach Lebenssituation ändern; da gibt es kein Richtig oder Falsch.

Die nächste Frage ist, was du am besten mit deinem Kontakt machst – also wo ihr euch trefft –, um die Freundschaft zu stärken. Wenn du ein cooles Event findest, dann ist das natürlich immer klasse. Schau einfach mal auf den Eventseiten deiner Stadt, auf Apps wie Meetup oder Instagram-Seiten zu deiner Stadt nach. Ansonsten könnt ihr natürlich auch immer ganz entspannt einen Kaffee trinken oder Essen gehen. Im Grunde gelten da ähnliche Regeln wie bei Dates: Mach nichts, was euch zu lange aneinanderbindet, wenn du dir nicht sicher bist, ob du dich mit der Person wirklich gut verstehen wirst.

Also tendenziell eher sowas wie Café, Weihnachtsmarkt-Besuch oder spazieren gehen, statt direkt mit einem 6-stündigen Kochkurs zu zweit oder einem Roadtrip übers Wochenende zu starten. Es gibt zwar immer Ausnahmen – zum Beispiel die legendäre Geschichte eines Bekannten von mir, der am Abend in einer Bar jemanden kennengelernt hat, mit dem er am nächsten Tag in einen viertägigen Roadtrip gestartet ist –, aber das ist durchaus eher selten und vor allem auch ganz schön riskant.

Ansonsten gibt es noch eine zweite Regel, die ebenfalls sowohl beim Daten als auch bei Freundschaften gilt: Macht etwas, bei dem ihr auch reden könnt. Kino ist also für ein erstes Treffen nur dann in Ordnung, wenn ihr davor oder danach Zeit zum Reden habt, beispielsweise in einem Café. Je mehr Treffen ihr hattet und je besser ihr euch versteht, desto entspannter werden diese »Regeln« natürlich. Und: Ausnahmen bestätigen hier natürlich die Regel!

Halten wir fest: Wichtig ist also, die Person vor allem zu Beginn häufig zu sehen und dafür zu sorgen, dass die Treffen auch das richtige Setting haben, damit ihr euch unterhalten könnt und eine tiefgründige Freundschaft entstehen kann.

> *ACTIONSTEP*
> Du hast bestimmt den ein oder anderen Menschen im Kopf, den du gerne mal wieder (oder zum ersten Mal so richtig) treffen willst. Nimm ***jetzt*** dein Handy in die Hand und schreib diesem Menschen! Mach direkt einen Vorschlag, was ihr gemeinsam machen könntet.

Im nächsten Kapitel geht es jetzt unter anderem darum, wie du diese Regelmäßigkeit auch gewährleisten kannst – damit die Freundschaft nicht direkt wieder einschläft, bevor sie überhaupt wirklich gestartet ist.

6.2. Das Follow-up: ein Muss

Ich weiß noch genau, wie ich mal auf einem Event einen Kerl kennengelernt habe, der mir ziemlich sympathisch war. Wir hatten ein gutes Gespräch und haben ausgemacht, dass wir uns in der folgenden Woche treffen, um ein gemeinsames Event zu planen. Am nächsten Tag habe ich ihm eine Nachricht geschrieben und dann … nichts. Nach drei Tagen: immer noch nichts. Das Gefühl, auf »Gelesen« stehengelassen zu werden, hast du bestimmt auch schon mal erlebt. Das ist wirklich nicht schön. Ich habe zwar bei WhatsApp ausgestellt, dass man sehen kann, ob die Person die Nachricht gelesen hat oder nicht – aber das ist im Grunde auch egal. Es ist ja davon auszugehen, dass die andere Person zumindest grundsätzlich in den eigenen Chats gesehen hat, dass ich ihr geschrieben habe.

Damals war meine Philosophie: »Niemals zweimal schreiben.« Der Hintergedanke dabei war: Ich bin mir mehr wert als das. Wer mich und meine Zeit nicht wertschätzt, hat auch nicht verdient, mit mir Zeit zu verbringen. Dann habe ich auch noch gesehen, dass er eine Story gepostet hat, was ja bedeutete, dass er durchaus Zeit an seinem Handy verbrachte, und ich wurde unfassbar wütend. Ich wollte ihm fast wieder entfolgen, ihn vielleicht sogar blockieren. Was fiel ihm ein, mich einfach so dreist zu ignorieren! Doch dann dachte ich mir: »Felix, warte mal kurz. Fass dir erstmal an die eigene Nase und schau doch mal in deine WhatsApp-Chats« – und siehe da: Bei ein bisschen Runterscrollen entdeckte ich mehrere Nachrichten, die ich selbst nicht beantwortet hatte. Und das ganz bestimmt nicht, weil ich die Personen nicht mochte, die mir geschrieben hatten. Es waren teilweise sogar Menschen, die ich gute Freunde nennen würde. Aber ich hatte es ehrlicherweise einfach verpeilt. Stressiger Alltag, viel los … du kennst das. Und plötzlich fühlte ich mich richtig schlecht. Ich fragte mich, ob diese Menschen genauso über mich dachten wie ich über diesen Typen.

Das Erste, was ich dann gemacht habe, war meinen Freunden (endlich) zu antworten. Und direkt als Nächstes bin ich über meinen Schatten gesprungen und habe dem Typen nochmal geschrieben: »Hey, wollte nochmal nachhaken. Wär nice, wenn wir das Treffen nächste Woche hinkriegen 😉.«

Und siehe da: Innerhalb von drei Minuten kam eine Antwort per Sprachnachricht, in der er sich aufrichtig entschuldigte, dass er vergessen hatte zu antworten und dass er richtig Bock hätte, das Treffen nachzuholen. Wir haben uns in der darauffolgenden Woche getroffen, das Treffen war super und alles war gut. Keine Ahnung, ob er meine erste Nachricht irgendwann später noch gesehen hätte oder ob es dann nie zu einem Treffen gekommen wäre. Aber diese kurze Geschichte hat im Grunde zwei Botschaften:

Nummer eins: Bitte versuche Menschen nach Möglichkeit niemals auf »Gelesen« zu lassen, sondern antworte! Am besten noch am selben Tag – und wenn es nur eine kurze Nachricht mit der Info ist, dass es bei dir gerade etwas stressig ist und du dich später nochmal meldest (oder sie sich bei dir melden sollen). Wenn du – weil du womöglich viele Follower auf Social Media hast oder beruflich ein gewisses Standing – täglich sehr viele Anfragen bekommst und einfach nicht mehr hinterherkommst, dann geht das irgendwann natürlich nicht mehr. Aber dann priorisiere zumindest die, zu denen du Kontakt aufbauen oder halten willst. – Das ist ein Thema, bei dem ich mich leider auch an die eigene Nase packen muss. Ich würde nicht sagen, dass ich schon gut darin bin, aber ich arbeite daran. Denn ich weiß, wie viel Potenzial ich liegenlasse und dass ich Menschen kein gutes Gefühl gebe, wenn ich unabsichtlich »ghoste«. An meine Freunde und Bekannte, die das gerade lesen und bei denen das schon vorkam: Tut mir ehrlich leid! Ich gebe mein Bestes.

Die zweite Botschaft ist, dass du dein Ego manchmal etwas zurückschrauben musst. Wenn dir etwas bzw. jemand wirklich wichtig ist, schreib ruhig noch ein zweites Mal. Vielleicht sogar ein drittes Mal. Natürlich auch nur bis zu einem gewissen Punkt. Irgendwann ist davon auszugehen, dass die andere Person (warum auch immer) doch keinen Kontakt mehr zu dir will. Dann respektiere das und werde nicht zum Stalker. Aber meiner Erfahrung nach geben die meisten tendenziell eher zu früh auf und verpassen so womöglich aus den falschen Gründen potenzielle tolle Gelegenheiten.

Und wenn sich dann jemand nach einer längeren Zeit

doch meldet, zerstör dir das bitte nicht mit einer passiv-aggressiven Nachricht à la »Oh, die Prinzessin/der werte Herr meldet sich auch endlich mal« oder sowas. Merkste sicher selber, was das für ein Eigentor wäre.

Wie sorgst du jetzt dafür, dass dir auf deine erste Nachricht eher geantwortet und du seltener geghostet wirst? Das tust du meistens nicht in der Nachricht, sondern schon davor. Ganz einfach gesagt erhöht eine gute Konversation die Wahrscheinlichkeit, dass die Person auch später im Chat antwortet. Wir haben schon darüber gesprochen, dass es hilfreich ist, bereits im Gespräch etwas zu finden, zu dem man sich konkret verabreden kann. Ich würde das im Gespräch in den meisten Fällen eher locker machen, so nach dem Motto: »Wir sollten unbedingt mal zusammen zu dieser Ausstellung gehen, lass doch mal Nummern/Instagram austauschen!« Dann sagt die andere Person meistens: »Ja klar, gerne.« In deiner folgenden Nachricht kannst du dich dann auf genau dieses Gespräch und diese Aussage beziehen.

Ein weiteres meiner Lieblingsbücher ist *Influence* von Robert Cialdini (darüber habe ich sogar in meiner Masterarbeit geschrieben). Cialdini hat sechs »Prinzipien der Überzeugung« identifiziert, die einfach gesagt – wie der Name schon sagt – dazu führen, dass wir von einer Sache überzeugt werden. Ein unfassbar gutes Buch, vor allem wenn du Interesse an Marketing und Psychologie hast. Eins dieser sechs Prinzipien ist das Prinzip der Konsistenz. Dieses besagt, dass Menschen danach streben, ihre Worte und Taten in Einklang zu bringen. Wenn wir einem Freund etwas zusichern, aktiviert das unser Bedürfnis nach Konsistenz. Wir fühlen uns innerlich verpflichtet, unser Versprechen zu halten, um unser Selbstbild und unsere soziale Wahrnehmung als verlässliche und konsistente Person aufrechtzuerhalten. Heißt konkret: Wenn du dein Gegenüber schon während eures Gesprächs dazu bringst, einem späteren Treffen zuzusagen – auch wenn es nur beiläufig ist –, erhöhst du die Wahrscheinlichkeit drastisch, dass es auch dazu kommt.

Genau wie in Gesprächen gilt übrigens auch für Nachrichten, dass wir uns über Komplimente freuen. Also kannst du in der ersten Nachricht auch direkt ein Kompliment machen, am besten ein spezifisches, z. B. »Hey, ich wollte dir bloß nochmal sagen, dass ich unser Gespräch echt superlustig fand! Musste auf dem Heimweg noch richtig schmunzeln wegen ...«.

Verbindlichkeiten zu schaffen und Komplimente zu machen, sind schon mal zwei gute Wege für den Einstieg in die ersten Nachrichten. Ein dritter Weg ist, die Emotionen des gemeinsamen Tags oder Abends wiederaufleben zu lassen, indem du einen kleinen »Insider« bringst, der bei der Gelegenheit entstanden ist. Im besten Fall habt ihr wegen irgendwas gelacht, auf das du dich in der ersten Nachricht direkt beziehen kannst. Ich war zum Beispiel mal auf einem Event mitten in einem Gespräch mit einer Frau, als plötzlich eine Maus unter dem Tisch hervorkam. Sie kreischte daraufhin so laut auf, dass alle zu uns herüberschauten. Die Maus war schnell wieder verschwunden und im Nachhinein haben wir noch viel gelacht über diese Situation. In meiner ersten Nachricht an sie am nächsten Tag habe ich ihr ein Mäuse-Emoji geschickt und »Nicht erschrecken!« dazu geschrieben. Sie hat mit vielen Lach-Emojis geantwortet und das Gespräch war direkt im Gange. Es muss nicht so etwas Außergewöhnliches sein, aber generell ist es meistens eine gute Idee, sich auf etwas zu beziehen, das ihr gemeinsam erlebt habt.

Euer Chat sollte im besten Fall auf ein weiteres Treffen hinauslaufen, entweder zu zweit oder in einer Gruppe (siehe vorheriges Kapitel). Natürlich könnt ihr auch »einfach so« Kontaktdaten austauschen, du musst dich nicht direkt mit jedem verabreden, den du kennenlernst. Aber beim Nummernaustauschen habe ich schon oft die Erfahrung gemacht, dass man komplett in Vergessenheit gerät, wenn man dann nicht zügig ein weiteres Treffen ausmacht. Das ist auch einer der Gründe, warum ich ein großer Fan davon bin, lieber Instagram-Namen auszutauschen. Wenn man regelmäßig Storys oder Posts macht, bietet man immer neue Anknüpfungspunkte, um auch zu einem späteren Zeitpunkt kontaktiert zu werden. Und du bleibst im Kopf der anderen Person.

Bisher haben wir über das Follow-up nach dem ersten Gespräch gesprochen. Jetzt gibt es natürlich auch noch die Follow-ups zwischen den Treffen danach. Angenommen, du hast dich jetzt mit einer Person, die du neu kennengelernt hast, verabredet und ihr hattet auch zu zweit ein schönes Treffen: Dann melde dich auch danach regelmäßig bei der Person und lass es nicht direkt wieder einschlafen! (Keine Angst, du musst natürlich nicht mit jemandem in Kontakt bleiben, der dir nicht sympathisch ist!)

Manchmal reicht auch ein simpler »Ping«. Sprich eine kleine Nachricht oder ein kurzer Anruf, der sagt: »Ich denke an dich.« Der Satz »Hey, ich musste gerade an dich denken, wie geht's dir?« kann hier wahre Wunder wirken. Oft schreiben die Menschen dann einfach nur »Hey, danke der Nachfrage, alles top, bei dir?« zurück, und das ist völlig in Ordnung. Aber ich habe schon oft die Erfahrung gemacht, dass so ein Ping wirklich etwas bewegen kann. Entweder schrieb die Person dann sowas wie »Boah krass, dass du gerade jetzt schreibst. Ich habe mich gestern von meinem Freund getrennt und fühle mich ehrlich gesagt nicht so gut. Bedeutet mir viel, dass du geschrieben hast!«, oder es kam ein »Hey, alles cool. Planen gerade ein richtig nices Event fürs Wochenende. Hast du Lust zu kommen?«. Auch hier nochmal der wichtige Hinweis, dein Ego wegzustecken und ruhig mal nachzuhaken. In unseren Leben geht es häufig stressig zu. Wir vergessen Dinge. Wir sind alle nur Menschen. Also schreib ruhig nochmal eine zweite Nachricht, wenn sich jemand nicht direkt meldet!

Eine App, die mir hilft, mit vielen Menschen in Kontakt zu bleiben, ist Covve. Ich habe keine Kooperation mit denen oder so, ich finde die App einfach nur wirklich gut. (Covve, wenn ihr das lest: Meldet euch! Ich bin offen für eine Kooperation 😉.) Zum Thema Apps und Tools gibt es später noch ein eigenes Kapitel (9.7.), aber im Grunde erinnert euch die App daran, mit Menschen in Kontakt zu bleiben, wenn ihr länger keinen Kontakt hattet. Vor allem wenn ihr eher der Typ seid, der lieber viele Leute kennen will, als nur wenige enge Beziehungen zu pflegen, dann kann euch so ein Tool wahnsinnig helfen.

Was hier auch hilft, ist, es sich zur Gewohnheit zu machen, den Content der Leute zu kommentieren oder auf Instagram-Storys zu antworten. Menschen, die aktiv auf Social Media sind, machen es einem wirklich leicht, Anknüpfungspunkte für die Kontaktaufnahme zu finden. Ich meine, in aller Regel postet man auf Social Media ja Dinge, damit andere Leute das sehen und im besten Fall (positiv) darauf reagieren. Also gib ihnen, was sie wollen!

Wichtig dabei: Sei ehrlich und authentisch und verschicke nicht wahllos irgendwelche Copy-paste-Nachrichten.

6.3. Das Gesetz der Reziprozität: Geben ohne Hintergedanken

Dieses Kapitel enthält aus meiner Sicht eines der wichtigsten Prinzipien, wenn es um den Aufbau authentischer, positiver Beziehungen geht – und eigentlich lässt es sich auch auf das ganze Leben anwenden.

In dem bereits erwähnten Buch *Geh nie alleine essen* beschreibt Keith Ferrazzi, wie er begann, sich für die Filmindustrie zu interessieren, dort vielleicht arbeiten wollte, aber nicht wirklich wusste, wie er das angehen sollte. Über jemanden aus seinem Netzwerk verabredete er sich dann mit einer Person, die in der Filmindustrie beschäftigt war. Sie redeten, und es kristallisierte sich heraus, dass der andere jemanden kannte, den Keith gerne ebenfalls kennenlernen wollte. Sein Gegenüber lehnte eine Vorstellung aber ab mit der Begründung, er hätte bei dieser Person noch etwas gut und würde das nicht für ihn »verschwenden« wollen. Wenn er die Person um einen Gefallen bitten würde (nämlich darum, mit Keith zu sprechen), wären sie »quitt«, und das war es ihm nicht wert. Keith war entsetzt. Und das zu Recht. Sein Gegenüber betrachtete das Ganze nämlich wie ein Konto: Wenn du etwas für eine Beziehung getan hast, dann zahlt das auf das Beziehungskonto ein. Und dann ist erstmal die andere Person dran, um das Ganze wieder auszugleichen.

Ich kenne leider auch viele Menschen, die mehr oder weniger so denken, und ich finde das absolut schrecklich. Um zu verstehen, warum diese Denkweise so falsch ist, müssen wir uns ein zweites Prinzip der Überzeugung von Cialdini anschauen: das Prinzip der Reziprozität. Dieses besagt im Grunde, dass Menschen dazu neigen, eine empfangene Wohltat zu erwidern. In Freundschaften drückt sich dieses Prinzip aus, wenn Freunde einander unterstützen, Hilfe leisten oder Geschenke austauschen. Diese gegenseitigen Handlungen stärken die Bindung und fördern ein Gleichgewicht des Gebens und Nehmens. Studien haben gezeigt, dass Reziprozität ein grundlegendes Element in der Entwicklung und Aufrechterhaltung von sozialen Beziehungen ist, da es ein Gefühl der Fairness und des Vertrauens schafft.

Eines der bekanntesten Experimente, um Reziprozität zu veranschaulichen und messbar zu machen, fand in Restaurants statt. Forscher der Cornell University testeten dabei Folgendes: Die Kellner stellten über mehrere Tage insgesamt 92 Belege aus. Bevor sie die Belege ausstellten, mussten sie – versteckt vor den Augen ihrer Gäste – eine Karte aus einem Kartendeck ziehen. War die Karte rot, legten sie der Rechnung ein aufwendig verpacktes, sehr schönes Schokoladenbonbon bei. War die Karte schwarz, brachten sie die Rechnung ohne Geschenk. Die Rechnung ging auf: Die Gäste ohne Bonbon gaben im Schnitt 15,1 Prozent Trinkgeld. Die Gäste, die ein Bonbon bekommen hatten, gaben 17,8 Prozent. Das war in der Gesamtheit deutlich mehr, als das Bonbon wert war. Aber vor allem verdeutlichte es, dass Menschen die etwas (mehr) bekommen, auch bereit sind, (mehr) zurückzugeben.

Also ja, Reziprozität funktioniert. Deshalb sollst du dich natürlich nicht ausnutzen lassen und immer nur geben, ohne jemals etwas zurückzubekommen. Aber bitte mach es dir zur Gewohnheit, ohne Hintergedanken zu geben. Nicht nur weil das gut für die Menschheit ist, sondern auch weil es gut für dich ist! Ich hatte, was das angeht, mit meinem Vater Gott sei

Dank immer ein tolles Vorbild. Er hat sich beruflich wie privat immer wahnsinnig engagiert, Menschen miteinander verbunden, Spendengalas organisiert und geholfen, wo er konnte – und letztendlich sogar das Bundesverdienstkreuz dafür bekommen.

Und ja, es ist absolut wahr, dass du von einzelnen Menschen manchmal nichts zurückbekommst und vielleicht sogar Undankbarkeit erfährst – egal, ob aus Ignoranz, Bosheit oder einfach weil sie nicht anders können. Aber du musst da mal »rauszoomen« und das Ganze aus der Distanz betrachten. Abgesehen davon, dass es wahnsinnig guttut, das Gefühl zu haben, jemandem zu helfen, der Hilfe benötigt: Betrachtet man das »große Ganze«, dann verspreche ich dir, dass das, was du gibst, auch immer zu dir zurückkommen wird.

»Geben ist seliger als Nehmen« ist ein Sprichwort, das ursprünglich aus der Bibel stammt und zu 100 Prozent wahr ist. Im Deutschen gibt es aber auch ein schönes Wort für jemanden, der nicht so ist: ein Erbsenzähler. Sei kein Erbsenzähler. Rechne nicht auf. Und gib, ohne eine Gegenleistung zu erwarten. Klar, du hast auch nur begrenzte Ressourcen und kannst nicht tagtäglich jedem helfen. Und ab einem gewissen Punkt hilfst du natürlich auch eher den Menschen, die es 1. mehr benötigen und die dir 2. mehr bedeuten. Und das ist auch völlig in Ordnung so. Aber jemandem einen Mehrwert zu bieten, ist trotzdem einer der besten Wege, um neue Menschen kennenzulernen. Erinnere dich an die Liste mit Skills, die du hast, und die Arten, auf die du Menschen helfen kannst. Bei mir damals waren das Dinge wie Ernährung, Websites und Fotografie. Ich kann gar nicht zählen, wie viele tolle Menschen ich durch die Fotografie kennengelernt habe – einschließlich Angie und Selina, zwei meiner besten Freundinnen.

> ***ACTIONSTEP***
> Mach es dir zur Gewohnheit, Menschen zu fragen bzw. im Gespräch herauszufinden, bei was sie aktuell Hilfe brauchen. Und dann versuche nach Möglichkeit zu helfen! Wenn du nicht direkt helfen kannst, überlege, ob du jemanden kennst, der es könnte, und stell zumindest den Kontakt her.

Es passiert so oft, dass du von Menschen gefragt wirst, ob du irgendwie helfen kannst. Ein Klassiker in München ist zum Beispiel, dass du von Leuten um Hilfe gebeten wirst, die auf Wohnungssuche sind (du musst wissen, das Finden einer Wohnung in München ist quasi wie ein Sechser im Lotto). Und oft genug antwortet man dann schnell mit: »Ja klar, ich hör mich um«, doch in Wahrheit macht man: absolut gar nichts.

Bitte, bitte: Wenn du mitbekommst, dass irgendjemand bei Dingen Hilfe braucht, gib dein Bestes, zu helfen! Nimm dir fünf Minuten Zeit und frag ein paar Menschen, ob sie jemanden kennen, der helfen könnte. Oder mach eine Instagram- oder WhatsApp-Story und frag dein Netzwerk. Das kostet dich weder viel Zeit noch viel Energie, kann für jemand anderen aber die Welt bedeuten. Ich selbst versuche das auch, so gut es geht, umzusetzen, weil ich weiß, wie wichtig es ist.

Übrigens, ich bin an dieser Stelle mal ein wenig egoistisch … aber falls du beispielsweise mir weiterhelfen willst, dann würde ich mich über die folgenden Sachen unheimlich freuen (Stand jetzt, keine Gewähr, dass das so bleibt):

- wenn du dieses Buch fotografierst, es in deiner Story teilst und mich verlinkst (ich versuche auf alles zu antworten oder zu reposten!),
- eine Spende für den VKKK (Verein zur Förderung krebskranker und körperbehinderter Kinder) – die leisten wirklich tolle Arbeit,
- Zugang zu VIP-Karten in der Allianz Arena in München,
- wenn du mich weiterempfiehlst, falls du jemanden kennst, der Hilfe bei Social Media braucht (www.felix-wunnike.de),
- wenn du jemanden kennst, der im Bereich Social Media Erfahrung hat und einen Job sucht,
- Zugang zu bezahlbaren Wohnungen in München,
- Kontakte nach Los Angeles, die mir ermöglichen, dort regelmäßig hinzureisen (ich habe ein halbes Jahr dort gelebt und liebe diese Stadt!),
- Zugang zu geilen Locations oder Events in München und/oder Chalets/Villen etc. auf der ganzen Welt für Influencer- und Creator-Reisen, die ich gemeinsam mit Freunden organisiere.

Wenn du mir da helfen kannst und willst, melde dich gerne auf Instagram (@felixwunnike) oder per Mail an info@felix-wunnike.de.

Andersrum ist es aber natürlich auch mir ein Anliegen, Menschen in jeglichen Lebenslagen zu helfen. Melde dich genauso gerne, wenn du das Gefühl hast, ich kann dir bei irgendetwas behilflich sein. Ich kriege sehr viele Anfragen zu den verschiedensten Themen, deswegen kann ich dir nicht versprechen, dass ich auf alles sofort antworten werde. Aber wie gesagt: Ich gebe mein Bestes, zu helfen, wo ich kann!

6.4. Sei zuverlässig (und übernimm dich nicht)

Als ich damals in Regensburg in meiner ersten eigenen Wohnung gelebt habe, habe ich regelmäßig kleine Partys veranstaltet. Es kamen immer so zwischen 15 und 25 Leuten. Ich hatte eine schöne 2-Zimmer-Wohnung, aber bei 25 Leuten war die Wohnung eigentlich viel zu voll – aber irgendwie haben wir das trotzdem immer hingekriegt, es war dann eben sehr kuschelig. Es gibt eine alte Grundregel bzw. einen Spruch, den dir Menschen, die regelmäßig Events und Partys organisieren, häufig sagen: »Wenn du zehn Frauen auf deiner Party haben willst, lade 20 Frauen ein. Wenn du zehn Männer auf deiner Party haben willst, lade keinen einzigen Mann ein.« Ich muss da immer schmunzeln, denn auch wenn ich da nicht so geschlechterspezifisch unterscheiden würde, ist durchaus etwas dran, denn: Es sagen immer Leute ab. Das ist völlig normal, und Leute, die professionelle Events organisieren, kalkulieren sowas auch immer mit ein – da geht es dann um die »Show-up-Rate«, also den Prozentsatz der Personen, die zusagen und dann auch wirklich kommen.

Wir haben ja bereits über das Phänomen gesprochen, dass häufig am selben Tag noch abgesagt wird – oder Menschen einfach unangekündigt nicht auftauchen. Und während Krankheit oder andere persönliche Gründe natürlich immer vorkommen können, ist es oft genug einfach fehlende Motivation.

Ich hatte dieses Phänomen bei den Partys in meiner ersten Wohnung damals sehr stark. Wenn wir von Show-up-Rates sprechen wollen, hatten wir wahrscheinlich nur so 60 Prozent. Wenn ich an die Kellerpartys denke, die ich damals mit 16 im Keller meines Elternhauses geschmissen habe, gab es dieses Problem nicht – da ist quasi jeder aufgetaucht, Show-up-Rate: 95 Prozent. Dafür gab es sicherlich mehrere Gründe. Klar, mit 16 gab es grundsätzlich weniger Alternativen für coole Samstagabendevents. Aber der Hauptgrund ist mir erst Jahre später so richtig klar geworden: Damals auf den Kellerpartys kannte sich jeder gut, wir sahen uns auch jeden Tag in der Schule (Mere Exposure!). Bei meinen späteren Wohnungspartys war mein Ziel und Anliegen, neue Menschen zusammenzubringen. Ich habe teilweise auch Menschen eingeladen, die ich erst ein paar Tage vorher kennengelernt hatte. Und jeder auch nur ansatzweise introvertierte Mensch weiß: Neue Menschen kennenlernen kostet Überwindung. Oft sagt man dann erst hochmotiviert zu, doch sobald es konkret wird, sagt man wieder ab – weil alles zu viel wird und man Angst bekommt. Man redet sich dann ein, dass man ja sowieso (aus welchen Gründen auch immer) keine Lust hatte, aber in Wahrheit hat man einfach Angst und glaubt in dem Moment, nicht die Energie zu haben, neue Menschen kennenzulernen. Na, fühlst du dich jetzt vielleicht ein wenig ertappt?

Klar, manchmal ist man wirklich schlecht drauf oder hat einfach gar keine soziale Batterie mehr. Ich darf mich da nicht rausnehmen, ich habe sowas auch schon ab und zu gemacht. Und es gibt ja auch sowas wie soziale Phobien, soziale Angststörungen oder andere psychische oder physische Gründe. Aber wenn man wirklich nur aus einem diffusen Unsicherheitsgefühl heraus absagt – oder womöglich aus Gewohnheit –, dann vergibt man sich eine Menge Chancen auf tolle Erlebnisse und Begegnungen. In den meisten Fällen ist es aus meiner Sicht der bessere Weg, sich zu überwinden! Denn oft sind Events, auf die man eigentlich nicht gehen wollte, am Ende die besten (da spreche ich aus Erfahrung).

Also meine beiden Botschaften an dich:

1. Sage nicht zu leichtfertig bei allem zu. Überlege dir im Vorhinein, ob du wirklich kommen kannst und möchtest.

2. Wenn du dann irgendwo zugesagt hast, dann hatte das einen guten Grund. Erinnere dich daran, welcher das war, überwinde dich und let's go!

Ein weiterer Punkt, bei dem Zuverlässigkeit wichtig ist, ist bei Textnachrichten. Ich habe früher den Fehler gemacht, voller Elan jeden Morgen fünf Menschen zu schreiben, zu denen ich länger keinen Kontakt hatte – das war Teil meiner Morgenroutine. Das war zwar an sich gut, bringt aber absolut gar nichts, wenn du dann nicht in der Lage bist, den Menschen auch zu antworten und das Gespräch weiterzuführen. Ich habe also täglich neue Chats angefangen, bin aber null hinterhergekommen, die vergangenen Chats auch zu beantworten. Kaum etwas ist schlimmer, als jemanden dann tagelang auf »Gelesen« zu lassen. Und seien wir mal ehrlich, oft genug vergisst man es dann komplett und antwortet gar nicht mehr. Ich weiß, nach einem stressigen Tag kann es sehr schwierig und zeitaufwendig sein, mit 20 bis 50 Menschen gleichzeitig zu kommunizieren. Aber deswegen ist mein Appell an dieser Stelle, dir realistische Ziele zu setzen und dich nicht zu übernehmen, selbst wenn du hochmotiviert bist.

Es geht auch hier um Regelmäßigkeit und darum, Gewohnheiten zu etablieren. Denn »ghosten« und jemandem nicht antworten ist sowas wie der Anti-Mere-Exposure-Effekt. Deswegen versuche ich wann immer möglich, Menschen noch am selben Tag oder spätestens am nächsten Tag zu antworten.

Ein guter Freund von mir hat dafür zum Beispiel folgenden Trick: In WhatsApp gibt es eine Archivierungsfunktion. Und du kannst es dir zur Gewohnheit machen, Chats, die nicht offen sind, zu archivieren. Das ist am Anfang zwar einmal ziemlich stressig, weil du alle alten Chats entweder löschen oder archivieren musst, aber sobald das mal steht, ist das im Grunde ein sehr cooles System. So siehst du direkt nur die offenen Chats und weißt, wem du noch antworten musst. Und dein Ziel jeden Tag ist dann, (im besten Fall) auf null offene Chats zu kommen.

> *ACTIONSTEP*
> Geh jetzt direkt in deine Nachrichten und schau nach, welche Chats noch offen sind. Mach es dir zur Gewohnheit, regelmäßig zu antworten, und probier, wenn du magst, den Archivier-Trick bei WhatsApp (oder dem Messengerdienst deiner Wahl) aus.

Ich mach das jetzt auch direkt, also los, lass uns das gemeinsam machen! Wenn du fertig bist, geht es weiter mit einem sehr wichtigen Prinzip, das unverzichtbar ist, wenn du deine Beziehungen wirklich vertiefen willst.

6.5. Offenheit & Authentizität

Bevor wir in diesem Kapitel darüber sprechen, wie wir uns öffnen und authentisch sein können und warum das so wichtig ist, müssen wir erstmal über das sprechen, was uns meistens daran hindert: Verletzlichkeit.

Ich habe mal ein halbes Jahr lang Muay Thai gemacht – eine asiatische Kampfkunst. Bei mir die Straße runter war ein Studio, das auf den ersten Blick super aussah und gute Bewertungen hatte. Deshalb habe ich mich entschieden, dort ein Probetraining zu absolvieren. Ich war ursprünglich hochmotiviert, aber als ich die Trainingshalle betrat, merkte ich, wie meine Nervosität stieg. Alle dort hatten ihr eigenes Equipment dabei – Boxhandschuhe, Bandagen, spezielle Schuhe und so weiter. Und ich stand da mit meinem Laufshirt und meinen Trainingsshorts. In diesem Moment habe ich mich unsicher gefühlt, verletzlich. Ich bin mir sicher, du warst schon unzählige Male in Situationen, in denen auch du dich verletzlich gefühlt hast.

An dieser Stelle möchte ich dir Brené Brown vorstellen. Brown ist eine Forschungsprofessorin, die sich in ihrer Arbeit auf die Bereiche Verletzlichkeit, Mut, Authentizität und Scham konzentriert. Ihre Forschungsergebnisse hat sie in mehreren Bestsellerbüchern gut verständlich zusammengefasst, darunter *Verletzlichkeit macht stark*, *Die Gaben der Unvollkommenheit* und *Laufen lernt man nur durch Hinfallen*. Die Bücher basieren auf ihren wissenschaftlichen Studien und enthalten viele praktische Ratschläge, wie man mit Verletzlichkeit umgehen kann. Ihr TED-Talk »The Power of Vulnerability« ist einer der meistgesehenen Vorträge auf der TED-Plattform und gibt einen super Einblick in die Kernpunkte ihrer Forschung. Im Rahmen ihrer Untersuchungen hat sie Tausende von Menschen interviewt und Daten gesammelt, um ein tieferes Verständnis dafür zu erlangen, wie Verletzlichkeit unsere Fähigkeit, Verbindungen aufzubauen und zu erhalten, beeinflusst.

In ihren Forschungen hat Brown herausgefunden, dass Verletzlichkeit ein zentraler Aspekt der menschlichen Erfahrung ist. Sie sagt im Grunde, dass der Mut, sich verletzlich zu zeigen, grundlegend für den Aufbau von Beziehungen und die Entwicklung eines Gefühls von Zugehörigkeit und Liebe ist. Sie sieht Verletzlichkeit nicht als Schwäche, sondern als eine Form des Mutes.

Brown hat festgestellt, dass Schamgefühle oft ein Hindernis für Verletzlichkeit darstellen. Scham ist eine tiefgreifende Emotion, die uns davon abhält, authentisch zu leben und echte Beziehungen zu Menschen aufzubauen. Scham untergräbt unsere Fähigkeit, uns auf eine tiefe und bedeutungsvolle Weise mit anderen zu verbinden, weil wir ständig Angst haben, abgelehnt oder verurteilt zu werden, wenn wir uns öffnen und unser wahres Selbst zeigen. Menschen schützen sich vor Scham, indem sie Perfektionismus anstreben oder ihre Gefühle betäuben, was wiederum ihre Fähigkeit zur Verbindungsaufnahme beeinträchtigt. Browns Forschung hat gezeigt, dass Perfektionismus oft als »Schutzschild« verwendet wird, um sich nicht mit der eigenen Verletzlichkeit auseinandersetzen zu müssen. Sie betont immer wieder, dass Perfektionismus uns von authentischen menschlichen Erfahrungen abhält.

Das Gleiche gilt übrigens auch fürs Dating. Ein Bekannter von mir hat mal einen Satz gesagt, der buchstäblich mein Leben verändert hat – und mein komplettes Weltbild auf Dating und Beziehungsaufbau. Bist du bereit? Der Satz ist:

Perfektion ist unattraktiv.

Lies das nochmal. Es ist nämlich wirklich *so* wichtig. Ich habe dir ja erzählt, dass ich ein halbes Jahr auf der Film School in Los Angeles war und dort einen Grundlagenkurs im Filmemachen absolviert habe. Wir haben dort auch die Basics des Skriptens (Drehbuchschreibens) gelernt und am Ende sogar eigene Skripte für Kurzfilme geschrieben und umgesetzt. Eine der wichtigsten Grundregeln, um gute, authentische Hauptcharaktere für Filme zu entwerfen, ist, ihnen Makel und Fehler zu geben. Ich meine, stell dir mal einen Protagonisten vor, der jede Herausforderung mit Leichtigkeit meistert, niemals Selbstzweifel hat und immer die richtigen Entscheidungen trifft. Das wäre unfassbar langweilig. Fehler und Schwächen hingegen machen einen Charakter menschlich. Sie ermöglichen es den Zuschauern, sich selbst in den Kämpfen, Fehlern und dem Wachstum der Figur zu erkennen. Makel eröffnen außerdem auch die Möglichkeit für Charakterentwicklung und -wachstum. Ein Charakter, der im Laufe eines Films oder einer Serie seine Schwächen erkennt und überwindet, bietet einen viel befriedigenderen Erzählbogen als einer, der bereits zu Beginn perfekt ist. Heißt konkret: Wenn du ein »Main Character« sein willst, brauchst du Fehler und Schwächen – und musst auch offen damit umgehen. Zunächst dir selbst gegenüber, aber dann auch anderen.

Ich habe früher, wenn ich eine Frau, die mir gefiel, beeindrucken wollte, immer versucht, möglichst perfekt rüberzukommen. Ich habe ständig versucht, Geschichten zu erzählen, die zeigen sollten, wie toll ich bin, und habe aktiv versucht, alles Negative, so gut es geht, zu verbergen.

Natürlich ist es total verständlich, dass man (vor allem bei ersten Dates) einen positiven Eindruck machen will. Du erzählst daher nicht direkt, dass du deine Wohnung seit einer Woche nicht mehr aufgeräumt hast, grundsätzlich ein Problem mit Ordnung hast, wahrscheinlich immer noch ein Trauma aus deiner Kindheit verarbeitest, eine komische Warze an deinem kleinen Zeh hast oder die Ausdauer eines 80-jährigen Kettenrauchers. Aber trotzdem solltest du lernen, im Austausch mit anderen regelmäßig Dinge über dich preiszugeben, die vielleicht nicht ausschließlich positiv sind. Imperfektion macht uns menschlich und vor allem auch sympathisch und nahbar. Worauf ich hier hinauswill: Zumindest teilweise solltest du dich öffnen und verletzlich zeigen – auch wenn das für dich vielleicht erstmal unmöglich klingt.

Ich kann mit Fug und Recht behaupten, dass sich meine gesamten zwischenmenschlichen Beziehungen positiv verändert haben, als ich anfing, offen zu sein und – auch in ersten Gesprächen mit jemandem – meine Fehler und Makel zu offenbaren.

Wie ging das Ganze beim Muay Thai weiter, fragst du? Nachdem ich mich umgezogen hatte, standen alle Teilnehmer am Rand und warteten, dass der vorherige Kurs vorbei war, um die Matten betreten zu können. Ich schaute nach rechts und sah einen Kursteilnehmer, der sehr erfahren aussah. Er schnürte gerade seine Bandagen. Ich nahm meinen Mut zusammen und sprach ihn an. Ich sagte ihm, dass das mein erstes Mal hier sei und dass ich etwas nervös wäre, auch weil ich der Einzige ohne das passende Equipment war. Er war direkt superoffen, erklärte mir, wie das Training ablief, riet mir, ich solle dem Trainer direkt sagen, dass ich neu sei, und meinte, dass das alles ganz easy wäre. Und genau so war es auch. Ich konnte mir Equipment ausleihen, hatte eine richtig gute erste Stunde, wahnsinnig viel Spaß und habe viel gelernt. Meine Botschaft ist daher: Überwinde dich und sprich offen über deine Ängste, Fehler und Sorgen! Ich verspreche dir, es lohnt sich.

> ***ACTIONSTEP***
>
> Mach es dir zur Gewohnheit, in Konversationen authentischer zu sein. Wenn du merkst, dass du beginnst, die Unwahrheit zu sagen oder Dinge zu verschweigen, weil du deine Fehler verbergen willst, stoppe das aktiv und sei offen!

6.6. Ausdruck statt Eindruck

»Einen guten Eindruck machen« – das ist es doch, was wir wollen, wenn wir mit einer Person reden, die wir mögen oder von der wir wollen, dass sie uns mag. Egal, ob das dein Date, die Schwiegereltern, ein Lehrer, die Personalabteilung beim Vorstellungsgespräch oder deine Follower auf Social Media sind.

Und was ist die weit verbreitetste Taktik, wenn wir einen guten Eindruck machen wollen? Wir verstellen uns. Wir zeigen nur die positiven Seiten, verstecken alles Negative. Warum das so ist und wie das mit Verletzlichkeit und Scham zusammenhängt, haben wir ja bereits besprochen. In diesem Kontext will ich aber noch auf einen weiteren wichtigen Grundsatz eingehen, der mein Leben verändert hat: »Ausdruck statt Eindruck«. Du hast ja bereits gelernt, dass »einen guten Eindruck machen wollen« selten funktioniert und vermeintliche Perfektion und Unaufrichtigkeit nicht zielführend sind. Aber was sollst du jetzt stattdessen machen?

Die Lösung heißt: Ausdruck. Denn das ist auch etwas, das wir selten machen, aus Angst, Ablehnung zu erfahren. Wir verlernen oder vermeiden, uns aufrichtig auszudrücken und für die Dinge einzustehen, an die wir glauben. Wir versuchen, es jedem recht zu machen und ja nicht anzuecken. Aber das sorgt für ein weiteres Problem: Wenn dich jeder »irgendwie« mag, wird dich niemand wirklich lieben.

Zugegeben, das ist vielleicht eine etwas harte Aussage, aber ich hoffe, du verstehst das Prinzip dahinter.

Ich helfe beruflich vielen Menschen dabei, sich auf Social Media eine große Reichweite aufzubauen, eine (Personen-) Marke zu werden und damit Geld zu verdienen. Und einer der wichtigsten Grundsätze, die ich jedem Kunden ans Herz lege, ist, dass man lernen muss, *wofür* und *wogegen* man ist – sprich, welche Mitspieler und welche Gegenspieler man hat. Und darüber muss man dann regelmäßig Content machen.

Sagen wir mal, du bist Fitnesstrainer. Wenn du jetzt ständig nur Videos machst, in denen du sagst, was alle sagen, dann wirst du keinen Erfolg haben. Denn das haben ja schon Unzählige vor dir gesagt. Nein, ich will, dass du dir überlegst, wofür und wogegen du bist. Das müssen nicht andere Menschen oder Firmen sein, gegen die du bist, das können auch Prinzipien sein.

Ich war meine komplette Kindheit lang immer eher pummelig. Nie wirklich dick, aber immer so, dass ich mich oberkörperfrei am Strand oder im Freibad unwohl gefühlt habe. Das ist als Teenager zwar besser geworden, aber wirklich zufrieden war ich nie. Ich wollte immer wirklich fit aussehen, ein Sixpack und Muskeln haben. Aber wenn ich ehrlich bin, habe ich das nie *wirklich* für möglich gehalten, weil ich gesehen habe, was andere, die das hatten, bereit waren, dafür zu opfern. Ich habe die ganzen Bodybuilder gesehen, die sechsmal pro Woche im Gym waren, ihre ganze Ernährung und ihr ganzes Leben umgestellt hatten. Sie gingen nicht mehr auf Partys, ernährten sich nur von Brokkoli, trockenem Hühnchen und Reis … ein Preis, den ich nicht bereit war, zu zahlen. Einen wirklichen Durchbruch hatte ich erst, als ich eines Abends ein Video eines YouTubers entdeckte. Da war ein Typ, der im Grunde genau so aussah, wie ich aussehen wollte: ein Sixpack, muskulös, aber nicht so völlig übertrieben wie die ganzen Bodybuilder. Eher so wie Filmstars. Und das Krasseste: Er sagte in den Videos, er würde nur dreimal die Woche für 45 Minuten trainieren, mehrmals die Woche Pizza und Eis essen und am Wochenende feiern und Alkohol trinken. Ich war begeistert und beeindruckt. Dieser Typ versprach mir all das, was ich wollte, ohne auf das ganze andere zu verzichten, was ich auch wollte.

Der Name dieses YouTubers ist Greg O'Gallagher (auch bekannt als »Kinobody«), und sollte ich ihn eines Tages treffen, werde ich ihn umarmen. Sein Ansatz hat dazu geführt, dass ich zum ersten Mal in meinem Leben ein reales Sixpack hatte. Und selbst jetzt, wo ich einen sehr stressigen Alltag und wenig Zeit habe, schaffe ich es dank seiner Prinzipien, mit minimalem Zeitaufwand in Form zu bleiben.

Warum erzähle ich dir das? Weil Greg durch genau dieses wichtige Prinzip erfolgreich geworden ist: Als er angefangen hat, YouTube-Videos zu machen, war der Markt schon völlig übersättigt. Es gab unzählige YouTuber, die den Leuten sagten, was sie tun sollten – und vor allem, was sie nicht tun sollten –, um fit zu werden. Aber Greg ist einen anderen Weg gegangen. Er hat sich gegen die Meinung dieser (buchstäblichen) Schwergewichte der Fitnessszene gestellt und gesagt: Ihr müsst nicht jeden Tag stundenlang trainieren! Ihr müsst nicht auf Pizza und Süßigkeiten verzichten! Und ihr dürft auch feiern gehen!

Worauf ich damit hinauswill: Es ist wichtig, dass du für deine Meinung geradestehst. Und dass du dich *ausdrückst.* Sei radikal ehrlich und zeige deine Persönlichkeit. Ja, das bedeutet, dass dich nicht jeder mögen wird. Aber das soll so sein. Dafür wird es andere geben, die dich wirklich lieben. Und das ist es zu 100 Prozent wert, denn am Ende sind das die wahren Freunde. Die Menschen, die mit dir durch dick und dünn gehen und immer an deiner Seite sind. Und die kriegst du nicht, wenn du immer nur versuchst, allen zu gefallen.

Also überlege dir mal, was Dinge sind, für die du voller

Leidenschaft stehst. Dinge, die dir wichtig sind. Dinge, bei denen du eine Haltung hast. Und dann zeig das!

Dazu gehört natürlich, dass du Stück für Stück auch lernen musst, dir die Meinung anderer nicht mehr so zu Herzen zu nehmen. Aber je häufiger du dich solchen Situationen aussetzt, desto leichter wird das werden. Und je größer dein Freundeskreis, dein »Sicherheitsnetz« an Menschen, die du gerne hast, wird, desto egaler wird dir die Meinung von Menschen werden, die nicht mit deinen Werten übereinstimmen.

Ganz wichtig: Es geht hier natürlich nicht um Ausgrenzung oder Diskriminierung. Bitte verhalte dich niemals respektlos oder ausgrenzend, nur weil jemand andere Ansichten hat als du. Im Gegenteil: Der Austausch mit Menschen, die andere Einstellungen haben als du selbst, kann wahnsinnig wertvoll sein und ist meiner Meinung nach auch essenziell wichtig, damit unsere Gesellschaft nicht auseinanderbricht. Aber wichtig ist eben auch, dass du für deine Meinung einstehst. Denn nur so findest du die waren »Goldstücke« in deinem Leben.

> ***ACTIONSTEP***
> Überlege dir deine »Mitspieler« – das, wofür du einstehst – und deine »Gegenspieler« – die Dinge, gegen die du dich stellst. Mach dir eine Liste. Keine Angst, die muss nicht superlang sein, aber so führst du dir einmal vor Augen, was dir wichtig ist – sowohl im Positiven als auch im Negativen.

Und dann sprich darüber mit Menschen. Und hab keine Angst vor Ablehnung. Wenn du eher ein »People Pleaser« bist, also jemand, der es immer allen recht machen will, dann wird das nicht von heute auf morgen funktionieren. Das ist nicht schlimm. Versuche es einfach jeden Tag ein kleines bisschen besser zu machen.

7. Werde zum Connector: eigene Events

7.1. Die Vorteile eigener Events

Wenn ich eins gelernt habe, seit ich in München bin, ist es das: Jeder liebt geile Events. Und jeder liebt den, der geile Events organisiert. Und wie du zu einer solchen Person werden kannst, will ich in diesem Kapitel erläutern. Keine Angst, du musst nicht Eventmanagement studieren oder das nächste Coachella organisieren, um die Vorteile eigener Events hautnah zu erleben. Es geht dabei vor allem um den Grundgedanken, Menschen zusammenzubringen und gemeinsam erinnerungswürdige Dinge zu erleben.

Ein »Event« kann etwas ganz Unterschiedliches sein – beispielsweise eine große Party, eine Geburtstagsfeier oder ein Netzwerkevent. Es kann aber auch etwas deutlich Simpleres sein, wie zum Beispiel ein gemeinsames Essen mit Freunden und Bekannten, die du zusammenbringst. Wichtig ist, dass du die Rolle des »Connectors« einnimmst – also jemand, der Menschen zusammenbringt, einander vorstellt und Dinge organisiert. Ja, das ist ein Aufwand. Aber ich kann gar nicht genug betonen, wie sehr sich das lohnt.

Ein ziemlich simples Beispiel sind die Ohana-Abende, die ich in den letzten Jahren in München veranstaltet habe. Dabei habe ich sehr regelmäßig verschiedene Freunde und

Bekannte in eine meiner Lieblingslocations (das Ohana) eingeladen. Ich habe auf gut Glück einen Tisch für zehn Personen reserviert und dann Menschen gefragt, ob sie Lust hätten, mitzukommen.

Man kann das ganze Event-Thema natürlich auch um einiges größer aufziehen. Ich habe einige sehr tolle Menschen in München kennengelernt, die beispielsweise große Shootingevents organisiert haben. Also Events, bei denen Models und Fotografen an einer coolen Location in großen Münchner Fotostudios zusammenkommen, sich austauschen und Fotos machen. Das ist eine Win-win-Situation für alle Beteiligten. Und ein Beispiel dafür, dass man gar nicht immer der Hauptorganisator sein muss: Da ich zu diesem Zeitpunkt schon einige Models und Fotografen in München kannte, habe ich hier gerne bei den Einladungen geholfen. Das ist natürlich eine sehr dankbare Rolle, da ich keinen Organisationsaufwand hatte, aber trotzdem den Connector spielen konnte – also denjenigen, der Menschen ein tolles Event ermöglichen konnte und sie miteinander verbunden hat.

Das ist nämlich, worum es hierbei geht. Wenn du jemanden zu etwas einlädst (am besten etwas Exklusiveres, wo nicht jeder hinkann) und die Person dann ein gutes Erlebnis hat, wird sie das immer unterbewusst mit dir verbinden. Genauso, wenn sie jemanden über dich kennenlernt und daraus eine Freundschaft, Geschäftsbeziehung oder sogar romantische Beziehung entsteht, wird diese positive Erfahrung unterbewusst immer mit dir verknüpft sein.

Wie du also (im kleinen oder großen Stil) zum Connector und Organisator wirst – auch wenn du wenig Zeit hast –, darum soll es in diesem Kapitel gehen.

7.2. Sammle Kontakte: Wen willst du kennenlernen?

Wer mich kennt, weiß, dass ich bei fast allem, was ich tue, immer erstmal nach dem Ziel (oder der Zielgruppe) frage. Das gilt im beruflichen Kontext ebenso wie im privaten. Wenn es also darum geht, Events zu organisieren, ist aus meiner Sicht ein klares Ziel unabdingbar – dazu zählt vor allem auch, sich zu überlegen, wen man connecten und kennenlernen will und warum.

Die folgenden Tipps klingen für dich jetzt vielleicht erstmal sehr strategisch, vor allem wenn du einfach nur einen kleinen Freundeskreis aufbauen oder ein entspanntes Essen organisieren willst. Und ja, das ist es auch. Wahrscheinlich brauchst du in diesem Fall das auch alles nicht. Aber gerade wenn du regelmäßig viele neue Leute kennenlernen und dich vernetzen willst (was ja nicht jeder will und das ist auch in Ordnung so) oder wenn du auch dein berufliches Netzwerk erweitern willst beziehungsweise wenn sich Berufliches und Privates bei dir häufig vermischt, hilft dir das, nicht den Überblick zu verlieren.

Frag dich immer erst einmal, warum du Menschen zusammenbringen willst. Willst du dir einen eigenen Freundeskreis aufbauen oder deinen existierenden festigen? Oder willst du beruflich dein Netzwerk erweitern und/oder Kunden gewinnen? Oder willst du gerne Freunde finden, mit denen du zusammen einem Hobby nachgehen kannst – zum Beispiel Fußballspielen?

Als Nächstes überleg dir, welche Personen für dein Vorhaben genau die richtigen wären. Klar, du kannst auch alle

Menschen, die du kennst, auf einen Haufen zusammenbringen. Aber damit du gewährleisten kannst, dass die Stimmung wirklich gut ist, ist es wahrscheinlich sinnvoller, das ein wenig zu trennen. Auf die Shootingreisen, die ich organisiert habe, habe ich nur Freunde mitgenommen, die entweder Models oder Fotografen waren. Bei den Creator-Reisen waren nur Influencer und Creator dabei. Und wenn ich jetzt eine Fußballrunde organisieren würde, würde ich nur Leute einladen, die grundsätzlich auch Spaß am Fußballspielen haben. Gemeinsame Interessen sind einfach ein super Klebstoff für Freundschaften und Beziehungen aller Art.

Nachdem du deine Ziele festgelegt hast, kannst du damit beginnen, spezifische Personen oder Personengruppen zu identifizieren, die diese Ziele unterstützen könnten. Wenn du beispielsweise in der Techbranche Fuß fassen möchtest, könnten das lokale Unternehmer, Softwareentwickler oder Branchenberater sein. Falls du ein altes Hobby endlich mal wieder angehen willst oder mit einem ganz neuen starten, könnten Menschen aus deinem Freundeskreis, aber auch Leute aus deiner Nachbarschaft oder vielleicht deinem Berufsumfeld gute Ansprechpartner sein, die du für dein Ziel begeistern und an Bord holen kannst. Mach dir eine Liste mit Menschen, die für dein geplantes Event passend sein könnten. Schreib erstmal Personen auf, die du schon kennst beziehungsweise die dich schon kennen. Anschließend kannst du zum Beispiel Social Media nutzen, um weitere Personen zu identifizieren, die Freude an einer solchen Veranstaltung haben könnten. Wenn du ein simples Essen mit Freunden und Bekannten organisierst, solltest du eher Menschen einladen, zu denen du schon mal auf die ein oder andere Weise persönlich Kontakt hattest. Wenn du ein größeres, themenspezifisches Event organisierst (wie bei mir zum Beispiel die Shootingevents oder die Creator-Reise), kannst du dich auch bei Leuten melden, die du noch nicht kennst. Im Social-Media-Kapitel lernst du, wie du dein Profil so gestaltest, dass die Personen dir dann auch viel wahrscheinlicher antworten werden, wenn du ihnen schreibst.

Erstelle also eine Liste von Personen, die du gerne kennenlernen würdest. Diese Liste sollte eine Mischung aus erreichbaren Personen und einigen »Long Shots« enthalten, also Personen, deren Bekanntschaft besonders wertvoll wäre, die aber schwerer zu erreichen sein könnten. Diese Liste wird dir dann als Leitfaden dienen, wenn du mit der Planung deines Events beginnst.

Wie du diese Liste organisierst, liegt ganz bei dir. Aber ich würde dir empfehlen, das gut zu strukturieren, vor allem wenn du größere Events organisierst. Für die Shootingevents existiert beispielsweise eine große Excelliste mit Fotografen und Models, damit ich ihnen für künftige Events immer wieder schreiben kann.

> ***ACTIONSTEP***
> Mach dir eine Liste mit geeigneten Personen. Du kannst dafür auch die Liste verwenden, die du in einem der vorherigen Kapitel (hoffentlich) erstellt hast. Eventuell ist es sinnvoll, diese Liste thematisch zu untergliedern – mit deinen Fußballfreunden unternimmst du vielleicht andere Dinge als mit deinen Freunden aus dem Schachclub.

Wenn du dann also deine Liste an Personen hast, ist der nächste Schritt, eine passende Location zu finden.

7.3. Finde eine Location

Jetzt haben wir also eine Liste von Menschen, die du kennst und/oder die du gerne (besser) kennenlernen würdest. Überlege dir als Nächstes, welche Art von Event die von dir ausgewählten Personen am meisten ansprechen würde. Während eine entspannte Hausparty oder ein Spieleabend ideal sein kann, um einen engen Freundeskreis zu formen, könnte ein themenspezifisches Event besser geeignet sein, um Leute aus einem bestimmten Bereich miteinander zu vernetzen und neue Bekanntschaften zu schließen. Die Art des Events sollte die Interessen deiner »Zielgruppe« widerspiegeln.

Eine Location zu finden, kann manchmal leicht und manchmal schwer sein. Mein guter Freund Alex hat uns vor Kurzem beispielsweise in ein südafrikanisches Restaurant eingeladen. Er brachte dabei mehrere Menschen zusammen, von denen er glaubte, sie könnten sich gut verstehen. Die meisten von uns waren noch nie südafrikanisch essen, weshalb das ein sehr cooles Erlebnis für uns war. Die Organisation war im Grunde relativ simpel: Er hat für zehn Leute einen Tisch reserviert und dann begonnen, in seinem Umfeld rumzufragen. Am Ende haben noch ein paar abgesagt und letztendlich waren wir zu acht. Das hat aber wunderbar gepasst. Es kann also alles auch ganz simpel sein!

Deutlich komplexer wird es beispielsweise beim Organisieren von Reisen. Bei den Shootingtrips oder Creator-Reisen hatte ich einen wesentlich höheren Aufwand, weil so eine Organisation ja auch mit Kosten verbunden ist. Ich musste also jedes Mal eine Villa für acht bis zehn Personen finden, die man reservieren und zur Not wieder kostenfrei stornieren konnte, weil ich ja im Zweifel nicht auf den Kosten sitzen bleiben wollte. Im nächsten Schritt musste ich geeignete Teilnehmer finden und diese überzeugen, mir mehrere Hundert Euro zu überweisen, um Teil dieser (hoffentlich) legendären Reise zu sein. In der Realität hat man in aller Regel schnell viele Interessierte, aber sobald es dann ans Zahlen geht, springen doch noch viele in letzter Minute ab. Ich will dich da gar nicht anlügen, Reisen zu organisieren, ist sehr aufwendig. Wie generell alles, was mit höheren Kosten und somit auch mit Risiko verbunden ist. Trotzdem mache ich es immer wieder gerne, weil es jeden Cent wert ist.

Bevor du dich also auf die Suche nach einer Location begibst, solltest du erstmal den Typ des Events und die gewünschte Atmosphäre festlegen. Ein entspannter Spieleabend mit Freunden erfordert eine ganz andere Umgebung als ein formelles Geschäftstreffen oder eine große Party. Definiere das Ziel deines Events und den Eindruck, den du hinterlassen möchtest. Verstehe hierbei deine Gäste: ihre Vorlieben und eventuellen Einschränkungen. Eine Location, die gut erreichbar ist und den Bedürfnissen deiner Gäste entspricht, wird die Teilnahmequote erhöhen und sicherstellen, dass sich alle wohlfühlen. Wenn du eine Location hast, die mit den öffentlichen Verkehrsmitteln schlecht erreichbar ist oder zu der man lange braucht, wird es schon deutlich schwieriger.

Beginne mit einer breiten Recherche, um potenzielle Veranstaltungsorte zu finden. Nutze Online-Ressourcen, Eventportale und persönliche Empfehlungen, um eine Liste möglicher Locations zu erstellen. Achte dabei auf Kundenrezensionen und Bewertungen, um einen ersten Eindruck von der Qualität und Zuverlässigkeit der Orte zu gewinnen.

Man muss hier natürlich ein bisschen unterscheiden: Wenn

du eine Eventlocation mieten, Eintritt verlangen und damit Gewinn machen willst, ist das ein Business. Das ist nochmal komplizierter und darum soll es hier nicht gehen – auch wenn das natürlich ein spannendes (wenn auch mitunter nervenaufreibendes) Geschäftsmodell ist. Ob du für deine Location Geld ausgeben willst, liegt also bei dir. Bei den Shootingevents haben zum Beispiel immer fünf bis sechs Leute zusammengelegt, um sich das große Fotostudio für das Event leisten zu können. Jedem der Organisatoren war es das wert, einen gewissen Preis zu bezahlen, um Organisator solcher Events zu sein und Menschen zu connecten. Und da man sich die Kosten geteilt hat, waren sie für den Einzelnen auch überschaubarer.

Wenn du damit beginnst, eigene Events zu organisieren, würde ich dir empfehlen, erstmal möglichst auf kostenlose Locations zurückzugreifen. Dann ist es auch nicht so schlimm, wenn die Teilnehmer absagen (und glaub mir, das wird passieren). Du kannst beispielsweise einen Tisch im Restaurant reservieren, ein gemeinsames Treffen auf Weihnachtsmärkten, Volksfesten oder Ähnlichem planen oder im Sommer einfach ein entspanntes Treffen und Grillen im Park veranstalten. Wichtig ist, dass es zu den Teilnehmern und der Stimmung passt und alle Spaß haben.

Je nachdem, wo du wohnst, kannst du natürlich auch kleinere Events zuhause organisieren – egal, ob das jetzt eine Hausparty oder ein entspannter Spieleabend ist. Vielleicht hast du schon mal den Spruch gehört »Sei niemals der Gastgeber«. Das rührt daher, dass – vor allem bei Partys – schnell etwas eskalieren kann, Dinge kaputtgehen oder völliges Chaos entsteht und du dann am Ende damit allein gelassen wirst. Und ja, Gastgeber sein ist mit höherem Aufwand und eventuell auch mit Risiko verbunden. Aber auch das kann sich wirklich lohnen, da alle positiven Emotionen, die in deinem Zuhause kreiert werden, unterbewusst noch viel stärker mit dir assoziiert werden.

> *ACTIONSTEP*
> Überlege dir, welche Art von Location zu den Leuten und der Art von Event passen könnte. Und dann begib dich auf die Suche. Mach dir eine Liste und, falls nötig, kontaktiere die Location, um dich zu informieren und vielleicht direkt zu reservieren oder zu buchen.

Hierzu noch ein Tipp: Wenn du Geld zahlst, um eine Location zu buchen, würde ich sie mir nach Möglichkeit vorher immer ansehen. So bleibt dir die ein oder andere böse Überraschung erspart.

Im nächsten Schritt geht es darum, die Menschen, die du an deiner tollen Location zusammenbringen willst, auch über deine Pläne zu informieren. Es wird Zeit für die Einladung.

7.4. Die richtige Einladung

Wenn du schon mal Menschen zu irgendwas eingeladen hast, weißt du mit Sicherheit: Absagen kommen. Aber nicht nur das. Es kommen auch Zusagen und Last-Minute-Absagen. Oder noch schlimmer: Menschen reagieren nicht mal auf deine Einladung und ghosten dich. Letzteres kommt vor allem vor, wenn du die Personen noch nicht so gut kennst. Einladen will also gelernt sein. Deshalb werde ich in diesem Kapitel ein wenig darauf eingehen, wie du die (Achtung, Marketingbegriff!) Conversion Rate deiner Events erhöhen kannst – also den Prozentsatz der Menschen, die zusagen.

Um das zu verstehen, schauen wir uns mal genau das Gegenteil an: nämlich die häufigsten Gründe, warum Menschen absagen und/oder nicht auftauchen. Und ich gebe dir Tipps an die Hand, wie du sie entkräften kannst.

Ein häufiger Grund für Absagen, den wir hier auch schon besprochen haben, ist die Tatsache, dass die Eingeladenen nur wenige Leute auf dem Event kennen – oder zumindest denken, dass es so ist. Gerade wenn sie selbst etwas introvertierter sind, kann es sein, dass es sie große Überwindung kostet, neue Menschen kennenzulernen, und das führt dazu, dass sie dann eher absagen (oft auch erst spontan). Wie kannst du diesen Faktor verringern? Ganz einfach: Einerseits kannst du selbst dafür sorgen, dass sich bei dir Menschen treffen, die sich untereinander bereits kennen. Wenn das nicht möglich ist, weil du niemanden aus dem Umfeld der anderen Person kennst, kannst du der Person auch sagen, dass sie gerne einen Freund oder eine Freundin mitnehmen kann.

Ein weiterer Grund ist, dass es Terminkonflikte gibt. Die andere Person hat also vielleicht für diesen Zeitpunkt schon Pläne. Für entspanntere, kleinere Anlässe sind deshalb oft Wochentage besser als das Wochenende, weil Menschen an diesen oft schon verplant sind. Ich finde Donnerstag ist ein sehr guter Tag für soziale Events, da das Wochenende schon nah ist und man deshalb etwas entspannter ist, auch wenn es mal später wird. Aber im Gegensatz zum Wochenende hat man am »Vize-Freitag« noch nicht so häufig etwas vor. Außerdem solltest du natürlich darauf achten, rechtzeitig einzuladen. Spontanität ist zwar eine tolle Sache, aber gerade wenn du die Menschen, die du einladen willst, noch nicht so gut kennst, ist es unwahrscheinlich, dass sie spontan zusagen werden. Versuche also mindestens eine Woche vorher einzuladen. Je nach Event (z. B. Urlaube, Retreats) eventuell sogar viele Monate vorher.

Ein weiterer Grund ist mangelndes Interesse oder Unklarheit. Wenn die Personen nicht wirklich wissen, was sie erwartet – oder schlimmer: denken, dass das Event ihnen nicht wirklich gefallen wird –, ist es für sie ein Leichtes, Ausreden und Gründe zu finden, warum sie nicht kommen können. Oft sagen sie dann sogar erst zu, sagen dann aber später ab, weil sie etwas »Besseres« gefunden haben. Das klingt vielleicht etwas fies, und vielleicht sagst du dir gerade innerlich, dass du mit solchen Menschen eh nichts zu tun haben möchtest. Aber fass dir da mal kurz an die eigene Nase: Ich bin mir ziemlich sicher, irgendwann hast du auch schon mal eine Ausrede gefunden für ein Event, auf das du trotz Zusage nicht wirklich Lust hattest – obwohl du an sich nichts gegen die Menschen dort hattest.

Diesem Absagegrund kannst du natürlich super entgegenwirken, indem du die Einladung und Beschreibung deines Events möglichst attraktiv gestaltest. Sag nicht einfach: »Hey, wir gehen Mittwoch was essen, willst du mit?«, sondern sag: »Hey, ich gehe mit ein paar Freunden am Mittwoch um 20:00 ins Ohana. Marvin kommt auch mit, den kennst du ja noch vom letzten Event, oder? Im Ohana gibt es meiner Meinung nach die leckersten Burger der Stadt, du wirst es lieben! Soll ich für dich mitreservieren?« Du gibst der Person also relevante Details, die ihr im besten Fall die Unsicherheit nehmen und dafür sorgen, dass sie direkt Lust darauf bekommt, dabei zu sein. Was hier auch super funktioniert, ist, das Ganze visuell darzustellen. Mit Webseiten und Tools wie zum Beispiel Canva kannst du ganz einfach einen kleinen digitalen

Flyer für dein Event erstellen. Ich habe das zum Beispiel bei meiner letzten Geburtstagsparty gemacht. Ich habe mir eine Canva-Vorlage genommen, die Texte angepasst, sodass alle wichtigen Informationen drauf waren, und ein paar Bilder von der Location eingefügt. Sowas wirkt direkt deutlich professioneller, und deine Gäste bekommen alle Infos auf einen Blick, ohne lange Texte lesen zu müssen.

Die nächste Stufe im Anti-Absage-Game ist, wenn du sogenannte »FOMO« kreierst. FOMO steht für *Fear Of Missing Out* – also die Angst, etwas zu verpassen. Wenn du das Event so schmackhaft machst, dass die Person denkt, sie verpasst etwas, wenn sie nicht dabei ist, dann hast du eigentlich schon gewonnen. Im Idealfall ist das Event natürlich wirklich so genial, dass dort viele unvergessliche Erfahrungen kreiert werden. Wie du FOMO kreierst, behandeln wir im nächsten Schritt, wenn es um die Bewerbung deiner Events geht.

Ein letzter Grund für Absagen ist etwas, für das ich durchaus Verständnis habe: Verpeiltheit. Oft vergessen Menschen, dass sie irgendwo eingeladen waren. Obwohl das Problem am einfachsten zu lösen ist, wird es trotzdem so häufig vergessen. Dabei musst du die Person einfach nochmal an das Event erinnern. Ich würde das in der Regel einen Tag vorher oder am selben Tag in der Früh machen. Ein simples »Hey, freue mich auf heute Abend!« ist meist schon ausreichend. Eventuell kannst du es mit einer relevanten Frage verknüpfen, zum Beispiel: »Hey, freue mich auf heute Abend. Ich kaufe gleich Getränke ein, magst du etwas Bestimmtes?« Von sowas wie »Hey, steht heute Abend noch?« würde ich definitiv abraten – zumindest sofern du selbst möchtest, dass dein Event stattfindet. Denn vor allem introvertierte Menschen, für die soziale Events Überwindung und Kräftezehren bedeuten, nehmen so etwas häufig als Anlass, dann doch noch abzusagen – einfach weil du die Frage so offen formuliert hast.

Hier nochmal zusammengefasst alles, was für eine gute Einladung relevant ist:

- Lade Leute ein, die sich kennen, *oder* lass sie selbst noch jemanden mitbringen.
- Versende die Einladung rechtzeitig und achte darauf, dass zu dem geplanten Termin nicht zu viele andere Dinge anstehen (vor allem nicht im Kreis der Menschen, die du einladen willst).
- Gib Infos zu dem Event, die das Event der Person schmackhaft machen – inhaltlich, grafisch, ansprechend. Kreiere im besten Fall FOMO.
- Sende kurz vorher nochmal einen Reminder.

7.5. Promotion von Events

Jetzt kommen wir zu dem Part, der dafür sorgt, dass du »FOMO«, also die Angst, etwas zu verpassen, in deinen potenziellen Gästen erzeugst, um die Wahrscheinlichkeit zu erhöhen, dass die Leute auch wirklich kommen.

Natürlich ist die Promotion für ein Event mit 100 Leuten oder einen Urlaubstrip ganz anders als die Promotion für einen Spieleabend mit fünf Leuten. Aber die Prinzipien sind trotzdem sehr ähnlich. Im kommenden Kapitel 8, »Social Media nutzen«, beschäftigen wir uns nochmal ganz ausführlich damit, wie du die sozialen Medien zum Freundefinden verwenden kannst, aber ich kann schon mal vorwegnehmen: Social Media ist hervorragend geeignet, um einen Hype um deine Events zu kreieren. Bereits vor der Party oder dem Event kannst du Instagram-Storys machen, die das Event anteasern und neugierig machen (das würde ich vor allem bei größeren Events machen). Dort kannst du auch andere Leute, die kommen werden, markieren, sodass sie die Story reposten können. Wenn jemand in zehn Instagram-Storys von verschiedenen Leuten das gleiche Event sieht, wird er mit Sicherheit neugierig werden. Denn auch hier greift der Mere-Exposure-Effekt, den wir weiter vorne bereits ausführlich behandelt haben.

Aber vor allem auch während des Events solltest du darauf achten, dass genügend Content erstellt und geteilt wird. Denn es gilt der Grundsatz: Nach der Party ist vor der Party. Wenn Leute mitbekommen, wie toll deine Party war, wollen sie unbedingt auf die nächste kommen.

Wir teilen das jetzt mal ein wenig auf, je nachdem, ob du ein kleines Get-together oder etwas Größeres organisieren willst.

Wenn es um kleine Treffen geht, wie zum Beispiel einen Restaurantbesuch oder einen Spieleabend, musst du natürlich keinen großen Eventtrailer erstellen. Aber ein bisschen Content erstellen geht im Grunde immer! Achte darauf, dass ein Gruppenbild gemacht wird. Mach auch während des Treffens ein paar Bilder, die zeigen, wobei deine Gäste besonders viel Spaß hatten. Und teile das im Anschluss an das Treffen in deiner Instagram-Story. Verlinke auch hier gerne alle, die dabei waren, sodass wiederum mehr Leute von deinen Treffen Wind bekommen, wenn deine Gäste es dann in ihren eigenen Storys reposten.

Bei größeren Events sollte natürlich auch die Promo deutlich größer sein. Wenn du eine regelmäßige Eventreihe planst (so wie wir das mit den Shootingevents gemacht haben), dann sorge dafür, dass vor Ort viel Content erstellt wird. Im Idealfall freundest du dich mit ein paar Foto- oder Videografen an (oder einfach Leuten, die wissen, wie man guten Content macht und Spaß daran haben) und lässt sie während des Events filmen bzw. fotografieren. Dann hast du im Nachgang eine große Menge Content, den du und die Gäste teilen könnt. Bei den größeren Events, die ich mitorganisiert habe, gab es immer mehrere Foto- und Videografen, die Content erstellt haben. Am nächsten Tag haben die Gastgeber dann allen Teilnehmern einen Link zu den Fotos und Videos geschickt. Das ist auch eine tolle Art des Follow-ups, um weiter mit den Gästen in Kontakt zu bleiben. Außerdem kannst du diesen Content dann in der Zukunft für die Einladung zu weiteren Events nutzen: Entweder du erstellst einen kleinen Flyer mit Bildern der letzten Events, die neugierig machen auf die kommende Veranstaltung. Oder du erstellst sogar ein kleines Reel oder einen Trailer, die zeigen, wie toll deine Events sind. Es gilt der alte Hollywood-Grundsatz: »Show, don't tell.« Du kannst noch so oft sagen, wie toll deine Events sind – wenn Leute es mit eigenen Augen sehen können, werden sie immer deutlich überzeugter sein.

Wenn ein bisschen Budget vorhanden ist, kann man sogar eine Fotowand kaufen. Jeder liebt es, vor Fotowänden Fotos zu machen, weil man sich dann ein wenig wie ein Promi auf dem roten Teppich fühlt. Vielleicht findest du sogar ein paar Unternehmen, die ihr Logo gerne als Promo draufhätten, um die Fotowand zu finanzieren.

Bei den Reisen, die wir organisiert haben, war die Werbung natürlich auch ein extrem wichtiger Part, da die Überwindung sehr viel größer ist, mit (teilweise) Fremden eine Woche lang irgendwo hinzufahren. Deshalb habe ich von Anfang an großen Wert darauf gelegt, dass während der Reise selbst genügend Content entsteht. Fairerweise ist das mit Fotografen, Models und Content Creatorn nicht allzu schwer, da die das sowieso ständig machen. Trotzdem habe ich bei unserer ersten Shootingreise beispielsweise einem befreundeten Videografen extra den Aufenthalt bezahlt, damit er im Anschluss ein Aftermovie und ein paar kürzere Clips daraus schneidet. »Content is king!« – das ist im Marketing eine allseits bekannte Grundregel, die auch bei der Promo deiner Events gilt.

7.6. Sorge für Mehrwert auf deinen Events

»Danke für den legendären Abend gestern! Du hast wirklich einen tollen Freundeskreis. Ich hatte so viel Spaß und hab echt viele tolle Leute kennengelernt. Freu mich schon auf das nächste Mal!« Wenn ich so eine Nachricht am Tag nach einem meiner Events lese, geht mein Herz auf. In meinem Kopf höre ich dann immer diese klassische Navigationsstimme, die sagt: »Sie haben Ihr Ziel erreicht.« Denn genau das sollte das Ziel sein. Am Ende sollte niemand bereuen, seine Zeit nicht doch lieber anders verbracht zu haben. Im Gegenteil: Im besten Fall ist jeder so begeistert, dass er unbedingt wiederkommen möchte.

Du weißt ja mittlerweile, dass ich aus dem Marketing komme. Deswegen ziehe ich gerne viele Parallelen zur Vermarktung von Produkten und Dienstleistungen. Denn das »vermarkten« von deinen Events ist im Grunde sehr ähnlich. Sagen wir mal, du bist eine Firma, die Tiefkühlpizzen herstellt. Du kannst die Pizza noch so gut vermarkten und Leute überzeugen, sie zu kaufen – du kannst ansprechende Werbung machen, die Verpackung toll designen, einen kreativen Werbespot erstellen und so weiter –, wenn die Pizza beschissen schmeckt, wird sie niemand ein zweites Mal kaufen. Niemand wird sie seinen Freunden empfehlen. Im Gegenteil: Sie werden ihnen davon abraten. Und früher oder später wird deine Tiefkühlpizzafirma pleitegehen, weil es sich immer rumspricht, wenn das Produkt schlecht ist.

Und genauso ist es mit deinen Events. Wenn am Ende niemand Spaß hat und die Zeit genießt, ist alles umsonst. Deswegen achte immer darauf, dass die Gäste einen »Mehrwert« haben. Je nach Eventtyp gibt es verschiedene Arten von Mehrwert. Unabhängig vom Thema oder Zweck des Events sollte der Spaßfaktor niemals fehlen. Spiele, Musik, interaktive Aktivitäten oder kreative Workshops können dazu beitragen, die Stimmung zu heben und die Interaktion zwischen den Gästen zu fördern. Überlege, was den Leute Spaß macht, und integriere Elemente, die sicherstellen, dass sich jeder amüsiert. Was das sein kann, hängt natürlich stark von den Menschen ab. Bei den Shootingevents wurde zum Beispiel dafür gesorgt, dass konstant Musik läuft, die Organisatoren haben aktiv Models und Fotografen miteinander connectet und am Ende gab es Pizza für alle. Bei Spieleabenden kannst du sicherstellen, dass Spiele gespielt werden, die die Gruppe miteinander connecten und die allen Beteiligten wirklich Spaß machen (wenn ihr nichts gegen schwarzen Humor habt, kann ich euch zum Beispiel »Cards against Humanity« empfehlen). Bei unseren Creator-Trips haben wir an einem Tag beispielsweise ein Privatboot gemietet und eine Tour zu den verschiedenen Inseln im Umkreis gemacht.

»Mehrwert« muss natürlich nicht nur Spaß bedeuten (obwohl das immer ein großer Teil des Ganzen sein sollte). Mehrwert kann auch Information und Wissen sein. Ich habe bei den Creator-Events zum Beispiel auch schon einen kleinen Impulsvortrag gehalten und ein Q&A zum Thema Social-Media-Wachstum gemacht. Bei einem anderen Shootingevent, auf dem ich war, gab es für die Models ein Laufsteg-Training von einer Expertin. Und bei dem Besuch des südafrikanischen Restaurants hat sich der Kellner Zeit genommen und uns ausführlich erklärt, was es mit den Gerichten und der dazugehörigen Kultur auf sich hat.

Ein weiterer wichtiger Faktor ist der aktive Austausch zwischen den Gästen. Und da bist du als Gastgeber gefragt! »Hey Johanna, das ist Jonas, ein guter Freund von mir. Er spielt auch schon seit vielen Jahren Handball. In welchem Verein spielst du nochmal?« Ein Satz hat gereicht und Johanna und Jonas haben sich 45 Minuten über Handball unterhalten. Ich habe mich nach zwei Minuten wieder aus dem Gespräch ausgeklinkt, weil ich wusste, das wird ein Selbstläufer. Auf diese Weise den »Connector« zu spielen, ist eine wahnsinnig wichtige Rolle des Gastgebers, um Menschen zu vernetzen, die sich von sich aus vielleicht nicht trauen würden, jemand Fremden anzusprechen – und ja auch gar nicht wissen, dass diese andere Person womöglich etwas mit ihnen gemein hat.

Egal ob Spaß, Wissen oder neue Kontakte: Ein großer Fokus deiner Events muss sein, Mehrwert zu bieten. Dein Ziel sollte sein, dass sich jeder wohlfühlt und in Zukunft gerne wiederkommt. Wie gesagt, du musst nicht der große Eventorganisator werden, um die Vorteile eigener Events zu genießen. Was ich mit diesem Kapitel aber unbedingt erreichen wollte, ist, dir die Motivation zu geben, die Zügel selbst in die Hand zu nehmen und zumindest ab und zu Dinge zu organisieren. Denn auch wenn die Organisation einen Aufwand darstellt, lohnt es sich langfristig immer.

8. Social Media nutzen

8.1. Mere-Exposure-Effekt online nutzen

Jetzt sprechen wir über ein Thema, das nicht nur eine große Leidenschaft von mir und mein Beruf ist, sondern aus meiner Sicht auch eines der mächtigsten Tools, wenn es um das Thema Freunde finden im 21. Jahrhundert geht: Social Media.

Vorweg: Ich hoffe natürlich, dass dieses Buch auch noch in vielen Jahren gelesen wird. Deshalb versuche ich den Großteil dieser Tipps universell anwendbar zu halten – egal was momentan gerade die meistgenutzten Plattformen oder Features sind. Wenn du immer up to date bleiben willst, was sich auf Social Media tut und wie du das am besten für dich nutzen kannst, dann folge mir gerne auf Instagram, TikTok oder LinkedIn (du findest mich dort überall unter »Felix Wunnike«). Und falls du diesbezüglich mit mir zusammenarbeiten möchtest bzw. dich von mir unterstützen lassen möchtest, schau gerne mal auf www.felix-wunnike.de vorbei.

Social Media ist aus unser aller Leben nicht mehr wegzudenken. Laut einer aktuellen Datenauswertung von Datareportal nutzten im Jahr 2023 4,9 Milliarden Menschen Social-Media-Plattformen. Bis 2027 sollen es ca. 5,85 Milliarden werden. Das wären knapp 75 Prozent der Weltbevölkerung! Wenn man jetzt bedenkt, dass aktuell »nur« 5,3 Milliarden Menschen Internetzugang haben, nutzen sogar über 93 Prozent der Internetnutzer regelmäßig soziale Medien! Und das nicht gerade wenig: 145 Minuten verbringt der durchschnittliche Nutzer täglich(!) auf Social Media.

2024 sind die Social-Media-Plattformen mit den meisten monatlich aktiven Nutzern (in absteigender Reihenfolge) Facebook, YouTube, WhatsApp, Instagram und TikTok. Allerdings ist Facebook in Deutschland langsam am Aussterben, YouTube nicht wirklich eine soziale Plattform, WhatsApp ein Messenger und TikTok zwar eine Plattform, mit der du super Reichweite aufbauen kannst, die sich aber nicht zwingend zum Kontaktaufbauen und -halten eignet. Deshalb fokussiere ich mich in diesem Part größtenteils auf Instagram. Das ist aus meiner Sicht momentan mit Abstand die beste Plattform, um neue Freunde zu finden und Bekanntschaften zu echten Freunden zu machen. Trotzdem sind viele der Prinzipien und Tipps auch anwendbar, wenn in deinem sozialen Umfeld andere Plattformen bevorzugt werden, wie zum Beispiel Snapchat oder was auch immer in Zukunft noch kommen mag.

Social Media hat natürlich auch seine Schattenseiten (vor allem in Bezug auf das Freundefinden und »echte« soziale Interaktionen). Darüber werden wir im nächsten Kapitel auch noch ausführlicher sprechen. Zum Einstieg möchte ich jedoch erstmal auf die Vorteile eingehen. Und um besser zu verstehen, warum die sozialen Medien so mächtige Tools in Bezug auf Freundschaften und soziale Kontakte sind, müssen wir uns zunächst ein Phänomen anschauen, das eigentlich sogar schon relativ alt ist: die parasozialen Beziehungen.

Das Konzept der parasozialen Beziehungen bzw. parasozialen Interaktionen wurde 1956 von den amerikanischen Psychologen Richard Wohl und Donald Horton entwickelt. In dieser Zeit entwickelte sich der Fernseher in den USA zum Massenmedium, und die beiden entdeckten ein Phänomen, das heute aktueller denn je ist: Sie beobachteten, wie Menschen Beziehungen zu Fernsehcharakteren aufbauten, die sie regelmäßig auf dem Bildschirm sahen. Die Zuschauer fühlten sich diesen Figuren so nahe, als wären sie Freunde oder Familienmitglieder, obwohl sie sich natürlich nicht im selben physischen Raum befanden und die Charaktere nicht einmal wussten, dass diese Zuschauer existierten.

Parasoziale Beziehungen sind ein faszinierendes Phänomen und beschreiben eine Art einseitige Beziehung, bei der eine Person eine emotionale Bindung zu einer Figur aus dem Fernsehen, einem Film, einem Buch oder mitunter auch einer realen Person aufbaut, die sie über Medien verfolgt. Damals noch über den Fernseher, heute über das Smartphone – Influencer sind das beste Beispiel.

Denk mal an einen Influencer, dem du schon lange folgst und dessen Content du dir regelmäßig ansiehst. Die Wahrscheinlichkeit ist groß, dass du ein wenig das Gefühl hast, du würdest diese Person kennen – obwohl sie sehr wahrscheinlich nicht mal von deiner Existenz weiß. Und dieses Prinzip funktioniert sogar, wenn du nicht Millionen von Followern hast.

Eine Geschichte, die ich da immer gerne erzähle, ist folgende: Vor einiger Zeit habe ich regelmäßig die Storys von einem Typen geschaut, der aus meiner Stadt war. Er war relativ aktiv auf Social Media und hat fast täglich Storys gepostet. Sie waren sehr unterhaltsam und ich habe sie fast jeden Tag geschaut. Eines Nachmittags laufe ich so durch die Stadt und schaue auf mein Handy, weil ich eine Nachricht bekommen habe. Ich schaue wieder auf und plötzlich steht unmittelbar vor mir genau dieser Typ. Ich hatte vor zehn Minuten erst seine Story geschaut und habe aus dem Affekt heraus einfach »Hi« gesagt. Für mein Unterbewusstsein war das eine logische Reaktion – sowas macht man eben, wenn man Menschen, die man kennt, zufällig auf der Straße sieht. Er blickte mich verdutzt an, und in dem Moment realisierte ich: *Fuck, er hat ja keine Ahnung, wer ich bin!* Heutzutage hätte ich ihm wahrscheinlich direkt die Situation erklärt, gelacht und ihm ein Kompliment für seinen Content gemacht. Vielleicht wäre dann sogar ein Gespräch zustande gekommen. Doch damals war ich noch etwas unbeholfener. Er sagte mit einem immer noch verwirrten Blick vorsichtig »Hi« zurück – aber wir gingen dann einfach beide weiter und es war superpeinlich und komisch.

Warum erzähle ich dir solch peinliche Geschichten von mir? Weil das richtig gut illustriert, wie Social Media parasoziale Beziehungen auslösen kann. Bei Influencern in wirklich hohem Maße, klar. Aber selbst wenn du als ganz »normaler« Mensch (und natürlich sind auch Influencer völlig normale Menschen, aber du weißt, was ich meine) regelmäßig aktiv bist, kannst du diese Art von Effekt bei deinen Followern und Freunden hervorrufen.

Erinnere dich an den Mere-Exposure-Effekt. Häufiges Wiedersehen erhöht die Wahrscheinlichkeit drastisch und ist eine der Grundvoraussetzungen dafür, dass eine Freundschaft entstehen kann. Klar, das »digitale Wiedersehen« sollte niemals echte Treffen ersetzen. Aber auch sie sind tägliche Kontaktpunkte, die du mit Hunderten, vielleicht sogar Tausenden Menschen schaffst. Indem du regelmäßig postest, schaffst du eine beständige Präsenz im digitalen Raum. Das kann dazu führen, dass Follower sich an dich gewöhnen und das Gefühl haben, Teil deines Lebens zu sein. Diese Kontinuität kann das Gefühl von Vertrautheit und Bindung verstärken. Nein, das bedeutet nicht, dass du ab jetzt wie ein Influencer von früh bis spät dein ganzes Leben dokumentieren musst. Keine Angst, du darfst dein Essen auch in Zukunft noch genießen, ohne es täglich auf Social Media teilen zu müssen. Aber wenn du es dir zur Gewohnheit machst, auf Social Media Dinge zu teilen, die dich begeistern, kann das dein ganzes Leben positiv beeinflussen – so war es zumindest bei mir. Ich kann nicht in Worte fassen, wie viele Chancen, Freunde und Erlebnisse ich im »echten« Leben nur deshalb hatte, weil ich aktiv auf Social Media bin – und ich bin unendlich dankbar dafür.

Wie meine Geschichte mit Social Media ist, was du daraus lernen kannst und warum das bedeutet, dass du darüber nachdenken solltest, Produzent statt Konsument zu sein, das erfährst du im nächsten Kapitel.

8.2. Sei Produzent, nicht Konsument

Ich weiß noch genau, wie mein Daumen über dem »Posten«-Button stehen blieb. *Soll ich das jetzt wirklich machen?* Es war ein kalter Dezembertag im Jahr 2021, und ich war gerade im Begriff, mein allererstes TikTok zu posten. Ich hatte mir TikTok wie so viele andere auch im ersten Lockdown 2020 heruntergeladen und direkt erkannt, wie viel Potenzial in dieser App steckte. Ich sah Accounts von mir bis dato völlig unbekannten Menschen, die mehr oder weniger über Nacht zu Internetstars geworden waren. Ich war fasziniert davon und fantasierte darüber, wie es wäre, auch eine große Reichweite zu haben. Ich sprach auch mit meinem Umfeld immer wieder darüber, wie es wäre, einen Account zu starten und regelmäßig Videos zu posten. Aber was mich abschreckte, war die

Tatsache, dass TikTok damals (noch viel mehr als heute) als Plattform wahrgenommen wurde, auf der nur tanzende Teenager ihre Videos hochluden. Außerdem wusste ich nicht so recht, worüber ich tagtäglich Videos machen sollte (aber dass sie etwas mit Tanz zu tun haben würden, war schon mal ausgeschlossen). Und wenn ich schon mit einem Account dort starten würde, wollte ich es auch richtig machen und nicht nach einer Woche frustriert wieder aufhören.

Deshalb dauerte es bei mir tatsächlich anderthalb Jahre, bis ich mich überwunden hatte und mein erstes TikTok postete. Der einzige Vorteil dabei war, dass ich in der Zwischenzeit unzählige Videos, Blogbeiträge, Bücher etc. dazu konsumiert hatte, wie man einen erfolgreichen Social-Media-Account aufbaut. Und mir war klar geworden, dass ich einen Account über psychologische Tipps und Fakten machen wollte. Faktenvideos waren leicht »auf Masse« zu produzieren, ich hatte zu verschiedenen Themen rund um Psychologie, Kommunikation und Persönlichkeitsentwicklung bereits viele Bücher gelesen und war gerade dabei, meinen Master in Wirtschaftspsychologie zu machen. Und so wurde am 8. Dezember 2021 der Account »Felix.Psychotipps« geboren. Was ich damals nicht wusste: Die kleine Entscheidung, an diesem Dezembertag auf »Posten« zu drücken, sollte mein gesamtes Leben komplett auf den Kopf stellen.

Mein Channel lief direkt super an. Ich postete wie ein Uhrwerk zweimal am Tag und hatte so bereits nach elf Tagen 10 000 Follower. Ich hatte ja bereits erwähnt, dass ich meinen Account erst ab diesem Punkt mit meinem privaten Umfeld geteilt habe. Ab dann ging alles gefühlt wie von allein: Die ersten 100 000 Follower hatte ich nach etwas mehr als drei Monaten. Etwa zu diesem Zeitpunkt kamen auch die ersten

Kooperationen und Anfragen von Unternehmen rein. Parallel war ich auf der Suche nach einem Masterarbeitsthema und einer Werkstudentenstelle, bei der ich viel lernen und mich ausleben konnte. Beim Thema der Masterarbeit bot sich eine Sache natürlich direkt an: Klar, ich würde über TikTok schreiben. Ich habe meinen Master im Schwerpunkt Marketing und Werbepsychologie gemacht und meine Masterarbeit über die Erfolgsfaktoren auf TikTok im Vergleich zu den »klassischen« Plattformen Instagram und YouTube geschrieben. Dazu konnte ich etwas nutzen, was ich durch meine eigene Social-Media-Karriere aufgebaut hatte: ein Netzwerk an Content Creatorn. Durch Social Media hatte ich zu dem Zeitpunkt bereits viele andere Creator kennengelernt und konnte einige davon für meine Masterarbeit interviewen. Ich habe diese Masterarbeitsinterviews auch dazu genutzt, um mit Creatorn in Kontakt zu treten, die ich noch kennenlernen wollte. Und daraus sind einige Freundschaften zu Creatorn entstanden, zu denen ich bis heute noch Kontakt habe. Besondere Liebe an dieser Stelle geht raus an meine Creator-Buddys Pascal Dorn, Philipp Dubbert und Marcel Ruesch, die ich alle durch meine Masterarbeitsinterviews kennengelernt habe.

Etwa zur selben Zeit bin ich dann auch zu TPA Media gekommen – einer Social-Media- und Branding-Agentur in München, bei der ich zwei Jahre später zum Head of Marketing befördert wurde und eine Umsatzbeteiligung bekam. Der Gründer Torben Platzer ist selbst Influencer und ich folge ihm und seinen Inhalten bereits seit Jahren, hatte auch seine beiden Bücher gelesen – die parasoziale Beziehung war also stark. Meine Social-Media-Erfolge haben das Bewerbungsgespräch sehr simpel gestaltet und bereits kurz nach meiner Bewerbung war ich angestellt. Bei TPA konnte ich nicht nur von Anfang an meine eigene Creator-Tätigkeit ausleben – sie wurde sogar aktiv gefördert! Später wurde ich dann auch das Gesicht des TikTok-Accounts von CHIP, dem größten Verbraucherportal Deutschlands, und der Siemens-Betriebskrankenkasse.

Parallel zu meinem beruflichen Leben hat mir meine Creator-Tätigkeit (für einen Influencer halte ich mich tatsächlich nicht) einige Türen in meinem Privatleben geöffnet. Ich habe unzählige andere Creator, Influencer, Models, Prominente und Co. kennenlernen können und hatte mit Menschen Kontakt, zu denen ich sonst nie Kontakt gehabt hätte. Ein großer Teil meines Umfelds und Freundeskreises ist heute aktiv auf Social Media, und ich finde das wundervoll, da das Thema eine Riesenleidenschaft von mir ist.

Ich bin total stolz und dankbar für all das, aber kann mir gut vorstellen, dass für viele von euch so ein Leben überhaupt nicht erstrebenswert wäre. Darum geht es auch gar nicht. Ich will dir lediglich zeigen, wie viel möglich ist, wenn man sich überwindet und auf den sozialen Medien aktiv wird. Selbst wenn du nicht so wie ich »all in« gehst, sondern einfach nur dein Profil ein wenig aufpimpst, ein bisschen aktiven Content aus deinem Leben postest und die Tools nutzt, die dir die Plattformen zur Verfügung stellen, werden sich dir viele Möglichkeiten eröffnen, um neue Beziehungen aufzubauen und alte zu festigen.

An dieser Stelle müssen wir auch über die Gefahren von Social Media reden. Die unachtsame Nutzung von Social Media kann dein Selbstwertgefühl negativ beeinflussen. Eine Studie der University of Michigan verknüpfte die häufige Nutzung von Facebook (die Studie ist von 2014, da war Facebook auch bei jungen Menschen noch beliebt) mit einem Abfall des Wohlbefindens der Nutzer. Nutzer vergleichen oft ihr Alltagsleben mit den vermeintlich perfekten Momentaufnahmen anderer, was zu Neid und dem Gefühl persönlichen Versagens führen kann. Um nicht allzu stark davon betroffen zu sein, versuche ich beispielsweise immer, die tollen Momente und Erfolge anderer eher als Inspiration zu sehen, anstatt sie mit meinem eigenen Leben zu vergleichen und dann traurig zu sein. Außerdem ist natürlich immer wichtig, sich vor Augen zu führen, dass Social Media meist nicht »echt« ist und die allermeisten Menschen dort nur die guten Momente zeigen und auch immer nur einen sehr kleinen Ausschnitt eines viel größeren Ganzen. (Das ist meiner Ansicht nach übrigens auch ein Vorteil von TikTok: Ich habe das Gefühl, auf dieser Plattform sind alle viel »realer« und zeigen auch mal ihre weniger schokoladigen Seiten.) Außerdem gibt es natürlich auch noch einige weitere Gefahren, wie unerreichbare Schönheitsstandards, die zum Teil durch massiven Einsatz von Filtern entstehen und gerade bei jungen Nutzern zu einer verzerrten Wahrnehmung des eigenen Körpers führen können. Das negative Selbstbild durch den Konsum von Social-Media-Inhalten ist ein hochrelevantes Thema, was auch über den Bereich des rein Digitalen hinausgeht.

Außerdem kann Social Media süchtig machen. Forschungen legen nahe, dass die ständige Verfügbarkeit, die kleinen Dopaminkicks, wenn man zum Beispiel ein lustiges Katzenvideo schaut, oder die sofortigen Belohnungen in Form von Likes und Kommentaren zu einem Suchtverhalten führen können. Diese Sucht kann zu einem exzessiven Zeitverbrauch führen (Bildschirmzeit lässt grüßen), der wiederum das »echte« soziale Leben und die Produktivität beeinträchtigen kann.

Zu guter Letzt ist Cybermobbing natürlich ein sehr reales Problem. Die Anonymität und potenzielle Reichweite von Social Media erleichtern Straftaten wie Cybermobbing und Cyberstalking. Laut einer Studie des Pew Research Centers haben ca. 59 Prozent der US-Teenager bereits Erfahrungen mit Cybermobbing gemacht. Diese negativen Interaktionen können langfristige psychologische Folgen haben, wie Angstzustände und Depressionen.

Zu all diesen Punkten kommen noch die schwer einzuschätzenden Gefahren, die künstliche Intelligenz in diesem Zuge mit sich bringt. Bereits heute gibt es zahlreiche Kanäle, auf denen vermeintlich junge Frauen aus ihrem Leben posten – dahinter steht in Wahrheit jedoch ein Programmierer und KI. Wem man als Nutzer überhaupt noch trauen, auf was man sich verlassen kann, wird sicher zu einer großen und wichtigen Frage der kommenden Jahre.

Auch wenn ich ein großer Verfechter der positiven Seiten von Social Media bin, hätte ich ein schlechtes Gewissen, wenn ich dir diese Aspekte verschweige. Pass bitte immer auf dich auf, lass Social Media nicht dein Leben bestimmen und nutze es achtsam, reflektiert und verantwortungsvoll.

Einige dieser negativen Aspekte werden aus meiner Sicht schon ein ganzes Stück besser, wenn du die Plattformen als Produzent statt Konsument nutzt. Seit ich aktiv Content auf Social Media produziere – egal ob es einfach nur simple Instagram-Storys sind oder aufwendige Kurzvideos –, konsumiere ich deutlich weniger. Und das löst viele der genannten Probleme. Und wenn ich konsumiere, dann eigentlich nur, um mit Menschen in Kontakt zu bleiben, die ich bereits kenne und mag, oder um mit neuen Menschen Kontakt aufzunehmen, die ich noch kennenlernen will. Das ist für mich auch einer der größten Gamechanger für meine psychische Gesundheit in Bezug auf Social Media gewesen. Früher, wenn ich jemanden gesehen habe, der ein vermeintlich perfektes Leben hatte, war ich vielleicht neidisch oder enttäuscht, dass es bei mir nicht so lief. Heute denke ich mir: »Hey cool, den will ich kennenlernen!«, und versuche, Kontakt aufzunehmen. Und das klappt dann auch häufiger, als man denkt, weil mein Profil entsprechend aufgebaut ist (zu dem ganzen Thema, wie man richtig »in die DMs slidet«, später mehr in Kapitel 8.7).

Long story short: Social Media steckt voller Gefahren, aber bietet auch riesige Möglichkeiten. Wenn du heutzutage mit vielen Menschen in Kontakt bleiben und neue Menschen kennenlernen willst, die du sonst im Alltag vielleicht nicht kennengelernt hättest, dann gibt es kaum ein besseres Tool. Also nutze es!

8.3. Werde zur unverwechselbaren Marke

Ich werde dir jetzt etwas sagen, was du vielleicht nicht hören willst: Du bist eine Marke. Genau genommen eine Personal Brand. Ob du das willst oder nicht. Wenn du schon mal in irgendeiner Form mit Menschen interagiert hast, bist beziehungsweise hast du eine Marke. Dazu gibt es ein schönes Zitat von Amazon-Gründer Jeff Bezos: »Deine Marke ist, was andere über dich sagen, wenn du nicht im Raum bist.« Deine Marke ist die Geschichte von dem, der du bist, und sie wird durch alles, was du tust, sagst und zeigst, geprägt und zum Ausdruck gebracht.

Bei Marken (im Marketingkontext auch »Brands« genannt) denken wir häufig an »Markenprodukte«. Oder wir denken an große Unternehmen wie BMW, Google oder Louis Vuitton, die viel Geld für Branding und Werbung ausgeben. Aber so wie jede Unternehmensmarke sich durch einzigartige Merkmale auszeichnet, hat auch jeder Mensch seine eigene Persönlichkeit, Werte, Talente und Erfahrungen, die ihn unverwechselbar machen. Genauso wie eine Marke (im besten Fall) durch konstante Botschaften und Qualität Vertrauen aufbaut, schafft eine Person Vertrauen bei anderen durch konsistentes Verhalten und klare Werte.

Marken werden oft danach beurteilt, wie sie von anderen wahrgenommen werden, und genauso werden Menschen auf Basis dessen, wie sie von anderen gesehen werden, beurteilt – egal, ob das der Wahrheit entspricht oder nicht. Außerdem hat jede starke Marke eine Art Versprechen, das sie bietet oder verkörpert. Und genauso hat jeder Mensch ein »Werteversprechen« – also Fähigkeiten, Überzeugungen oder Charaktereigenschaften, für die ihn andere schätzen und lieben (oder hassen).

Auch du bist eine eigene Marke, ob du das willst oder nicht. Und jetzt, wo du das weißt, kannst du anfangen, daran zu arbeiten, dass deine »Markenwahrnehmung« auch deinen Wünschen entspricht! Denn deine Marke kann nicht nur superhilfreich sein, um dich beruflich weiterzubringen – sie kann auch in deinem Privatleben ein richtiger Türöffner sein. Und wenn du aktiv steuerst, wofür du bekannt bist und was Menschen über dich sagen, wenn du nicht im Raum bist, hast du ein Tool, das weit über dein eigenes Netzwerk hinausgeht. Du wirst merken, dass Menschen auf dich zukommen und nicht andersrum. Und das Tolle: Das sind auch noch genau die Menschen, die du in deinem Leben haben willst. Weil du durch richtiges Branding nur die Menschen anziehst, die mit deinen Werten und Interessen übereinstimmen. Das ist das »Magische« an gutem Branding.

Klingt zu gut, um wahr zu sein? Ist aber absolute Realität. Ich würde behaupten, ich bin (zumindest in gewissen Kreisen) mittlerweile relativ bekannt dafür, dass ich »der Social-Media-Typ« bin – jemand, der seinen Lebensunterhalt damit verdient, anderen dabei zu helfen, sich auf Social Media etwas aufzubauen, und parallel auch noch selbst Content Creator ist. Es kommt mittlerweile regelmäßig vor, dass sich Leute bei mir melden, weil ich ihnen von entfernten Bekannten von mir empfohlen wurde. Daraus sind einerseits schon unzählige Kundenbeziehungen entstanden (wichtig für Weiterempfehlungen ist dann natürlich auch, dass man seinen Job gut macht) und auch einige richtig gute Freundschaften. Das Gleiche hat aber auch schon funktioniert, als ich Fotograf war. Ich habe damals einen eigenen Instagram-Kanal für meine Fotografie geführt. Und obwohl ich »nur« 2 000 Follower hatte, habe ich dadurch regelmäßig mit Models shooten können, die Vollprofis waren, teilweise Hunderttausende Follower hatten und deren Bilder ich früher immer bewundert hatte – und auch daraus sind einige tolle Freundschaften entstanden.

Social Media in Kombination mit gezieltem Personal Branding ist ein hervorragender Weg, um mit Menschen in Kontakt zu kommen, die man (egal für was) bewundert. Das beste Beispiel in meinem persönlichen Umfeld ist wie bereits erwähnt Torben Platzer. Ich habe seine Bücher gelesen, alle seine Videos geschaut und ihn aus der Ferne bewundert – heute sind wir konstant in Kontakt und arbeiten auf Augenhöhe zusammen (und ich bewundere ihn weiterhin für alles, was er leistet!).

So wie ein Unternehmen verschiedene Maßnahmen ergreift, um sein Branding zu verbessern, kannst auch du verschiedene Maßnahmen ergreifen.

Ein wichtiger Punkt ist, dein Hauptthema zu finden. Also das Erste, was ein Bekannter von dir über dich sagen würde, wenn er nach dir gefragt wird. »Der Felix ist/macht …« Bei mir wäre das wahrscheinlich »Social-Media-Experte« oder »Content Creator« oder »Head of Marketing bei TPA Media«, je nachdem, mit wem man spricht. Es war aber wie gesagt auch schon mal »Fotograf«.

Natürlich ist mir klar, dass du wie jeder Mensch eine vielseitige Persönlichkeit und mehr als nur ein einzelnes Interesse hast – und sicherlich nicht nur für *das eine* Thema bekannt sein willst. Und das ist auch gut so! Aber trotzdem sollte, vor allem in Bezug auf Social Media und wenn du mehr Freunde dadurch finden willst, grundsätzlich klar sein, wofür du stehst. Du kannst der Fitness-Begeisterte sein, der Veganer, der Aktientyp, der Bücherwurm, der Schachexperte, der *League-of-Legends*-Gamer, der *Pokémon*-Fan oder der K-Pop-Enthusiast. Völlig egal. Aber such dir aus, wofür du bekannt sein willst. Sonst werden es andere für dich tun.

Unternehmen überlegen sich in diesem Zuge dann auch sehr ausführlich eine Positionierung, eine Mission, eine Vision, die Zielgruppe und so weiter. So ausführlich musst du das nicht machen, aber ein paar Hauptpunkte sind trotzdem hochrelevant für dich. Erinnere dich an deine Mit- und deine Gegenspieler. Wofür willst du stehen? Und wogegen? Brennst du für ein Thema ganz besonders? Dann zeig das auch! Online sowie offline. Überleg dir, ob du eine persönliche Mission hast, die du verfolgst. Sowas wie »Bucketlist«-Ziele, die du unbedingt schaffen oder erleben willst. Ist dir Nachhaltigkeit und Klimaaktivismus besonders wichtig? Willst du der beste Basketballer Deutschlands werden? Möchtest du um jeden Preis nach New York auswandern? Kommuniziere und teile das mit Menschen! Du wirst erstaunt sein, wie oft du Hilfe und Unterstützung von Personen bekommst, von denen du es nicht erwartet hättest.

Ein weiterer wichtiger Punkt im Branding ist das Branddesign. Bei meinem Psychotipps-Account habe ich ja im Hintergrund immer diesen Blauton. Bei den CHIP-Videos das typische Rot der Marke. Keine Angst, du musst jetzt nicht jeden Tag dieselbe Farbe tragen, aber du kannst dich sehr wohl für einen gewissen Kleidungsstil entscheiden, den du konsequent beibehältst.

Bei all diesen »Regeln« gilt im Übrigen, dass sie natürlich keine fixen Regeln sind. Ich nutze hier immer gerne das 80/20-Prinzip. Also ca. 80 Prozent der Zeit bist du »on Brand« (z. B. indem du einem bestimmten Kleidungsstil treu bleibst oder konsequent zu deiner Mission kommunizierst), aber 20 Prozent der Zeit mach einfach, worauf du Lust hast, und lass dich nicht einschränken. Und falls sich dir gerade die Nackenhaare aufgestellt haben, als du gehört hast, du sollst immer denselben Kleidungsstil tragen, weil du gerne superwandelbar bist, dann schränke dich da bitte auch nicht ein! Dann ist eben diese Wandelbarkeit deine Brand und dann solltest du das auch in vollen Zügen ausleben!

Das Prinzip ist dir jetzt aber, denke ich, klar: Es geht darum, sich Gedanken zu machen, wie du wahrgenommen wirst (weil du sowieso irgendwie wahrgenommen wirst) und ob das mit dem übereinstimmt, wie du wahrgenommen werden *willst.*

Der letzte wichtige Schritt ist dann, dein Branding zu verbreiten. Das geht natürlich auch offline, aber soziale Medien sind dafür einfach ein perfekter Multiplikator. Zeige auf Social Media regelmäßig, wofür du stehst und wer du bist. Und du wirst sehen, dass die richtigen Menschen beginnen werden, auf dich zuzukommen.

> ***ACTIONSTEP***
>
> Erschaffe deine eigene Brand. Mach dir mal über folgende Punkte Gedanken (und schreib sie am besten auf):
>
> - Was ist dein Hauptthema, mit dem du in Verbindung gebracht und für das du bekannt sein willst?
> - Welche Werte und Einstellungen vertrittst du?
> - Hast du eine Mission oder ein Ziel, das du nach außen zeigen willst?
> - Was ist dein Branddesign? (Kleidungsstil, Accessoires, Lieblingsfarben etc.)
> - Wie willst du deine Brand durch eigenen oder geteilten Content nach außen repräsentieren?

8.4. So baust du dir ein ansprechendes Profil auf

»Der erste Eindruck zählt« – ich bin mir sicher, diesen Satz hast du schon unzählige Male gehört. Und das stimmt. Aber wie krass das ist und wie relevant das ist, wenn wir über die digitale Welt und Social Media reden, das ist dir wahrscheinlich noch nicht bewusst.

Eine Studie von Alexander Todorov und Janine Willis, die 2006 an der Princeton University durchgeführt wurde, ist eine der bekanntesten Untersuchungen zur Schnelligkeit und den Auswirkungen des ersten Eindrucks. In ihrer Studie präsentierten die beiden den Teilnehmenden Fotos von verschiedenen Gesichtern. Die Teilnehmenden hatten die Aufgabe, diese auf der Grundlage unterschiedlicher Eigenschaften wie Attraktivität, Vertrauenswürdigkeit, Kompetenz, Aggressivität und Sympathie zu bewerten. Das Besondere an dieser Studie war, dass den Teilnehmenden die Fotos für verschiedene, sehr kurze Zeitspannen gezeigt wurden – in einigen Fällen für nur 0,1 Sekunden, in anderen Fällen länger. Die Ergebnisse der Studie waren bemerkenswert: Schon nach einer Zehntelsekunde hatten sich bei den Teilnehmenden konsistente Eindrücke von den unbekannten Gesichtern gebildet. Also einfach gesagt: Bei einem Gesicht sagten alle: »Der ist aggressiv«, bei einem anderen: »Die ist sympathisch« und so weiter. Interessanterweise veränderten sich die Bewertungen der Teilnehmenden nicht wesentlich, wenn ihnen mehr Zeit gegeben wurde, die Fotos zu betrachten. Das deutet ganz klar darauf hin, dass der erste Eindruck sehr schnell entsteht und erstaunlich stabil ist.

Die beiden Forscher folgerten, dass unsere Fähigkeit, schnelle Urteile über andere zu fällen, auf eine evolutionäre Anpassung zurückzuführen sein könnte. In der Vergangenheit, als schnelle Entscheidungen über Freund oder Feind lebenswichtig sein konnten, entwickelten Menschen die Fähigkeit, mit minimalem Informationsaufwand schnelle Einschätzungen vorzunehmen. Heutzutage ist das besonders relevant in der digitalen Welt, wo der erste Eindruck oft durch Profilbilder, kurze Texte und generell den Gesamteindruck eines Online-Profils entsteht. Dies zeigt nochmal ganz deutlich, wie wichtig die bewusste Gestaltung deiner digitalen Präsenz und der Botschaften, die du online senden willst, ist.

Dein digitaler erster Eindruck ist also extrem wichtig in der heutigen Zeit. Heißt das aber, dass du dich völlig makellos und nur von deiner besten Seite zeigen sollst? Nein! Erinnere dich an die Grundregel beim Schreiben von Filmskripten: Menschen wollen Makel sehen, Authentizität, Charakter. Eine deutsche Studie aus dem Jahr 2014 von Leonard Reinecke und Sabine Trepte hat gezeigt, dass »Online-Authentizität« (also die Fähigkeit, sich online ungefiltert auszudrücken und zu entfalten) sogar einen positiven Effekt auf das psychische Wohlbefinden hat – im Vergleich zu den Menschen, die die ganze Zeit versuchen, auf Social Media möglichst perfekt zu wirken.

Wenn ich jemanden – egal ob offline oder online – kennenlerne und wir entscheiden, uns gegenseitig zu folgen, dann ist mein Profil so etwas wie meine digitale Visitenkarte. Dein Profil zeigt im besten Fall, genau wie dein erster Eindruck offline, in wenigen Sekunden, wer du bist, wofür du stehst und was du machst. Und genau das müssen wir mit deinem Profil erreichen.

Ich kann und werde dir jetzt hier nicht vorgeben, was du in deine Instagram-Biografie schreibst oder wie dein Profilbild aussieht. Das darfst und sollst du entscheiden. Aber ich werde dir einige nützliche Tipps mit an die Hand geben, die dir dabei helfen, diese Entscheidungen zu treffen.

Schau dir erstmal an, was du im letzten Kapitel als »deine Brand« definiert hast. Letztendlich sollten deine Social-Media-Kanäle diesem Bild entsprechen, das du ausstrahlen willst.

Fangen wir mal mit dem Profilbild an: Du kennst vielleicht das Klischee, dass Mütter immer irgendwelche Blumen fotografieren und als Profilbild verwenden – das wollen wir nicht. Dein Profilbild sollte dich zeigen – und zwar auf eine Art und Weise, die dem entspricht, wie du wahrgenommen werden willst. Erinnere dich daran, wie wichtig der erste Eindruck ist. Menschen, die auf dein Profil kommen, haben sich in 0,1 Sekunden ein Bild davon gemacht, wer du bist und wie sie dich finden. Wir müssen also auf jeden Fall dein Gesicht zeigen, denn das ist es, woraus wir Menschen am meisten lesen können und woran wir uns am ehesten erinnern können. Heißt: keine Ganzkörperaufnahmen und erst recht keine Bilder mit mehreren Leuten darauf (z. B. ein Gruppenbild mit deinen Freunden). Du kannst hier entweder lachen, lächeln oder entspannt/cool ausschauen – das hängt auch davon ab, wie du wahrgenommen werden willst. Wenn du mehrere Social-Media-Profile hast, würde ich dir empfehlen, überall das gleiche Bild zu verwenden, um Konsistenz und Wiedererkennungswert zu schaffen.

Kommen wir als Nächstes zu deinem Profilnamen: In den allermeisten Fällen würde ich dir raten, deinen echten Namen zu verwenden. Wir wollen ja an deiner Personal Brand arbeiten. Das bedeutet, dass Menschen dich dann, wenn sie von dir hören, auch problemlos finden können, wenn sie nach deinem Namen suchen. Sowas wie »Crazy_rizzboy202725« oder »s4rxh.xx_0103« (das sind jetzt nur ausgedachte Beispiele, ich hoffe, die Profile gibt es nicht wirklich) ist da eher kontraproduktiv, denn wenn du jemanden offline kennenlernst und er dich nach deinem Instagram-Namen fragt, ist das immer eine nervige Situation – du musst es entweder aufwendig buchstabieren oder sein Handy in die Hand nehmen und es selbst eingeben. Wenn du online lieber anonym bleiben willst, ist das natürlich auch in Ordnung. Ich würde dir dann aber empfehlen, zumindest deinen Vornamen in der Profilinfo/Bio unterzubringen und einen Profilnamen zu verwenden, den man sich gut merken kann und den man auch auf die Schnelle jemandem sagen kann.

Nun geht es an deine Biografie, also den Beschreibungstext deines Profils. Das ist etwas super Individuelles und sollte zu deiner Person, deinen Werten und Zielen passen. Ich schreibe da gerne, wer ich bin und was ich beruflich mache – wie so eine Art Minilebenslauf. Du musst da jetzt aber natürlich nicht »Max, 16, Schüler am Hans-Wurst-Gymnasium« schreiben. Wenn du lieber einen guten Spruch reinschreibst, der deine Persönlichkeit widerspiegelt, ist das auch absolut in Ordnung.

Deine Beiträge, Storys und so weiter schauen wir uns im nächsten Kapitel an, aber bezüglich deiner Story-Highlights solltest du nach Möglichkeit Vielfältigkeit zeigen, ohne den Zuschauer zu sehr zu überfordern. Je nachdem, was du machst, kannst du einzelne Story-Highlights für unterschiedliche Interessen oder Erlebnisse machen. Wenn du gerne ins Gym gehst, kann ein Story-Highlight mit dem Namen »Gym« oder »Fitness« Sinn machen, sodass Zuschauer direkt sehen, dass du regelmäßig ins Gym gehst und nicht erst seit einer Woche motiviert bist. Wenn du viel rumkommst und Reisen ein wichtiger Teil deiner Brand ist, kannst du auch für verschiedene Städte oder Länder einzelne Highlights machen. Das Gleiche gilt natürlich für alle möglichen anderen Interessen und auch deinen Beruf.

Und zu guter Letzt: Ob du dein Profil auf privat lässt oder öffentlich machst, ist natürlich auch deine Entscheidung. Wenn du dir aber deine »Brand« auf Social Media aufbauen willst, bietet es sich natürlich an, dein Profil öffentlich zu machen. Wenn du Inhalte hast, von denen du willst, dass sie nur deine Freunde und dein enges Umfeld sehen, kannst du diese ja mit dem »Enge Freunde«-Feature posten und dein öffentliches Profil eher clean und simpel halten.

> *ACTIONSTEP*
> Bring deine Socials auf Vordermann! Pass dein Profilbild, deinen Namen, deine Biografie und den Rest so an, dass er zu deiner Personal Brand passt.

8.5. So erstellst du hochwertige Bilder und Videos

Du kannst dein Social-Media-Profil im Grunde wie deinen eigenen Fernsehsender betrachten. Genau wie bei einem TV-Sender entscheidest du über das Programm, das gesendet wird. Du wählst aus, welche Inhalte du teilst: spannende Abenteuer aus deinem Alltag, kreative Projekte oder tiefsinnige Gedanken. Jeder Post, jedes Bild und jedes Video ist eine Sendung, die du deinem Publikum präsentierst. Auf deinem Kanal bist du gleichzeitig Regisseur, Produzent und Hauptdarsteller in einer Person. Du entscheidest über die Themen, setzt den Ton und gestaltest den Look.

Dein »Programm« repräsentiert deine Interessen, Werte und Persönlichkeit – also deine Brand – und zieht Zuschauer an, die ähnliche Vorlieben haben oder sich einfach von deinen Geschichten inspirieren lassen wollen.

Wie bei einem Fernsehsender gibt es auch auf deinem Social-Media-Account ein Publikum – deine Follower. Sie sind deine Zuschauer, die sich für deine »Sendungen« interessieren, indem sie deine Posts liken, kommentieren und teilen – manche davon sind beliebter, andere weniger beliebt. Durch ihre Interaktionen geben sie dir Feedback, ähnlich den Einschaltquoten beim Fernsehen, und helfen dir zu verstehen, welche Inhalte bei ihnen besonders gut ankommen und welche nicht. Doch genau wie im Fernsehen geht es nicht nur um Unterhaltung. Dein Social-Media-Account kann auch wie ein Bildungskanal sein, auf dem du Wissen teilst, aufklärende Inhalte verbreitest oder wichtige Themen ansprichst.

Eine der wichtigsten Grundlagen, die du verstehen musst, ist, dass du Mehrwert bieten musst, um Menschen zu erreichen und an deine Personenmarke zu binden. Mehrwert kannst du auf drei verschiedene Arten bieten:

1. Information
Der Zuschauer ist, nachdem er ein Video von dir geschaut oder einen Beitrag von dir gelesen hat, ein kleines bisschen schlauer als davor – er hat etwas dazu gelernt. Das ist zum Beispiel mein Hauptziel mit dem »Felix.Psychotipps«-Account.

2. Emotion
Emotionen auszulösen – und im besten Fall positive Vibes zu verbreiten –, ist ein essenzieller Aspekt von Social Media. Der Zuschauer ist nach deinem Content in einem etwas besseren emotionalen Zustand als davor. Das klassische Beispiel ist Comedy. Es kann aber zum Beispiel auch einfach eine lustige Story sein, die du auf Instagram teilst.

3. Inspiration

Der Zuschauer ist durch deinen Content inspiriert, etwas zu tun, das er sonst nicht getan hätte. Das ist die schwierigste, aber gleichzeitig stärkste Form des Community-Aufbaus und schafft am ehesten eine starke parasoziale Beziehung. Ein klassisches Beispiel sind Rezeptvideos: Der Zuschauer sieht ein Rezeptvideo, speichert es sich ab und kocht oder backt es schließlich nach. Es kann aber auch viel simpler sein: Ich habe eine Zeit lang fast täglich eine Story gepostet, in der ich meine Workouts dokumentiert habe. Mir haben immer wieder Menschen geschrieben, dass sie das total motiviert und dazu gebracht hat, an dem Tag selbst Sport zu machen. Eine Bekannte hat mir sogar mal geschrieben, dass sie sich deshalb im Gym angemeldet hat. Das hat mich riesig gefreut.

Ob du jetzt Videos machst, mehr oder wenig aufwendig inszenierte Bilder oder spontane Storys teilst, hängt davon ab, wie viel Zeit du in das Ganze stecken willst. Videocontent erreicht tendenziell mehr Menschen und schafft eine größere Bindung, ist aber auch deutlich aufwendiger, als einfach nur ein paar Bildbeiträge zu posten. Meine Faustregel für dich: Wenn du Spaß daran hast, Social-Media-Content zu erstellen und auch die Zeit und Energie in das Ganze stecken willst, dann mach ruhig aufwendigere und ansprechende Videos – wie gesagt, bei mir hat das mein gesamtes Leben positiv beeinflusst. Wenn du in deiner Freizeit aber lieber andere Dinge tust und Social Media nur als möglichst simples Tool nutzen willst, dann reichen auch ein paar ästhetische, aber schlichtere Bildbeiträge, sodass du deine Socials zumindest als eine Art digitale Visitenkarte nutzen kannst, um mit Menschen zu connecten.

Generell sollte auch dein Content natürlich immer dich, deine Persönlichkeit und deine Personal Brand widerspiegeln. Optimal wäre, wenn sich auch hier ein einheitlicher Stil oder ein einheitliches Thema durch dein Profil zieht. Das kann ein bestimmter Fotografiestil, die Art der Postgestaltung oder sogar eine gewisse Farbpalette sein.

Grundsätzlich würde ich dir hier immer empfehlen, dich von anderen inspirieren zu lassen. Begib dich mal auf die Suche nach Profilen, die dir gut gefallen. Das können Personen des öffentlichen Lebens sein oder einfach ganz »normale« Menschen, deren Stil dir aber gefällt. Wichtig: Bitte mach nichts eins zu eins nach, das kann schnell peinlich werden (alles schon erlebt). Aber such dir Inspiration und speichere dir am besten Beiträge oder Profile ab, die dir besonders gut gefallen (Pinterest ist hier auch eine tolle Inspirationsquelle). Und dann versuche das, was dir gefällt, auf deine eigene, authentische Art und Weise umzusetzen. Andere Kurse oder Bücher würden dir hier jetzt erklären, wie du einen bestimmten Stil umzusetzen hast, der (angeblich) am besten funktioniert, weil er für sie selbst am besten funktioniert hat. Das möchte ich hier ganz bewusst nicht machen. Einerseits, weil hier viele Wege nach Rom führen, und andererseits, weil sich Trends bei Content-Formaten auf Social Media sowieso gefühlt alle fünf Minuten verändern.

Was das Ganze deutlich erleichtert, ist, wenn du jemanden hast, der auch tolle Bilder oder Videos für Social Media erstellen will. Wenn du einen Freund oder eine Freundin hast, mit dem oder der du dich regelmäßig triffst, um Social-Media-Content zu erstellen, macht das nicht nur deutlich mehr Spaß, sondern ist auch ein tolles gemeinsames Hobby – heißt, allein darüber kannst du super Freunde gewinnen.

Ein besonders wichtiger Punkt beim Erstellen von Social-Media-Content ist der Grundsatz »Qualität statt Quantität«. Wenn dein Ziel ist, Influencer oder Content Creator zu werden, ist zwar eine gewisse Quantität auch sehr wichtig, aber da es hier ja primär darum geht, deine Personal Brand aufzubauen, ist mein unbedingter Rat: Poste vor allem im Feed nicht allzu viel, sondern fokussiere dich auf wenige, dafür aber hochwertige Posts. Hier gilt die gleiche Regel wie bei Tinder und anderen Dating-Apps: Du wirst immer an deinem »schlechtesten« Bild gemessen. Wenn du auf einem Datingprofil vier superansprechende Bilder hast, aber auf dem letzten siehst du aus wie ein hässlicher Fisch, wird die Mehrheit der Leute dich wegswipen – das kann man grausam finden, aber so funktioniert die Welt des digitalen ersten Eindrucks nun mal.

That being said: Authentizität ist natürlich trotzdem noch einer der wichtigsten Faktoren. Zeig trotzdem auch mal Bilderreihen mit Behind the Scenes, Storytelling und lustigen Eindrücken, die nicht ästhetisch perfekt sind. Der Trend geht immer mehr hin zu *echten* Inhalten statt dieser vermeintlichen Instagram-Perfektion. Mit »Qualität statt Quantität« meine ich vor allem, dass du nicht jeden Tag irgendwelche belanglosen Dinge in deinen Feed posten sollst. Dein Feed ist dazu da, Menschen einen ersten Eindruck von dir zu geben. Deshalb überlege dir gut, was du hier teilst.

In deinen Instagram-Storys darfst du ruhig etwas freier sein. Denn dieser Content verschwindet nach 24 Stunden wieder (auch wenn sie, während ich das hier gerade schreibe, damit experimentieren, dass Story-Content länger verfügbar ist). Jeglicher Content, der nach kurzer Zeit wieder verschwindet, ist dazu da, deine ungefilterte Persönlichkeit zu zeigen. Hier entsteht die parasoziale Beziehung. Hier bleibst du tagtäglich im Kopf deiner Follower und Freunde. Wenn du Spaß daran hast, dann poste hier gerne deinen Alltag. Wenn nicht, dann poste zumindest ab und zu kurze Eindrücke, damit deine Follower dich nicht vergessen und deine Freunde auf dem Laufenden bleiben. Ob du in deinen Storys in die Kamera sprichst, ist dir überlassen. Ich weiß, das wirkt für viele erstmal sehr cringe, wenn wir es nicht gewohnt sind. Es ist natürlich super für die parasoziale Beziehung, aber absolut kein Muss.

Wie machst du jetzt guten Content?

Da spielen natürlich extrem viele Faktoren mit rein, wie Fotografie- oder Videografie-Skills, Videoschnitt und Bildbearbeitung oder das Schreiben ansprechender Texte. Für unsere Kunden in der Agentur haben wir hier ausführliche Guidelines, Vorlagen und Anleitungen. Aber auch auf YouTube, Instagram und TikTok gibt es mittlerweile superviele, richtig gute kostenlose Tutorials.

Generell werden Smartphones, was die Bild- und Videoqualität angeht, immer besser, und vor allem wenn Social Media für dich mehr ein Hobby oder Mittel zum Zweck ist, um deine Freundschaften auch online zu halten und zu vertiefen, brauchst du definitiv keine teure Profikamera mehr. Ich glaube, es wird nicht mehr lange dauern, bis professionelle Videografen mit dem iPhone zum Drehtag erscheinen. Für die Bildbearbeitung gibt es super Apps wie zum Beispiel Lightroom, VSCO oder Snapseed. Es gibt auch Apps wie FaceApp, die dein Gesicht noch künstlich etwas »verschönern« können. Bei sowas würde ich aber zur Zurückhaltung raten – einerseits, weil man es schnell übertreiben kann damit, und andererseits, weil solche Apps unrealistische Schönheitsstandards fördern, die mitunter nicht gut für die psychische Gesundheit deiner Follower sein können. Zur Videobearbeitung empfehle ich CapCut oder VN Video Editor. Wenn du es ernst meinst, kann ich dir auch die Creative Suite von Adobe empfehlen. Programme wie Lightroom und Photoshop zur Bildbearbeitung oder Premiere Pro zur Videobearbeitung bieten dir nahezu unendlich viele Möglichkeiten. Sie sind zwar ein ganzes Stück teurer (und komplizierter) als viele andere Apps und Programme, aber können sich lohnen, wenn du Vollgas in diesem Bereich geben willst oder einfach viel Spaß daran hast, dich in dem Bereich auszuprobieren. Für all diese Tools gibt es gute Anleitungen auf Social Media – und je nachdem, wann du dieses Buch liest, kann es natürlich auch andere, neuere Tools geben. Folge mir auch hier gerne bei @felixwunnike auf Instagram, TikTok oder LinkedIn, um immer up to date zu sein.

8.6. So bleibst du mit Menschen in Kontakt – ganz in echt

Social Media schön und gut, aber am Ende des Tages weißt du genauso gut wie ich, dass es um Freundschaften im echten Leben geht. Aber auch genau dafür kann Social Media ein wirklich hilfreiches Tool sein!

In Bezug auf die Relation der positiven und negativen Seiten von Social Media gibt es eine spannende Studie von Lei Zhao aus dem Jahr 2021: Grundsätzlich gibt es zwei Arten, wie man Social Media nutzen kann. Zum einen den »Entertainment Use« – also den Nutzen zur Unterhaltung, wie beispielsweise lustige oder informative Videos anschauen, Beiträge von Stars konsumieren, Spiele spielen usw. –, zum anderen den

»Social Use« – also chatten, Kommentare bei Freunden und Bekannten schreiben, Status-Updates teilen und lesen, generell gegenseitige Interaktion. Die Studie zeigte auf, dass der »Entertainment Use« mit einer deutlich höheren Wahrscheinlichkeit zu einer Social-Media-Sucht führte. Gleichzeitig war der »Social Use« sogar tendenziell gut für das psychische Wohlbefinden der Nutzer. Anders gesagt: Wenn du Social Media nicht zum Entertainment nutzt, sondern um mit echten Menschen in Verbindung zu bleiben, mit ihnen zu interagieren, kann es sogar sehr positiv für deine Psyche sein! Deswegen wollen wir uns jetzt genau darauf fokussieren.

Wir sind ja bereits darauf eingegangen, dass es schlau ist, Menschen, die du offline kennenlernst, nach ihrem Instagram-Profil anstatt nach ihrer Nummer zu fragen. Einerseits sind die meisten viel eher bereit, ihren Instagram-Namen rauszugeben als die Telefonnummer, andererseits bietet euch das unzählige weitere Kontaktmöglichkeiten, und die andere Person hat direkt ein gutes Bild davon, wer du bist – sofern dein Profil entsprechend eingerichtet ist.

Wie nutzt du jetzt also Social Media, um deine Beziehung zu Menschen, die du erst frisch kennengelernt hast, zu intensivieren?

Wir haben schon viel über den Mere-Exposure-Effekt gesprochen und wie wichtig es ist, regelmäßig bei anderen »auf dem Radar« zu bleiben. Insofern ist natürlich, wie bereits besprochen, wichtig, regelmäßig selbst Content zu produzieren. Denn dieser bietet anderen Menschen mögliche Anknüpfungspunkte, um mit dir in Kontakt zu treten. Gleichzeitig kannst du es dir aber auch zur Gewohnheit machen, aktiv auf Storys und Beiträge anderer zu reagieren. So bin ich beispielsweise sogar mit meiner damaligen Freundin zusammengekommen. Wir waren bis dato nur flüchtige Bekannte. Ich habe dann eine Story kommentiert, in der sie einen Restaurantbesuch geteilt hatte – nämlich dass das superlecker aussieht und ich dort auch mal hin muss. Sie antwortete: »Da komm ich mit« – und so entstand unser erstes Date, aus dem später eine Beziehung wurde. In Bezug auf Freundschaft habe ich unzählige weitere solche Beispiele. Meinen guten Bekannten Luis habe ich bei der Besichtigung einer Partylocation kennengelernt. Wir haben eigentlich nur fünf Minuten miteinander geredet, aber dabei Instagram-Accounts ausgetauscht. In unseren Profilen haben wir anschließend direkt die gleichen Interessen entdeckt und uns seitdem immer wieder verabredet, um uns auszutauschen und gemeinsam Content zu produzieren.

Wenn du das möchtest, kannst du das Ganze sogar als bewusste Routine aufbauen. Ich habe es mir zur Gewohnheit gemacht, jeden Morgen mindestens fünf Instagram-Storys von Bekannten zu kommentieren. Sobald du dich daran gewöhnt hast und es normal für dich geworden ist, auch im Alltag Storys zu kommentieren, kannst du mit so einer »strikten« Routine natürlich auch wieder aufhören, aber oft hilft es am Anfang, sich ein konkretes Ziel zu setzen.

Aber egal auf welche Weise du den Kontakt suchst und aufrechterhältst: Generell geht es einfach darum, auf Social Media auch wirklich »social« zu sein und nicht bloß zu konsumieren. Und das nicht nur, weil es wissenschaftlich erwiesen besser für deine psychische Gesundheit ist, sondern weil du so auch super Freundschaften aufbauen kannst.

An dieser Stelle möchte ich kurz auf Snapchat eingehen. Das

Mere-Exposure-Prinzip funktioniert natürlich auch wunderbar, wenn man täglich miteinander snapt. Wenn Snapchat in deinem sozialen Umfeld weiter verbreitet ist als Instagram, kannst du natürlich auch das nutzen. Ich selbst bin kein großer Fan von Snapchat, weil es aus meiner Sicht eine Plattform mit sehr wenig Mehrwert ist – zumindest auf die Art und Weise, wie es von den meisten genutzt wird. Aber natürlich ist auch jeder Snap ein Anknüpfungspunkt, den du zur Kontaktaufnahme nutzen kannst.

Egal welche Plattform(en) du für deine sozialen Interaktionen nutzt, dieser wichtige Grundsatz gilt für alle: Das Ziel sollte immer ein Treffen sein. Wenn du aufgrund eines Beitrags, einer Story oder warum auch immer eine gute Konversation mit jemandem online hast, versuche das nach Möglichkeit immer in ein »echtes« Offline-Treffen zu verwandeln. Entweder ihr macht direkt ein Treffen miteinander aus, oder ihr findet ein Event, das euch beide interessiert und auf dem ihr euch verabreden könnt. Online-Kommunikation kann ein super Tool sein, aber wahre Freundschaften entstehen (fast immer) offline.

8.7. So connectest du dich online mit neuen Menschen

Wer kennt es nicht: Du nimmst deinen ganzen Mut zusammen und schreibst dieser einen Person, die du unbedingt kennenlernen willst. Ich weiß es noch, als wäre es gestern gewesen: Ich war 13 oder 14 und habe einem Mädchen, das ich schon immer toll fand, eine Nachricht geschrieben. Wir kannten uns nicht gut, aber ich war überzeugt, sie ist die Richtige. Ich hatte alles perfekt formuliert. Hab es extra erstmal in den Notizen formuliert, um es nicht aus Versehen verfrüht abzuschicken. In diese wenigen Zeilen habe ich so viel Witz, Charme, Coolness und Charakter reingebracht, wie es für mein Teenager-Ich nur möglich war. Ein lyrisches Meisterwerk. Ich hing erstmal mehrere Minuten über dem »Senden«-Button, weil ich mich nicht überwinden konnte. Dann irgendwann doch. Panisch schloss ich schnell wieder die App. Versuchte mich irgendwie abzulenken und die Zeit verstreichen zu lassen, in der Hoffnung, sie würde mir irgendwann antworten. Eine Stunde später schaute ich auf meinen Bildschirm. Keine Antwort. Nicht schlimm, sie war bestimmt nur beschäftigt. Zwei Stunden später – immer noch nichts. Drei Stunden – langsam wurde ich hibbelig. Nach vier Stunden verlor ich die Geduld und öffnete den Chat. Da traf es mich wie ein Blitz: »Gelesen«. Sie hatte es gelesen – und hielt es trotzdem nicht für nötig, mir zu antworten. Der Schmerz saß tief. Und die Scham, die ich spürte, auch.

Heute ist das vielleicht nicht mehr mit ganz so viel Emotionen verbunden wie damals mit 14, aber bei einer fremden Person (oder einer, die man nur flüchtig kennt) in die »DMs zu sliden«, kann immer noch sehr aufregend sein. Sowohl beim Dating als auch beim Aufbauen von Connections und Freundschaften.

Wenn du dir jetzt erhoffst, dass ich dir *die eine* perfekte erste Nachricht zeige, auf die jeder garantiert antworten und begeistert von dir sein wird, dann muss ich dich leider enttäuschen. *Die eine* Nachricht gibt es nicht. Es geht im Grunde eigentlich nur darum, das anzuwenden, was du ohnehin schon in diesem Buch gelernt hast – nur eben online.

Ich habe mich, als ich neu nach München gezogen bin, auf Social Media umgeschaut, was es für Profile von Menschen gab, die ähnliche Interessen wie ich haben und mit denen ich potenziell in Kontakt treten wollte. In meinem Fall waren das Influencer, Creator, Models etc., bei dir wären es vielleicht Musiker, Sportler, Gamer oder Heimwerker. Das klingt vielleicht erstmal etwas nach Stalking, aber im Grunde ist es ja nur einer von vielen Wegen, Menschen kennenzulernen – nur dass du eben selbst etwas mehr selektierst. Solange du dann nicht mit Fernglas im Baum vor ihrem Zuhause sitzt, ist das aus meiner Sicht auch völlig in Ordnung. Ich bin dann einfach ein paar Accounts von Münchnern gefolgt, die aus meiner Sicht einen coolen und interessanten Lifestyle hatten. Du kannst hierfür auch die »Geotag«-Suche von Instagram nutzen und speziell nach Beiträgen filtern, die aus deiner Gegend sind.

Ich habe dann erstmal still die Storys dieser Leute geschaut (auch um ein Gefühl dafür zu bekommen, wo man so hingeht und wo sich die »Szene« regelmäßig aufhält) und dann – wenn ich es für passend erachtet habe – ab und zu auf diese Storys reagiert und versucht, Mehrwert zu liefern. Denn das ist ja nach wie vor eines der wichtigsten Grundprinzipien. Da kommt wieder die Liste mit deinen Skills und Fähigkeiten ins Spiel, die du hoffentlich erstellt hast. Wenn du mitkriegst, dass du jemandem bei etwas hilfreich sein kannst, biete deine Hilfe an. Ich habe damals zum Beispiel immer wieder Menschen angeboten, auf ihren Events zu fotografieren. Und das mit Erfolg – allein dadurch habe ich unzählige Menschen kennengelernt und bin auf Events gekommen, zu denen ich sonst nie Zugang gehabt hätte. Wichtig sind natürlich auch hier Authentizität und ehrliches Interesse an den Leuten. Schreib ernstgemeinte und persönliche Nachrichten, keine 08/15-Texte, die du nur copy-pastest.

Ein weiterer guter Startpunkt sind Gruppen, Communitys

oder Ähnliches für gemeinsame Interessen. Auf Facebook gibt es zum Beispiel viele Gruppen wie »Neu in München« oder »Neu in München – nur für Frauen«, bei denen sich frisch zugezogene Münchner untereinander austauschen und Treffen ausmachen. Eine gute Freundin von mir hat hierüber zwei ihrer besten Freundinnen kennengelernt. Alternativ gibt es auch Zusammenschlüsse und Gruppen für alle möglichen Interessen, vom Anglertreff über Kinoclub bis Zelt-Fans. Halte einfach mal die Augen offen!

Der Grundsatz für das Freundefinden in der digitalen Welt ist aber immer derselbe: Gib Mehrwert und sei authentisch. Hab keine Angst, den ersten Schritt zu machen, und halte die Augen offen nach Menschen mit ähnlichen Interessen. Bonusübung: Wenn du deine Antwortrate deutlich erhöhen willst, arbeite an einem ansprechenden Profil. Wenn du ein leeres, anonymes Profil ohne Profilbild und Beiträge hast, wird dir kaum jemand antworten, geschweige denn bereit sein, sich offline mit dir zu treffen – und das zu Recht! Arbeite an einem Profil, das ansprechend ist, die richtigen Menschen anzieht und zeigt, dass du ein echter Mensch bist.

Abschließendes Wort der Warnung: Sei natürlich immer vorsichtig, wenn du dich mit Menschen aus dem Internet triffst – egal wie alt du bist und welches Geschlecht du hast. Stell immer sicher, dass sich hinter dem Profil ein echter Mensch befindet, und bring dich nicht in Gefahr.

Ich hoffe, ich konnte dir in den vergangenen Kapiteln veranschaulichen, warum Social Media ein Multiplikator und wahrer Gamechanger sein kann, um neue Leute kennenzulernen, aus Bekannten echte Freunde zu machen und generell mit vielen Menschen in Kontakt zu bleiben, mit denen man das sonst vielleicht nicht tun würde. Wenn du das Buch nicht nur gelesen hast, sondern auch aktiv anwendest, hast du im Grunde nun alles, was du brauchst, um Freunde fürs Leben zu finden und dich nie mehr einsam fühlen zu müssen.

Im vorletzten Kapitel geht es jetzt noch um einige zusätzliche Infos, Tipps und Situationen, die auf diesem Weg für dich früher oder später relevant sein könnten.

9. Tipps & Tricks für Fortgeschrittene

9.1. Business mit Freunden: Ja oder nein?

Wenn du in irgendeiner Form auf Social Media unterwegs bist, ist dir bestimmt schon mal jemand begegnet, der dir gesagt hat, wie toll die Selbstständigkeit ist – und dir vielleicht sogar einen Kurs dazu verkaufen wollte. Dropshipping, Network-Marketing, Modemarke, Social-Media-Marketing, Coaching-Business ... es gibt unendlich viele Wege (vor allem online), sein Geld zu verdienen – und auch unendlich viele Menschen, die dir versprechen, dass du genau wie sie ganz schnell und einfach reich werden kannst.

Du weißt, ich bin selbst seit vielen Jahren selbstständig. Früher als Fotograf, heute als Content Creator. Und bei TPA bin ich mit einer Umsatzbeteiligung auch »quasi« selbstständig (habe aber zusätzlich noch die Vorteile des Angestelltenverhältnisses). Die Selbstständigkeit bietet tatsächlich wahnsinnig viele Chancen, vor allem in Bezug auf persönliche Freiheit und das Vermögen, das du theoretisch damit aufbauen kannst. Genauso bietet sie aber ehrlicherweise mindestens genauso viele Gefahren – Unsicherheit, schlaflose Nächte, extrem viel Arbeit und Verantwortung. Wenn du nur selbstständig werden willst, um aus dem »Nine to Five« rauszukommen und weniger arbeiten zu müssen, dann würde ich dir eher davon abraten. Auch wenn es viele Businesscoaches gibt, die dir etwas anderes versprechen: Am Anfang ist es immer Arbeit – viel Arbeit. Und ehrlicherweise ist aus meiner Sicht die Mehrheit der Menschen nicht für die Selbstständigkeit gemacht. Das zeigen auch die Zahlen: Laut Daten des Statistischen Bundesamtes existierten beispielsweise von allen Unternehmen, die 2015 gegründet wurden, fünf Jahre später nur noch 37,1 Prozent. Wenn du jung bist und/oder einen starken Drang verspürst, dich mit einer Leidenschaft von dir selbstständig zu machen, dann finde ich aber durchaus, dass man diesem Drang nachgehen sollte. Wenn jeder Mensch auf dieser Welt immer nur auf Nummer sicher gegangen wäre, wäre die Menschheit niemals an dem Punkt, an dem sie jetzt ist.

Ob du dich selbstständig machen willst (egal ob hauptberuflich, nebenberuflich oder mit einem kleinen Side Hustle während der Schule), musst du ganz allein entscheiden. Was dann aber oft passiert, ist, dass man sich denkt: »Hey, wenn ich das mit meinen Freunden mache, dann macht das bestimmt viel mehr Spaß und wir sind damit viel erfolgreicher!« Andersrum hast du bestimmt auch schon mal Sätze gehört wie »Mit Freunden macht man keine Geschäfte«. Also was stimmt denn jetzt?

Das Ganze ist nicht so einfach und pauschal zu beantworten, und es gibt viele Nuancen, die darüber bestimmen, ob das klappen kann oder nicht.

Ein Grundsatz vorweg (und das wird dir jetzt wahrscheinlich nicht gefallen): Wenn du dich entscheidest, mit einem oder mehreren Freunden ein Business zu gründen, sei dir im Klaren, dass eure Freundschaft daran zugrunde gehen kann. Früher oder später gibt es nämlich immer Stress und Konflikte. Und lass dir gesagt sein: Ich habe schon sehr, sehr viele Freundschaften dadurch kaputtgehen sehen. Ich muss da immer an die *How-I-Met-Your-Mother*-Folge denken, in der Marshall und Ted für einen Abend zusammen eine Bar schmeißen – eine Vorstellung, die sie schon lange hatten: zusammen eine Bar kaufen und betreiben. Am Anfang lief alles super, aber dann wurde es zunehmend chaotischer. Am Ende verlagern sie die Party hoch in ihre Wohnung und alles gerät völlig außer Kontrolle – und Ted und Marshall kriegen sich heftig in die Haare. Diese Folge ist im Grunde sehr sinnbildlich für das, was passieren kann, wenn man mit Freunden Business macht: Chaos. Zum Glück ging es bei den beiden am Ende einigermaßen gut aus. In der Realität läuft das aber häufig leider anders. Ein super Film, der dieses Thema ebenfalls behandelt, ist *The Social Network*, der die Entstehungsgeschichte von Facebook nacherzählt. Ein sehr sehenswerter Film, der auf der wahren Geschichte der Facebook-Gründung beruht. Spoiler: Auch da ging das nicht gut aus.

Häufig ist es einfach schwer, Privates von Beruflichem zu trennen. Stress im Beruflichen wirkt sich auf die private Freundschaft aus und andersrum. Außerdem (und das birgt ein sehr großes Konfliktpotenzial) bringt jeder eine andere Vorstellung und Erwartungshaltung mit, wenn es darum geht, wie viel Arbeit und Ressourcen in das Unternehmen fließen sollen – vor allem wenn ihr nebenbei gründet und jeder noch andere Verpflichtungen hat. Dann sieht das womöglich so aus: Der eine arbeitet Tag und Nacht, während der andere am Wochenende lieber feiern geht und alles entspannter sieht. Und der Krach ist vorprogrammiert.

Gemeinsam mit Freunden ein Unternehmen zu gründen, kann aber auch viele Vorteile haben. Und natürlich gibt es auch einige positive Beispiele, bei denen das gut funktioniert. Eine der größten Stärken von Freundschaften ist das tiefe gegenseitige Vertrauen und Verständnis. Ihr kennt bereits die Stärken, Schwächen und womöglich auch die Arbeitsweisen des anderen, was die Kommunikation und Zusammenarbeit erleichtern kann. Dieses Fundament kann ein entscheidender Faktor für den Erfolg des Unternehmens sein. Außerdem könnt ihr euch gegenseitig pushen. Die gemeinsame Begeisterung für eine Idee oder ein Projekt kann brutal motivierend wirken. Außerdem hattet ihr, wenn ihr schon länger befreundet seid, bestimmt auch schon Konflikte privater Natur. Ihr habt diese Konflikte ja offensichtlich lösen können, also stehen die Chancen gut, dass ihr das auch in einem beruflichen Kontext hinbekommt.

Was könnt ihr jetzt also tun, um die Chancen zu maximieren und die Risiken zu minimieren? Der erste und aus meiner Sicht wichtigste Punkt beruht auf einigen Sätzen, die mein ehemaliger Steuerrechtsprofessor einmal gesagt hat und die mir bis heute im Kopf geblieben sind: »Merken Sie sich: Verträge sind nicht für die guten Zeiten, sondern ausschließlich für die schlechten Zeiten. In guten Zeiten schaut sich niemand einen Vertrag an. Aber in den schwierigen Zeiten sind Sie froh, einen Vertrag gemacht zu haben.« Also gerade und vor allem dann, wenn ihr euch gut versteht: Legt vertraglich alles ganz klar fest – nicht weil ihr euch nicht vertraut, sondern um eure Freundschaft, so gut es geht, zu schützen! Wenn von Anfang an klar geregelt ist, wer welche Anteile hat, was mit dem Gewinn passiert, was passiert, wenn jemand ausscheidet, wer für was verantwortlich ist usw., dann wird das später nicht zu einem Streitpunkt werden.

Generell ist eine klare Rollenverteilung sehr wichtig. Es

kann nicht jeder für alles zuständig sein. Legt klare Verantwortlichkeiten fest. Der eine ist für Produktion und Finanzen zuständig, der andere für Design und Marketing. Im besten Fall bringt ihr eure jeweilige, sich gut ergänzende Expertise mit und kümmert euch um das, wovon ihr am meisten Ahnung habt.

Versucht außerdem eine gute Work-Friendship-Balance zu halten. Trefft euch also auch bewusst ab und zu und vereinbart, das ganze Treffen über nicht über das Business zu reden. Viele Freundschaften gehen einfach deshalb zugrunde, weil ihr in dem ganzen Stress vergesst, Freunde zu sein – und nicht nur noch Geschäftspartner.

Ähnliche Probleme entstehen übrigens auch, wenn ihr euch selbstständig macht und eure Freunde eure Kunden werden. Ihr gebt dann wahrscheinlich auch noch einen Freundschaftsrabatt und oft ist die Erwartungshaltung von beiden Seiten nicht ganz klar. Mit Freunden Geschäfte zu machen, kann wahnsinnig gefährlich sein – nicht zuletzt deshalb gibt es den vielzitierten Spruch »Mit Freunden macht man keine Geschäfte«. Wenn es um Businessbeziehungen geht – im Sinne von Dienstleister-Kunden-Beziehungen –, würde ich mich eher auf die »schwachen« Kontakte, die wir in den vorherigen Kapiteln behandelt haben, fokussieren. Denn auch hier gilt: Wenn ihr mit guten Freunden intensive, langfristige Geschäftsbeziehungen aufbaut, kann das immer eure Freundschaft gefährden – vor allem wenn es dabei um hohe Summen geht. Unter meinen engsten Freunden versuche ich tunlichst zu vermeiden, langfristig Geschäfte mit ihnen zu machen. Wenn es kleinere Dinge sind (sowas wie Bewerbungsfotos), versuche ich das nach Möglichkeit immer kostenlos zu machen. Wenn sie dann zufrieden sind, sollen sie mich gerne an ihre Bekannten und Kontakte außerhalb unseres Freundeskreises weiterempfehlen!

Ein Unternehmen zu gründen, kann eine der größten und besten Entscheidungen eures Lebens sein – aber es kann eben genauso gut ein absoluter Reinfall sein, der euch Freundschaften kostet. Deshalb wähle weise, was du möchtest und was nicht. Ich persönlich würde lieber alleine gründen, als eine lebenslange Freundschaft dadurch zu verlieren.

9.2. Solltest du Freunde daten?

Die große Statistik-Plattform Statista hat 2023 eine Umfrage gemacht, bei der sie 607 deutsche Paare befragt hat, wo sie sich kennengelernt haben. Platz 1 teilen sich mit großem Abstand mit jeweils 24 Prozent zwei Orte, und der eine ist tatsächlich das Internet und/oder Dating-Apps. Da zählen Social-Media-Plattformen wie Instagram dazu, aber natürlich auch Dating-Apps wie Tinder. Mich hat das sehr überrascht, da ich noch in einer Zeit groß geworden bin, in der Dating-Apps einen eher negativen Ruf hatten – nämlich den, dass man dort höchstens jemanden für eine Nacht findet und nicht die große Liebe. Ich glaube, das hat sich spätestens durch Corona geändert, als die meisten anderen Orte, an denen man Menschen kennenlernen konnte, weggefallen sind. Heutzutage muss man aber absolut kein Schamgefühl mehr empfinden, wenn man sagt, dass man sich online kennengelernt hat. Und das finde ich auch gut so. Denn genauso wie man online super Freunde finden kann, kann man dort natürlich auch die große Liebe finden.

Der andere Ort, an dem Menschen ihre Partner am häufigsten kennengelernt haben, ist allerdings mindestens genauso spannend: nämlich über Freunde. Das ist einerseits ganz normal und war (anders als Dating-Apps) auch schon immer eine der besten Gelegenheiten. Aber es wirft die Frage auf: Sollte man seine Freunde daten?

Problemlos ist sowas meistens, wenn man sich irgendwie über zwei Ecken kennenlernt. Ein Bekannter hat wiederum einen Bekannten und man lernt sich auf einem Event, einer Party oder was auch immer kennen. Komplizierter wird es, je enger die jeweiligen Freundschaften sind – wenn du also beispielsweise die beste Freundin deines besten Freundes datest. Denn sowas birgt immer Konfliktpotenzial (und nicht nur, falls die Beziehung irgendwann auseinandergehen sollte). Noch komplizierter wird es, wenn du eine gute Freundin oder einen guten Freund datest – also alles erst rein freundschaftlich ist und sich dann Stück für Stück zur Beziehung entwickelt. »Tausendmal berührt, tausendmal ist nichts passiert. Tausend und eine Nacht …« – den alten Radioklassiker kennst du bestimmt.

Gerade auf Social Media gibt es viele Videos zu diesen Themen – vor allem zu der bekannten Streitfrage: Gibt es reine Freundschaft zwischen Mann und Frau? Meine Meinung dazu ist relativ klar: Ja, die gibt es. Ich bin ja selbst das beste Beispiel. Ich glaube aber auch, dass es dazu eine gewisse emotionale Reife braucht und dass diese nicht jeder hat. Trotzdem ist die eigentliche Kernfrage in diesem Kapitel ja, ob man es »riskieren« sollte, aus einer Freundschaft heraus eine Beziehung einzugehen.

Grundsätzlich gilt erstmal der Spruch »Wo die Liebe hinfällt«. Und wenn du mit jemandem befreundet bist und plötzlich merkst, dass Gefühle entstehen, die darüber hinausgehen, und diese im besten Fall sogar erwidert werden, dann ist das ja im Grunde etwas sehr Schönes. Und dann gibt es aus meiner Sicht nichts, was dagegen spricht, aus der Freundschaft mehr zu machen.

Wenn die Gefühle allerdings nur einseitig sind, wird es da schon komplizierter. Trotzdem bin ich immer ein Fan von offener Kommunikation – auch wenn die Freundschaft dann vielleicht daran kaputtgeht. Langfristig erspart ihr euch durch Ehrlichkeit eine ganze Menge Schmerz. Auch wenn es kurzfristig sogar noch schmerzhafter ist.

Womit ich allerdings ein großes Problem habe, sind »Nice Guys«. Das Prinzip gilt natürlich unabhängig des Geschlechts, aber die »Nice Guys« sind ein bekanntes, polarisierendes Phänomen: *Nice guys finish last* ist ein weit verbreiteter Satz. Einfach gesagt ist der klischeehafte Nice Guy »der nette Typ von nebenan« – jemand, bei dem sich die Frau wohlfühlt, der ihr ein gutes Gefühl gibt, der für sie da ist, sich ihre Probleme anhört … aber den sie eben nur als *einen* Freund sieht und nicht als den potenziellen Partner. Es ist natürlich nichts verkehrt daran, ein netter Kerl zu sein, im Gegenteil. Aber das Problem entsteht aus meiner Sicht immer dann, wenn der Kerl eigentlich etwas von der Frau will – aber sich wie ein guter Freund benimmt, weil er sich nicht traut, seine Gefühle offen auszusprechen. Und dann bleibt er lieber in der *Friendzone*, weil er die Frau so wenigstens ein bisschen um sich hat. Das ist aber aus zwei Gründen ganz fatal: einerseits, weil der Mann sich damit selbst Stück für Stück kaputtmacht – vor allem wenn er dann mitbekommt, wie die Frau lieber andere Männer datet als ihn. Aber es gibt noch einen zweiten Grund, den ich sogar noch schlimmer finde: Er missbraucht damit das Vertrauen der Frau. Sie denkt, sie kann ihm vertrauen, er würde nichts von ihr wollen und sie kann sich bei ihm fallen lassen, wie das in einer rein platonischen Freundschaft sein sollte – doch in Wahrheit will er eigentlich etwas ganz anderes.

Ich glaube, dass ein sehr großer Teil der Teenager schon mal trotz tiefergehender Gefühle für eine Person in deren *Friendzone* war – wirklich total unabhängig ob Mädchen oder Junge –, und man ist deshalb nicht gleich ein schlechter Mensch. Aber aus meiner Sicht gehört es auch zum Erwachsenwerden, zu seinen Gefühlen zu stehen und zu lernen, sie offen auszudrücken – auch wenn das mit einem Risiko und möglichem Schmerz verbunden ist.

Ein Satz, den ich von meinem Freund und Finanzberater Lorenzo gelernt habe: »P*rno = Storno«. Das gilt unter Finanzberatern eigentlich als Grundregel, die besagt, dass man mit Kunden nichts anfangen soll. Ich finde den gleichen Satz aber auch für Freundschaften (zumindest teilweise) passend. Denn auch hier gilt genauso wie beim Business: Wenn du anfängst, einen Freund oder eine Freundin zu daten oder Schritte in diese Richtung zu machen, musst du damit leben, dass die Freundschaft daran scheitern kann. Also wähle weise! Und vor allem: Überlege es dir am besten schon zu Beginn, um nicht in der Friendzone zu versinken, wenn du da eigentlich gar nicht sein möchtest.

9.3. Umgang mit falschen Freunden

Wir sind bereits ausführlich darauf eingegangen, wie bereichernd es sein kann, die richtigen Menschen um sich zu haben. Echte Freundschaften wirken sich unfassbar positiv auf dein gesamtes Leben aus.

Das Gleiche gilt leider aber auch andersrum. Nicht nur Einsamkeit kann sehr belastend für unsere Psyche sein, sondern auch das falsche Umfeld. Und das nicht nur für die Psyche, sondern auch für deine körperliche Gesundheit! Das wurde beispielsweise in einer britischen Studie aus dem Jahr 2007 von De Vogli et al. untersucht. Die Studie mit über 9000 Teilnehmenden konzentrierte sich darauf, die dunklen Seiten enger Beziehungen zu beleuchten und deren Verbindung zu Herzerkrankungen zu untersuchen. Die zentrale Erkenntnis: Negative Aspekte in deinen engen Beziehungen können das Risiko für koronare Herzkrankheiten signifikant erhöhen. Die Forscher fanden heraus, dass Personen, die negative Beziehungserfahrungen machten, ein um 34 Prozent erhöhtes Risiko für Herzerkrankungen aufwiesen. Der durch solche Erfahrungen ausgelöste Stress kann zu biologischen Reaktionen in deinem Körper führen, wie beispielsweise erhöhtem Blutdruck oder Entzündungen.

Aber was macht eigentlich eine negative Beziehung bzw. einen »falschen« Freund aus? Auf so etwas gibt es keine pauschale Antwort, und am Ende des Tages weißt nur du allein, wer dir guttut und wer nicht. Trotzdem kommt hier eine kleine Checkliste, die dir dabei helfen soll, herauszufinden, ob dein jetziges Umfeld gut für dich ist oder nicht.

Diese neun Punkte sind Anzeichen dafür, dass du es mit einer toxischen Freundschaft zu tun hast:

1. Energievampirismus:

Nach einem Kaffee mit deinem Freund fühlst du dich, als hätte jemand alle Energie direkt aus dir herausgesaugt. Anstatt dass ihr euch gegenseitig motiviert, enden eure Treffen oft mit dem Gefühl, als müsstest du erstmal »auftanken«. Die

Person jammert beispielsweise stundenlang über alles Mögliche, ohne sich auch nur einmal nach dir zu erkundigen. Disclaimer: Wenn es einem Freund mal nicht gut geht, ist das natürlich etwas anderes. Ein Problem wird es dann, wenn das etwas Grundsätzliches ist, was eure Beziehung zueinander im Grunde ausmacht.

2. Einseitige Investition:
Du organisierst die Treffen, hörst geduldig zu und stehst immer bereit, wenn dein Freund Hilfe braucht. Aber wenn du mal Unterstützung brauchst? Fehlanzeige.

3. Ständige Kritik:
Anstatt dich für deine Erfolge zu loben, findet dein Freund immer etwas zu kritisieren. Deine neuen Klamotten, die Musik, die du hörst, oder sogar deine Zukunftspläne – nichts scheint gut genug.

4. Manipulation:
Deine Entscheidungen werden ständig hinterfragt, bis du anfängst, an dir selbst zu zweifeln. Du merkst, dass du oft Dinge tust, die du so eigentlich nicht machen wolltest, nur um keinen Streit zu provozieren.

5. Neid:
Dein Freund kann sich nicht mit dir über positive Entwicklungen in deinem Leben freuen, sondern reagiert stattdessen mit Neid oder Missgunst. Wenn du dich über etwas freust, ist seine Reaktion bestenfalls lauwarm – und das Thema wird schnell gewechselt.

6. Grenzüberschreitung:
Dein Freund respektiert deine persönlichen Grenzen nicht, sei es die Privatsphäre deines Handys, deiner Beziehungen oder deiner Zeit. Er liest z. B. ungefragt deine Nachrichten oder respektiert nicht, wenn du eigentlich lernen musst oder etwas anderes zu tun hast.

7. Ständiges Drama:
Die Freundschaft ist ein ständiger Wirbelwind aus Drama und du wirst immer mit hineingezogen. Du merkst, dass du einen konstanten Stresspegel hast, wenn ihr Zeit miteinander verbringt, weil du nie weißt, was als Nächstes passiert.

8. Lügen und Geheimnisse:
Du bemerkst, dass dein Freund nicht ehrlich zu dir ist, oder du entdeckst, dass er Dinge vor dir verbirgt. Dein Bauchgefühl sagt dir, dass irgendetwas nicht stimmt, aber auf Nachfragen erhältst du ausweichende Antworten.

9. Schuldgefühle:
mmer wenn du versuchst, deine eigenen Bedürfnisse zu kommunizieren oder Grenzen zu setzen, gibt dir dein Freund ein schlechtes Gefühl.

Ich denke, jeder war in seinem Leben schon einmal in der Situation, von solchen Menschen umgeben zu sein. Vielleicht hast du dich gerade auch ein wenig ertappt gefühlt, weil du dich selbst manchen Menschen gegenüber so verhalten hast. Solche Menschen sind an sich kein großes Problem, wenn man nur temporär an sie gebunden ist – beispielsweise wenn du auf einer Party bist und dort eine sehr negative, anstrengende

Person ist. Schwieriger wird es, wenn man es in seinem engeren Umfeld bemerkt. Und wenn du mit Menschen schon eine lange Vergangenheit teilst, kann es deutlich schwieriger werden, sich von ihnen und ihrem negativen Einfluss zu lösen. Du magst die Person vielleicht nach wie vor, aber dir geht es trotzdem nach jedem Treffen schlecht und du fühlst dich »leer«. Was tust du dann am besten? Hier kommen ein paar Schritte, um am besten mit einer solchen Situation umzugehen.

Schritt 1: Erkenntnis

Falls du dich in einer solchen Situation wiederfindest, hast du den ersten wichtigen Schritt bereits hinter dir: die Erkenntnis. Es gibt nämlich viele Menschen, die so etwas entweder nicht wahrnehmen oder sogar verdrängen, aus Angst vor den Konsequenzen wie Streit oder Einsamkeit. Eine wichtige Erkenntnis in diesem Zuge ist auch, dass nicht alle Freundschaften ewig halten. Nur weil ihr euch jetzt nicht mehr guttut, heißt das nicht, dass die ganze Freundschaft nichts wert war. Nur weil die Beziehung jetzt toxisch ist, heißt das nicht, dass sie das schon immer war. Menschen verändern sich, du dich genauso wie dein Gegenüber. Und du darfst trotzdem dankbar sein für das, was ihr zusammen erlebt habt.

Schritt 2: Grenzen & Konfrontation (optional)

Falls dir die andere Person wirklich wichtig ist und du noch eine Chance siehst, dass du die Freundschaft »retten« kannst, sich also wieder alles zum Positiven entwickelt, kannst du auch nochmal versuchen, mit der Person zu reden. Mach ihr klar, dass es dir so, wie die Freundschaft jetzt ist, nicht gut geht. Erkläre ihr, was dich primär stört, und bitte um Verständnis. Versucht dann gemeinsam Lösungen zu finden.

Hinterfrage dich gleichzeitig auch unbedingt selbst und überleg dir mal, wo du nicht richtig reagiert haben könntest. Und dann schau mal, wie die Person reagiert. Wenn sie Verständnis zeigt und gewillt ist, eine Lösung zu finden, dann könnt ihr das ja auf jeden Fall nochmal versuchen. Falls sie aber verständnislos reagiert und nur noch mehr Stress und Drama macht, solltest du zum nächsten Schritt übergehen.

Schritt 3: Distanz gewinnen

Ich bin kein Fan davon, von einem Tag auf den anderen Menschen aus deinem Leben zu kicken – selbst wenn sie dir nicht guttun. Wenn es eine sehr toxische Beziehung ist, muss man manchmal die Reißleine ziehen, aber im Normalfall führt so ein theatralischer Abgang und ein »Kündigen« der Freundschaft nur zu noch mehr Drama in eurem gesamten Umfeld. Ich halte es in vielen Fällen für schlauer, sich Stück für Stück zu distanzieren und den Kontakt zu minimieren. Was bedeutet das in der Praxis? Stell die Nachrichten stumm, schreib nicht mehr von dir aus, lass die Person auf »gelesen«, halte dich in Gesprächen kurz und versuche, in Gegenwart dieser Person nicht emotional zu werden. Am Anfang kann das schwierig sein, aber du wirst merken, wie es dir langsam, aber sicher besser gehen wird.

Schritt 4: Die Lücke füllen

Da du jetzt weniger Zeit und Energie in diese eine Person steckst, ist ja eine Lücke entstanden. Die gilt es jetzt zu füllen! Triff neue Menschen, fang ein neues Hobby an oder entspanne einfach ein bisschen mehr. Lass dich hier gerne von den vorherigen Kapiteln inspirieren. Viel Spaß mit der neu gewonnenen Zeit!

Schritt 5: Reflexion & Vergebung

Wenn etwas Zeit verstrichen ist, kannst du dich hinsetzen und dich und die gesamte Freundschaft einmal reflektieren. Jede Erfahrung, so schmerzhaft sie auch sein mag, bietet eine Chance zum Lernen und für Wachstum. Was hat dich diese Freundschaft über deine Bedürfnisse, Grenzen und Werte gelehrt? Wie kannst du zukünftig gesündere Beziehungen aufbauen?

Und zu guter Letzt: Vergib der anderen Person. Dabei geht es weniger darum, das Verhalten der Person zu entschuldigen, sondern vielmehr darum, sich von dem ganzen Groll und Frust zu lösen. Niemand ist perfekt. Und nur wer vergeben kann, ist wirklich frei.

9.4. Wie lerne ich einflussreiche Menschen kennen?

Wahrscheinlich hast auch du als Kind davon geträumt, einmal berühmt zu sein. Egal ob als Sänger, Schauspieler, Fußballer oder was auch immer – die Vorstellung, ein Promi zu sein, ist für viele ein reizvoller Gedanke. Abgesehen von Promis gibt es natürlich aber auch viele andere einflussreiche Menschen. Das können Geschäftsführer oder Inhaber von Unternehmen sein, die für dich interessant sind, oder »Lokal-Promis«, die Zugang zu exklusiven Events haben, oder Influencer, denen du schon lange folgst. Und natürlich kann es für dich und dein Leben einen sehr positiven Einfluss haben, wenn du solche Menschen kennst – oder sogar mit ihnen befreundet bist.

Ich schreibe dieses Kapitel vor allem deshalb, weil ich immer wieder sehe, wie Menschen sich anders verhalten, sobald sie einer Person begegnen, die viel Einfluss hat und zu der sie aufschauen. Sie machen meistens einen der folgenden beiden Fehler:

1. Sie sind viel zu schüchtern und trauen sich gar nicht, ein Gespräch anzufangen, von sich zu erzählen, nachzufragen etc. Obwohl diese Menschen eigentlich recht »social« sind, sind sie plötzlich wie eingefroren.

2. Der andere »Fehler« ist, dass sie gleich irgendetwas wollen. Sie wittern die Chance und beginnen direkt, den Personen irgendwas zu »pitchen«. Das passiert meist bei »Networkern«, die irgendwelchen Geschäftsführern direkt was verkaufen wollen, wenn sie sie sehen. Aber auch Influencer können dir fast alle Geschichten erzählen von Fans, die viel zu aufdringlich sind und Privatsphäre nicht in angemessenem Maße akzeptieren können.

Wenn du aus diesem Kapitel nur eine Sache mitnimmst, dann sollte es das Folgende sein: Egal wie berühmt, begabt, einflussreich oder besonders jemand ist – es sind alles nur Menschen.

Als ich in Los Angeles gelebt habe, waren Promis und große Influencer eigentlich allgegenwärtig. Ich habe dir bereits erzählt, dass ich dort Fotoshootings mit einigen Influencern hatte. Dazu zählt auch Eden, der ich bis heute sehr dankbar bin dafür, dass sie mich ein bisschen in diese Hollywood-Welt eingeführt hat. Durch ein paar glückliche Zufälle und ein paar Kontakte von Eden bin ich eines Sonntagvormittags beispielsweise mal in der Villa des international bekannten Influencers Jake Paul gelandet. Ich weiß noch genau, wie ich damals im Uber saß und wir in das Reichenviertel Calabasas gefahren sind. Der Uber-Fahrer erklärte mir, dass hier beispielsweise auch die Kardashians und Will Smith wohnten.

Jake Paul lebte zu der Zeit in der »Team 10«-Villa – sein YouTuber-Kollektiv, das gemeinsam Content produzierte und dort zu zehnt in einer riesigen Villa lebte. Quasi das WG-Konzept, nur eine Stufe krasser. Als ich die Villa betrat, musste ich mich auf einem Touchscreen anmelden und registrieren. In dieser Villa geht niemand ein und aus, ohne dass Daten erfasst werden. Außerdem hingen überall Schilder, dass man nicht ungefragt Bilder oder Videos auf der Location machen darf. Ich war zwar nur einen Sonntagvormittag da, um mit einem der Mitglieder von Team 10 eine Bilderauswahl zu treffen, aber trotzdem war das ein sehr tolles Erlebnis. Ich habe auch kurz mit Jake geredet, und auch wenn er online nicht immer den besten Ruf hat, war er sehr nett und offen mir gegenüber.

Eden hat mir damals immer erzählt, ich solle niemals, wirklich niemals, jemanden fragen, ob ich ein Bild mit ihm machen darf. Das ist nämlich der erste Schritt, um als »Fan« abgestempelt zu werden. Die wichtigste Regel ist: »Behandle Promis, als wären sie ganz normale Menschen. Denn sie sind es.« Und wenn du jemanden auf einer Party gerade eben erst kennengelernt hast, würdest du ihn oder sie ja auch nicht direkt fragen, ob ihr ein Selfie zusammen machen könnt, oder?

Eigentlich könnte man das Kapitel auch genau damit beenden – behandle niemanden besonders, nur weil er berühmt oder einflussreich ist. Trotzdem hier noch ein paar weitere Tipps, da ich weiß, dass es einigen von euch durchaus wichtig ist, in bestimmte Kreise zu kommen, und es da auf jeden Fall noch ein paar Dinge gibt, die man besonders beachten kann.

Erinnere dich an die Ziele, die du in diesem Buch formuliert hast. Wer kann dir dabei helfen, diese zu erreichen? Oft können einflussreiche Menschen das natürlich besonders gut. Aber bevor du dich in die Welt der Einflussreichen begibst, ist es entscheidend, dich selbst zu kennen und zu verstehen, was du zu bieten hast. Jeder Mensch, egal wie berühmt, schätzt Authentizität und Echtheit. Frag dich daher: Was sind meine Leidenschaften? Was kann ich zu einer Konversation beitragen, die nicht nur Oberflächlichkeiten streift? Und wie kann ich der Person vielleicht sogar helfen?

Einflussreiche Menschen sind oft aufgrund ihres engen Zeitplans schwer erreichbar. Sie besuchen Konferenzen, Galerieeröffnungen oder Charity-Events. Recherchiere, wo du diese Persönlichkeiten antreffen könntest, und plane deine Teilnahme an solchen Veranstaltungen. Doch denk daran: Es geht nicht darum, aufdringlich zu sein, sondern um das Knüpfen von sinnvollen Verbindungen. Wenn du die Gelegenheit hast, mit einer einflussreichen Person zu sprechen, vergiss nicht, dass der erste Eindruck zählt. Sei höflich, zeige echtes Interesse und stell intelligente Fragen. Vermeide es, sofort um Gefallen oder Kontakte zu bitten. Stattdessen solltest du versuchen, einen Mehrwert zu bieten und zu zeigen, dass du an einer für beide Seiten vorteilhaften Beziehung interessiert bist.

Ab hier gelten im Grunde genau die Regeln und Prinzipien, die du in diesem Buch gelernt hast. Der einzige Unterschied ist, dass sehr viele Menschen etwas von einflussreichen Personen wollen und sie deshalb häufig noch gestresster sind und es länger dauern kann und manchmal schwieriger ist, eine echte Beziehung aufzubauen. Umso wichtiger ist es, geduldig zu sein, keinen Druck zu machen und locker zu bleiben. Denk immer daran: Das sind alles nur Menschen!

9.5. Die Fernfreundschaft: Wie halte ich eine Freundschaft über große Distanzen am Leben?

Ich habe das große Privileg, quasi zwei Heimaten zu haben. Ich lebe und arbeite aktuell in München. Meine Heimat, in der auch meine Familie und viele enge Freunde sind, ist Regensburg. Wenn die Autobahnen frei sind, brauche ich von Haustür zu Haustür nur knapp über eine Stunde. Deshalb bin ich auch noch fast jedes zweite Wochenende in Regensburg, da ich im Haus meiner Eltern nach wie vor ein eigenes Zimmer habe. Dafür bin ich auch wahnsinnig dankbar. Ich lese aber in einigen Nachrichten meiner Follower immer wieder, wie schwierig es wird, wenn enge Freunde wegziehen – oder man selbst wegzieht. Du hast jahrelang eine Freundschaft aufgebaut, ihr habt euch fast täglich gesehen und dann plötzlich: Ein Umzug, und die Freundschaft ist weg.

Klar, heutzutage gibt es viele Möglichkeiten, um in Kontakt zu bleiben, aber natürlich wird alles schwieriger, sobald man nicht mehr am selben Ort ist. Genau wie Fernbeziehungen gibt es auch »Fernfreundschaften«, und ich werde in diesem Kapitel darauf eingehen, was es dabei zu beachten gilt, um das Maximale aus einer Freundschaft rauszuholen, zwischen deren Beteiligten viele Kilometer liegen.

Wenn ihr schon eine enge Freundschaft habt, ist der Vorteil, dass ihr euch nicht mehr so oft sehen müsst und trotzdem eine tolle Freundschaft aufrechterhalten könnt. Nutzt hierbei die Technologie zu eurem Vorteil! Der simpelste Weg ist natürlich Anrufen. Ich telefoniere zum Beispiel häufig auf Autofahrten mit meinem besten Freund Spissi. Es muss auch nicht immer ein zweistündiges Telefonat sein. Selbst auf meinem Arbeitsweg, der maximal zehn Minuten lang ist, rufe ich ab und zu meine Freunde an, und wir machen einen kurzen Check-up, wie es dem anderen geht. Wenn ihr euch nicht sicher seid, was eure Freunde von so kurzen Anrufen halten, sprecht es offen an und klärt, ob das für euer Gegenüber infrage kommt. Oft fällt es einem leichter, so kurze Anrufe dann auch wirklich zu machen, wenn man weiß, dass sich die andere Person ehrlich drüber freut und es nicht komisch findet, dass man sich nicht lange Zeit für sie nimmt.

Noch persönlicher sind Videoanrufe. Bevor ich diese Zeilen schreibe, habe ich gerade einen Videocall mit meiner guten Freundin Angie beendet, die zurzeit in New York ist. Sie hat mich angerufen und mit mir ein bisschen digitales Sightseeing gemacht. Wir haben uns kurz geupdatet, bevor wir wieder unseren Leben auf anderen Kontinenten nachgehen. Videoanrufe haben den Vorteil, dass man auch Gestik und Mimik der anderen Person sehen kann, was noch mehr dazu beiträgt, eine Beziehung aufzubauen oder aufrechtzuerhalten. Je nachdem, wann du dieses Buch liest, gibt es mit Hilfe von AR oder VR vielleicht noch intensivere Möglichkeiten, digital in Kontakt zu bleiben.

Im Übrigen sind natürlich all diese Tipps genauso relevant, wenn du Kontakt zu Menschen halten willst, die in derselben Stadt leben wie du, aber ihr einfach nicht oft genug Zeit habt, euch zu sehen. Ein persönliches Treffen ist selbstverständlich meistens besser, aber der digitale Kontakt ist auf jeden Fall besser als gar keiner.

Und wenn du old school unterwegs bist, kannst du natürlich auch mal einen Brief schreiben oder ein kleines Paket schicken. Offline-Aufmerksamkeiten haben in der heutigen digitalen Welt eine ganz besondere Bedeutung, über die man sich umso mehr freut.

Abgesehen vom Telefonieren und Schreiben könnt ihr aber auch gemeinsam Aktivitäten starten. Wenn ihr gerne zockt, könnt ihr zum Beispiel zusammen ein Online-Spiel anfangen und dabei miteinander reden. Oder ihr schaut einen Film zusammen, den ihr gleichzeitig startet, und telefoniert währenddessen. Es gibt viele Apps, die solche Aktivitäten unterstützen und euch das Gefühl geben, zusammen zu sein. Vor allem seit Corona gibt es da einige Apps und Seiten, die versuchen, genau dieses Problem zu lösen.

Bei einer Fernfreundschaft ist grundsätzlich eine Mischung aus Planung und Flexibilität wichtig. Einerseits solltet ihr einen möglichst regelmäßigen Termin ausmachen, an dem ihr euch als Nächstes sprecht oder seht – egal ob in echt oder digital. Das Planen von gemeinsamen Treffen oder Events kann die Vorfreude steigern und euch beiden etwas geben, worauf ihr euch freuen könnt – und das stärkt auch eure Freundschaft. Andererseits sind auch Flexibilität und Offenheit wichtig. Ihr habt andere Lebensumstände und phasenweise wird einer von euch mal weniger Zeit haben. Eventuell lebt ihr sogar in verschiedenen Zeitzonen, was das Ganze nochmal erschwert. Das Leben ist immer in Bewegung, sowohl deines als auch das deines Freundes. Also macht euch beide keinen Druck, und versucht euch, so gut es geht, an die Lebenssituation des anderen anzupassen, ohne selbst auf zu viel zu verzichten. Am Ende des Tages ist das natürlich alles mit Arbeit verbunden – aber wenn dir die Freundschaft wirklich wichtig ist, dann ist es das allemal wert. Und der Vorteil ist ja wie bereits erwähnt, dass eure Freundschaft nicht komplett einschlafen wird, nur weil ihr mal ein paar Wochen wenig Kontakt hattet.

In jedem Fall ist es wichtig – wie in jeder anderen Freundschaft auch –, dass ihr euch bei eurem persönlichen Wachstum unterstützt. Egal ob Studium, Karriere, Hobbys oder persönliche Projekte – sei bitte nicht der Freund, der will, dass alles so bleibt, wie es ist, und sich nichts und niemand verändern soll. Teilt gegenseitig eure Erfolge und Veränderungen und freut euch füreinander. Auch wenn das bedeutet, dass ihr zeitweise weniger Zeit miteinander verbringen könnt und ihr euch dadurch möglicherweise ein wenig auseinanderlebt.

Und während ihr euch bemüht, die Fernfreundschaft zu pflegen, vergesst nicht, auch in eurem direkten Umfeld präsent zu sein. Wahre Freundschaft versteht und unterstützt, dass ihr beide ein erfülltes Leben führt, auch wenn ihr räumlich getrennt seid.

9.6. Freunde für immer? Die 7-Jahres-Regel

Du bist der Durchschnitt deiner fünf engsten Mitmenschen – darüber haben wir ja bereits gesprochen. Wenn ich auf die letzten Jahre zurückblicke, dann sind diese fünf Menschen bei mir teilweise komplett andere geworden, teilweise sind sie aber auch gleich geblieben. Mein bester Freund Spissi ist im Grunde eine Konstante seit der fünften Klasse. Ali kenne ich zwar schon seit der fünften Klasse, einer meiner engsten Freunde ist er aber erst weit nach dem Abi geworden. Und andere enge Freunde wie Angie habe ich erst in den letzten zwei Jahren dazugewonnen. Zu anderen, die ich früher zu meinen fünf engsten Mitmenschen gezählt habe, habe ich gar keinen Kontakt mehr. Bei manchen finde ich das schade, bei anderen eher gut so. Genau wie du selbst stetig im Wandel bist, ist es auch dein Umfeld.

Das hat auch eine Studie herausgefunden, die in der kleinen niederländischen Universitätsstadt Utrecht durchgeführt wurde. Der Soziologe Gerald Mollenhorst stellte sich dort eine spannende Frage: Wie verändern sich Freundschaften mit der Zeit? Was er entdeckte, war eine Bestätigung der flüchtigen Natur menschlicher Verbindungen.

Mollenhorst untersuchte die Dynamik von Freundschaften und wie diese sich im Laufe der Zeit verändern. Seine Studie beleuchtete die Beziehungen von rund 1 000 Menschen im Alter zwischen 18 und 65 Jahren. Über einen Zeitraum von sieben Jahren verfolgte er, wie sich das soziale Netzwerk dieser Personen entwickelte. Was Mollenhorst dabei herausfand, war sowohl faszinierend als auch ein wenig melancholisch: Im Durchschnitt verlieren Menschen alle sieben Jahre etwa die Hälfte ihrer Freunde. Das bedeutet, dass unser sozialer Kreis einem ständigen Wandel unterzogen ist, einer konstanten Folge von Abschieden und Neuanfängen. Die Studie ergab auch, dass wir tendenziell neue Freunde in den gleichen Kontexten finden, in denen wir die alten verloren haben – also zum Beispiel am Arbeitsplatz, in Vereinen oder in unserer Nachbarschaft.

Diese Erkenntnisse könnten erstmal etwas frustrierend wirken, weil sie im Kern vermitteln, dass Freundschaften häufig nicht von Dauer sind. Sie zeigen aber auch unsere Fähigkeit auf, zu wachsen und uns anzupassen. Sie erinnern uns daran, dass Veränderung der einzige konstante Begleiter in unserem Leben ist und dass jede Begegnung, so flüchtig sie auch sein mag, einen Wert hat. Mollenhorsts Studie zeigt, dass wir, während wir durch das Leben navigieren, immer wieder die Möglichkeit haben, neue Verbindungen zu knüpfen, von anderen zu lernen und unterschiedliche Perspektiven einzunehmen.

Ich bin davon überzeugt, dass eine der wichtigsten Eigenschaften im Leben ist, mit dem konstanten Wandel klarzukommen. In meinem BWL-Studium habe ich den Begriff »VUCA« kennengelernt. Der Begriff kommt ursprünglich aus dem militärischen Kontext, wird mittlerweile aber auch viel in der Wirtschaft benutzt. VUCA beschreibt die chaotische, sich ständig wandelnde Welt, in der wir leben. VUCA ist ein Akronym für **Volatility** bzw. Volatilität (die hohe Geschwindigkeit des Wandels), **Uncertainty** bzw. Unsicherheit (wir wissen nicht, was als Nächstes passiert), **Complexity** bzw. Komplexität (alles ist miteinander verbunden) und **Ambiguity** bzw. Mehrdeutigkeit (alles kann unterschiedlich interpretiert werden).

All diese Eigenschaften treffen auch auf dich und dein soziales Umfeld zu:

Eine hohe Volatilität: Freunde und vor allem Bekannte kommen und gehen ständig.

Unsicherheit: Du kannst dir nie sicher sein, was als Nächstes passiert. Ein Freund kann dich verraten oder wegziehen. Oder du lernst plötzlich eine Person kennen, die superschnell zu einem deiner besten Freunde wird.

Komplexität: Es hängt alles zusammen. Ein neuer Freund kann dir die Türen zu einem ganz neuen Freundeskreis öffnen. Andersrum kann das Beenden des Kontakts zu einer Person bedeuten, dass du zu dem kompletten Umfeld der Person den Kontakt verlierst.

Mehrdeutigkeit: Es gibt nicht »die eine Wahrheit«. In den

Geschichten mancher Menschen wirst du »der Böse« sein. Genauso wirst du bestimmte Dinge nicht akzeptieren können, die andere für völlig normal halten. Es ist normal, dass du nicht immer mit jedem einer Meinung sein wirst und dass das manchmal auch bedeutet, dass du zu Menschen den Kontakt verlierst.

Dich in der VUCA-Welt zurechtzufinden, ist nicht nur ein Skill, den du erlernen musst, um dich später im Berufsleben zurechtzufinden, wo ständige Anpassung nötig ist, sondern auch ein Skill, den du in Bezug auf Freundschaften meistern musst. Wenn du dich zu sehr an das klammerst, was mal war, wirst du niemals wirklich glücklich werden. Sei dankbar für jeden Menschen, den du liebst und in deinem Leben hast. Aber akzeptiere auch, dass nichts für die Ewigkeit ist, und sei offen für Neues.

9.7. Apps für die Kontaktpflege

Wenn du bis hierher gekommen bist, kannst du dich beglückwünschen, denn wir nähern uns langsam dem Ende dieses Buches. Du hast hoffentlich einiges mitnehmen können aus den Bereichen Psychologie, Kommunikation, Persönlichkeitsentwicklung, Social Media & Co. Ich möchte mich aber jetzt nochmal einem Thema widmen, mit dem all das Gelernte noch einfacher umsetzbar wird: Apps.

Wir leben im 21. Jahrhundert, also warum sollten wir nicht auch Apps und Programme zur Kontaktpflege nutzen? Mir ist bewusst, dass der App-Markt sehr schnelllebig ist. Je nachdem, wann du dieses Buch liest, kann es schon wieder ganz andere Tools und Möglichkeiten geben, die ähnliche oder noch bessere Features anbieten. Trotzdem möchte ich dir hier einige Tools vorstellen, die ich selbst aktuell gerne nutze oder in der Vergangenheit gerne genutzt habe. Mit Sicherheit wird es viele davon auch noch in zehn Jahren geben.

Fangen wir mal mit dem Offensichtlichen an: die sozialen Medien.

Facebook: Du wirst dir jetzt wahrscheinlich denken: Warum zur Hölle fängt er mit Facebook an?! Wie alt ist dieser Kerl? Und ja, die Nutzer auf Facebook sind tendenziell eher älter. Nicht mal meine Eltern nutzen noch regelmäßig Facebook, sondern sind auf Instagram oder sogar TikTok umgestiegen.

Trotzdem hat Facebook noch seine Berechtigung, und aus meiner Sicht vor allem wegen einer Sache: Facebook-Gruppen. Auf Facebook gibt es viele Gruppen zu den unterschiedlichsten Themen und Interessen. Wie bereits erwähnt gibt es hier auch Gruppen für Menschen, die neu in einer Stadt sind, was zu Beginn ein super Weg sein kann, neue Leute kennenzulernen.

Instagram: In meiner Altersklasse ist Instagram die Hauptplattform, um mit Menschen in Kontakt zu bleiben. Tatsächlich wird die App auch immer mehr so genutzt. Noch vor wenigen Jahren war der Feed der Hauptort, an dem man sich auf Instagram aufgehalten hat. Man hat also Beiträge konsumiert, sich Bilder und Videos von Leuten angeschaut, denen man folgte. Aber mittlerweile verbringen die Nutzer auf Instagram den Großteil ihrer Zeit in den Storys oder den DMs, also Direktnachrichten. Zum Aufbau eines ansprechenden Instagram-Profils gab es ja ein eigenes Kapitel, deswegen ist dir sicherlich klar, für wie wichtig ich diese Plattform halte.

TikTok: Je nachdem, wie alt du bist und wen du in deinem Freundeskreis hast, kann auch TikTok ein Weg sein, um Menschen kennenzulernen oder mit ihnen in Kontakt zu bleiben. Auch hier kannst du Videos posten, die beispielsweise nur deinen Freunden gezeigt werden. Trotzdem wird die Plattform wenig bis gar nicht genutzt, um dort individuell mit Menschen zu schreiben und Kontakte zu knüpfen.

Snapchat: Ich habe ja schon zum Ausdruck gebracht, dass ich von dieser Plattform ehrlicherweise nicht viel halte. Snapchat ist an sich ein sehr guter Weg, um Kontakt zu halten und Menschen an deinem Alltag teilhaben zu lassen. Du kannst täglich kleine Ausschnitte aus deinem Leben mit deinen Kontakten teilen und hast darauf aufbauend die Möglichkeit, individuelle Chats anzufangen. Was mich daran stört, ist, dass in den meisten Fällen völlig belanglose Dinge geteilt werden (niemand interessiert sich dafür, wie die Wand in deinem Zimmer aussieht, ehrlich!). Vielleicht bin ich aber auch einfach zu alt für diese App. Wenn dort dein Umfeld aktiv ist und dir das Spaß macht, nutze es gerne!

LinkedIn: LinkedIn ist eine Plattform, die ich lange verteufelt, aber mittlerweile lieben gelernt habe. LinkedIn ist ein Businessnetzwerk. Das heißt, diese Plattform ist vor allem dann ratsam, wenn du entweder selbstständig bist und/oder dich anderweitig im beruflichen Kontext vernetzen willst. Auch wenn der Fokus hier eher auf deiner beruflichen Laufbahn liegt, verschwimmen die Grenzen zwischen Privatem und Beruflichem durchaus oft. Ich habe tatsächlich ein paar gute Bekannte über LinkedIn kennengelernt, zu denen ich später auch privat Kontakt aufgebaut habe.

WhatsApp: WhatsApp ist eigentlich ein Messenger, was aber durchaus auch in die Kategorie der sozialen Netzwerke fällt. Wie WhatsApp funktioniert, ist, denke ich, ziemlich selbsterklärend. Was ich hier hervorheben möchte, sind WhatsApp-Gruppen. Ich würde dir empfehlen, WhatsApp-Gruppen für Freundeskreise, Events oder Ähnliches zu nutzen. So kann man eigene kleine Communitys zu verschiedenen Events, Themen oder Aktivitäten erschaffen. Das ist ein super Weg, um Menschen miteinander zu vernetzen.

Covve: Das ist eine App, die ich selbst sehr gerne nutze, da ich ein vergesslicher, leicht chaotischer Mensch bin. Obwohl ich mir fest vornehme, mit bestimmten Menschen regelmäßig in Kontakt zu bleiben, vergesse ich es oft einfach. Die App hilft dir genau dabei. Du kannst dort alle relevanten Kontakte einspeichern bzw. mit deinen vorhandenen Kontakten synchronisieren. Du kannst dann festlegen, in welchen Abständen du dich bei diesen Menschen melden willst, damit ein neu gewonnener Kontakt nicht direkt wieder einschläft und du trotz stressigem Alltag nicht den Überblick (und damit auch die Kontakte) verlierst. Bei meinen engen Freunden brauche ich solche Reminder nicht, aber bei Menschen, zu denen ich nur gelegentlich Kontakt habe, hilft das ungemein. Außerdem hat die App noch viele coole Features (auch in Kombination mit KI), die dir bei der Kontaktpflege helfen.

Kontakte: Auch die ganz normale »Kontakte«-App auf dem Smartphone ist wichtig, um Menschen nicht zu vergessen. Speichere dir die Menschen, mit denen du in Kontakt bleiben willst, dort ein und füge so viele relevante Informationen wie möglich hinzu. Bonustipp: Schreib hinter die Namen der Personen Emojis, um sie zu kategorisieren. Wenn du beispielsweise Freunde hast, mit denen du gerne Fußball spielst, mach ein ⚽ hinter ihren Namen. Die Freunde, mit denen du gerne in Clubs gehst, speicherst du mit einer 🪩 ein. Wenn du jetzt eine Fußballrunde oder einen Clubabend starten willst, gibst du einfach nur das entsprechende Emoji in deine Suchleiste ein und automatisch tauchen alle relevanten Kontakte auf.

Meetup: Meetup ist eine Plattform, die ich vor allem viel genutzt habe, als ich neu in München war. Auf der Plattform werden Events zu allen möglichen Interessen und Themengebieten angeboten. Ich habe mich dort für Events rund um Fotografie, Sport, Persönlichkeitsentwicklung, Marketing und Co. angemeldet und dadurch viele spannende Menschen kennengelernt. Je größer die Stadt, in der du bist, desto mehr Aktivitäten werden hier angeboten.

Spontacts: Spontacts funktioniert ganz ähnlich wie Meetup. Hier ist der Fokus allerdings noch mehr auf »simplen« Aktivitäten. Du kannst hier auch einfach zwei bis drei Leute für eine gemeinsame Runde Basketball oder zum Gassigehen finden.

Eventbrite: Eventbrite ist eine Seite, auf der du Events in deiner Nähe finden kannst. Zu denen kannst du natürlich auch alleine hingehen und generell liegt hier der Fokus weniger auf dem Kennenlernen neuer Leute als bei Spontacts oder Meetup. Du kannst Seiten wie Eventbrite aber auch super nutzen, um interessante Aktivitäten zu finden, die du mit Menschen unternehmen kannst, die du gerade neu kennengelernt hast.

Bumble For Friends (und andere »Dating«-Apps): Die Dating-App Bumble hat einen eigenen Bereich, der nur für das Freundefinden da ist. Es gibt auch noch ein paar weitere Dating-Apps, die solche Funktionen anbieten. Wenn man sich die Webseite von Bumble For Friends ansieht, sind dort auf den Bildern fast ausschließlich Frauen abgebildet – das zeigt auch direkt die Zielgruppe dieser Funktion. Die App wird zu großen Teilen von Frauen genutzt, die dort andere weibliche Freunde finden wollen. Du kannst die App natürlich auch als Mann nutzen, wirst es aber wahrscheinlich ein wenig schwerer haben, Freunde zu finden. Einige Frauen aus meinem Umfeld haben berichtet, dass die Männer sich dort oft trotzdem an sie rangemacht haben, obwohl es ja eigentlich nur um das Freundefinden geht. Deshalb sind viele Frauen dort nicht so offen dafür, Männer freundschaftlich kennenzulernen.

ChatGPT: Das ist zwar keine App, die speziell für die Kontaktpflege da ist, die dich aber in sehr vielem, was du in diesem Buch gelernt hast, unterstützen kann. Ich habe dir ja zum Beispiel erzählt, wie wichtig es ist, in bestimmten Bereichen »die Sprache zu sprechen« – also relevante Abkürzungen zu kennen und Basics zu verstehen. Dafür eignet sich ChatGPT wunderbar. Wenn du beispielsweise mit neuen Bekannten zu einem Basketballspiel gehst und deutlich weniger Ahnung von Basketball hast als deine Begleiter, kannst du ChatGPT darum bitten, dir die wichtigsten Regeln und Begrifflichkeiten kurz und prägnant zusammenzufassen. Oder du gibst ChatGPT die Einladung zu deiner Party und lässt es nochmal Korrektur lesen, ob wirklich alle wichtigen Infos enthalten sind. Die Möglichkeiten sind hier nahezu unbegrenzt, und ich bin überzeugt, künstliche Intelligenz wird in Zukunft einen noch größeren Teil unseres Alltags beeinflussen, als sie es jetzt ohnehin schon tut.

Mit Sicherheit wird es in Zukunft noch viele weitere Apps und technische Möglichkeiten geben, die dir helfen, neue Menschen kennenzulernen oder mit ihnen in Kontakt zu bleiben. Das hier sind ein paar, die ich aktuell für besonders gut halte. Wichtig ist aber, dass du die Augen offen hältst und immer offen bleibst für neue Technologien. Anpassungsfähigkeit ist, wie du weißt, eine extrem wichtige Eigenschaft.

10. Allein ≠ einsam: Lerne, auch alleine glücklich zu sein!

Es ist Anfang 2024, und ich sitze wieder in meiner Wohnung in München. Genau wie damals, als ich frisch nach München gezogen bin, bin ich allein. Ich habe mit niemandem etwas ausgemacht, sondern werde auch den Rest des Abends allein in dieser Wohnung verbringen. Doch es gibt einen entscheidenden Unterschied: Ich freue mich darauf! Ich habe mir Essen bestellt und werde gleich das Staffelfinale einer meiner Lieblingsserien schauen. Ich war diese Woche schon auf mehreren Events und bin richtig glücklich, einfach mal einen Abend für mich zu haben.

Obwohl dieses Buch dir viele Strategien und Tipps an die Hand gegeben hat, um Freunde zu finden und soziale Beziehungen zu pflegen, ist mir sehr wichtig, dass du abschließend erkennst, dass das Alleinsein ein ebenso wertvoller Teil deines Lebens ist. In diesem letzten Kapitel widmen wir uns der Kunst, allein glücklich zu sein, ohne uns einsam zu fühlen. Denn du bist die einzige Person, die du 24 Stunden am Tag an der Backe hast. Deshalb ist es extrem wichtig zu lernen, mit dir und niemandem sonst als Ablenkung klarzukommen.

Ich kenne einige sehr extrovertierte Menschen, die vor allem deshalb so offen und ständig unter Leuten sind, weil sie damit »flüchten« wollen. Flüchten vor den Gedanken, die sie nachts heimsuchen, wenn sie allein im Bett liegen. Das Ding ist, dass es immer Zeitpunkte geben wird, an denen du allein bist. Und das muss in Ordnung für dich sein, egal wie gern du unter Leuten bist. Das Alleinsein bietet dir eine einzigartige Gelegenheit zur Selbstreflexion, Selbstentdeckung und persönlichen Entwicklung. In ruhigen Momenten, frei von der Ablenkung durch andere, kannst du deine tiefsten Gedanken, Gefühle und Wünsche erforschen. Diese Selbstkenntnis ist entscheidend für ein erfülltes Leben und bildet die Basis für gesunde Beziehungen zu anderen.

Such dir Hobbys und Aktivitäten, die dir auch allein Freude bereiten und dich bereichern – egal, ob das das Lesen eines Buches, Malen, Wandern oder was auch immer ist. Das Alleinsein ist nicht dein Feind, sondern ein Begleiter auf deiner Reise. Wenn du lernst, diese Zeiten zu schätzen und zu nutzen, wirst du feststellen, dass du nicht nur fähig bist, mit dir allein glücklich zu sein, sondern dass diese Fähigkeit auch deine sozialen Beziehungen verbessert. Das zufriedene Alleinsein gibt dir die Freiheit, Beziehungen auf der Grundlage eines persönlichen Wunsches statt aus einer Notwendigkeit heraus zu pflegen.

In meinen einsamsten Momenten (und glaub mir, es gab Momente, in denen ich den Tränen nah war) hätte ich mir gewünscht, dass ich ein Buch wie dieses gehabt hätte. Einen Ratgeber, der mich motiviert, meine Wohnung zu verlassen und Menschen kennenzulernen – auch wenn das erstmal Überwindung kostet und nicht direkt belohnt wird.

Einer der größten Boxer aller Zeiten hat einmal gesagt: »Es gibt nichts auf der Welt, was so schwer zu erklären ist wie Freundschaft. Man lernt es nicht in der Schule. Aber wenn man die Bedeutung von Freundschaft nicht verstanden hat,

hat man wirklich nichts gelernt.« Ich verstehe, was Muhammad Ali damit gemeint hat. Doch auch wenn Freundschaft schwer zu erklären ist, hoffe ich, du hast – spätestens nach diesem Buch – die immense Bedeutung deiner engen sozialen Beziehungen verstanden. Und eine Art Leitfaden, der dir helfen und dich motivieren soll, da rauszugehen und Freunde fürs Leben zu finden.

»Niemand auf dieser Welt sollte sich einsam fühlen« – mit diesem Leitsatz habe ich in einem Video die Promo für dieses Buch eingeleitet. Und ich habe es genauso gemeint. Ich habe dir am Anfang des Buches von einer Studie erzählt, die herausgefunden hat, dass 55 Prozent aller 16- bis 23-Jährigen sich manchmal oder immer einsam fühlen. Ich hoffe inständig, dass ich mit diesem Buch dazu beitragen kann, diese Prozentzahl zu senken.

Also, worauf wartest du noch? Jede neue Person, die du kennenlernst, ist ein möglicher neuer Freund. Jeder neue Freund bedeutet ein neues Abenteuer. Und jedes Abenteuer ist eine Geschichte, die nur darauf wartet, gelebt zu werden.

Abschließend würde ich mich sehr freuen, wenn du mir deine Erfahrungen mit diesem Buch mitteilst. Schreib mir gerne auf Instagram unter @felixwunnike oder @felix.psychotipps. Ich freue mich natürlich auch sehr, wenn du dieses Buch in deiner Story postest und mich verlinkst (ich reposte auch gerne) oder es mit deinen Freunden teilst. Denn das Schöne ist: Freundschaft ist nichts, was weniger wird, wenn man es teilt. Im Gegenteil: Freundschaft ist immer Win-win. Es ist eine Bereicherung für alle Beteiligten. Und ein Grund, für den es sich zu leben lohnt.

Ich wünsche dir von Herzen viel Erfolg auf deinem Weg!

Ausgewählte Quellen zum Nachlesen:

Kapitel 1.2.
Neu, Claudia, Küpper, Beate und Luhmann, Maike: Studie *Extrem einsam?*. Das Progressive Zentrum, 2023.

2.2.
Waldinger, Robert und Schulz, Marc: *The Harvard Study of Adult Development: What Makes a Good Life? Lessons from the Longest Study on Happiness.* Harvard Medical School, 2023.

2.4.
Framingham Heart Study: *Key Findings and Impact on Cardiovascular Health.* National Heart, Lung, and Blood Institute (NHLBI) und Boston University, 2023.

3.1.
Godin, Gaston, Bélanger-Gravel, Ariane, Amireault, Steve, Vohl, Marie-Claude und Pérusse, Louis: *The Impact of Completing a Questionnaire on Physical Activity Participation.* BMC Public Health, 2011.

Matthews, Gail: *Goal-Setting and Self-Regulation: A Study on the Impact of Written Goals on Achievement.* Dominican University of California, 2015.

Morwitz, Vicki G. und Fitzsimons, Gavan J.: *The Mere-Measurement Effect: Why Does Measuring Intentions Change Actual Behavior?* Journal of Consumer Psychology, 14 (2004), S. 64–74.

Steinberg, Dori M., Bennett, Gary G., Askew, Sandy und Tate, Deborah F.: *Weighing Every Day Matters: Daily Weighing Improves Weight Loss and Adoption of Weight Control Behaviors.* Journal of the Academy of Nutrition and Dietetics, 115 (2015), S. 511–518.

3.4.
Bronkhorst, Adelbert W.: *The Cocktail Party Phenomenon: A Review of Research on Speech Intelligibility in Multiple-Talker Conditions.* Acta Acustica united with Acustica, 86 (2000), S. 117–128.

4.1.
Lally, Phillippa, van Jaarsveld, Cornelia H. M., Potts, Henry W. W. und Wardle, Jane: *How are habits formed: Modelling habit formation in the real world.* European Journal of Social Psychology, 40 (2010), S. 998–1009.

4.3.
Milgram, Stanley: *The Small World Problem.* Psychology Today, 2 (1967), S. 60–67.

Ugander, Johan, Karrer, Brian, Backstrom, Lars und Marlow, Cameron: *The Anatomy of the Facebook Social Graph.* Proceedings of the 21st International Conference on World Wide Web, 2011.

4.5.
Adler, Lou: *New Survey Reveals 85 % of All Jobs are Filled Via Networking.* LinkedIn, 2016.

Aral, Sinan, Brynjolfsson, Erik, Rajkumar, Karthik und Saint-Jacques, Guillaume: *A Causal Test of the Strength of Weak Ties.* Science, 2022.

Granovetter, Mark S.: *The Strength of Weak Ties.* American Journal of Sociology, 78 (1973), S. 1360–1380.

5.2.

Sharif, Marissa A., Mogilner, Cassie und Hershfield, Hal E.: *Having Too Little or Too Much Time is Linked to Lower Subjective Well-Being.* Journal of Personality and Social Psychology, 121 (2021), S. 933–947.

5.4.

Sedlmeier, Peter, Eberth, Juliane, Schwarz, Marcus, Zimmermann, Doreen, Haarig, Frederik, Jaeger, Sonia und Kunze, Sonja: *The Psychological Effects of Meditation: A Meta-Analysis.* Psychological Bulletin, 138 (2012), S. 1139–1171.

5.8.

Cuddy, Amy J. C., Wilmuth, Caroline A. und Carney, Dana R.: *The Benefit of Power Posing Before a High-Stakes Social Evaluation.* Harvard Business School Working Paper, No. 13–027, September 2012.

5.9.

Carmody, Dennis und Lewis, Michael: *Brain Activation When Hearing One's Own and Others' Names.* NeuroImage, 2006.

6.1.

Zajonc, Robert B.: *Attitudinal Effects of Mere Exposure.* Journal of Personality and Social Psychology, 9 (1968), S. 1–27.

6.2.

Cialdini, Robert B.: *Influence: The Psychology of Persuasion.* Harper Business, 1984.

6.3.

Strohmetz, David B., Rind, Bruce, Fisher, Reed und Lynn, Michael: *Sweetening the Till: The Use of Candy to Increase Restaurant Tipping.* Journal of Applied Social Psychology, 32 (2002), S. 300–309.

8.1.
Horton, Donald und Wohl, Richard: *Mass Communication and Para-Social Interaction: Observations on Intimacy at a Distance.* Psychiatry, 19 (1956), S. 215–229.

Kemp, Simon: *Digital 2024: Global Overview Report.* Datareportal, 2024.

8.2.
Anderson, Monica: *A Majority of Teens Have Experienced Some Form of Cyberbullying.* Pew Research Center, 2018.

Kross, Ethan, Verduyn, Philippe, Demiralp, Emre, Park, Jiyoung, Lee, David Seungjae, Lin, Natalie, Shablack, Holly, Jonides, John und Ybarra, Oscar: *Facebook Use Predicts Declines in Subjective Well-Being in Young Adults.* PLOS ONE, 8 (2013).

8.4.
Reinecke, Leonard und Trepte, Sabine: *Authenticity and well-being on social network sites: A two-wave longitudinal study on the effects of online authenticity and the positivity bias in SNS communication.* Computers in Human Behavior, 30 (2014), S. 95–102.

Willis, Janine und Todorov, Alexander: *First Impressions: Making Up Your Mind After a 100-Ms Exposure to a Face.* Psychological Science, 17 (2006), S. 592–598.

8.6.
Zhao, Lei: *The Impact of Social Media Use Types and Social Media Addiction on Subjective Well-Being of College Students: A Comparative Analysis of Addicted and Non-Addicted Students.* Computers in Human Behavior Reports, 4 (2021).

9.1.
Institut für Mittelstandsforschung (IfM) Bonn: *Überlebensrate von Unternehmen.* IfM Bonn, 2015.

9.2.

Statista Research Department: *Survey on where couples in Germany met.* Statista, 2023.

9.3.

De Vogli, Roberto, Chandola, Tarani und Marmot, Michael Gideon: *Negative Aspects of Close Relationships and Heart Disease.* Archives of Internal Medicine, 167 (2007), S. 1951–1957.

9.6.

Mollenhorst, Gerald: *Half of Your Friends Lost in Seven Years, Social Network Study Finds.* Social Networks, 2009.